法政文库
能源法治与政策系列丛书
河北省高等学校人文社会科学重点研究基地系列成果

XINXING DIANLI XITONG GOUJIAN
SHICHANGHUA ZHENGCE FALü BAOZHANG YANJIU

新型电力系统构建：
市场化政策法律保障研究

冯华　李庆保 / 主编

法律出版社
LAW PRESS · CHINA
北京

图书在版编目(CIP)数据

新型电力系统构建：市场化政策法律保障研究／冯华，李庆保主编. -- 北京：法律出版社，2024
ISBN 978-7-5197-8123-1

Ⅰ. ①新… Ⅱ. ①冯… ②李… Ⅲ. ①电力法-研究-中国 Ⅳ. ①D922.181.4

中国国家版本馆 CIP 数据核字(2023)第 228447 号

新型电力系统构建
——市场化政策法律保障研究
XINXING DIANLI XITONG GOUJIAN
—SHICHANGHUA ZHENGCE FALU BAOZHANG YANJIU

冯 华 李庆保 主编

责任编辑 慕雪丹 章 雯
装帧设计 汪奇峰

出版发行 法律出版社
编辑统筹 法商出版分社
责任校对 赵明霞
责任印制 胡晓雅
经　　销 新华书店

开本 710 毫米×1000 毫米 1/16
印张 16.5 **字数** 258 千
版本 2024 年 1 月第 1 版
印次 2024 年 1 月第 1 次印刷
印刷 北京建宏印刷有限公司

地址:北京市丰台区莲花池西里 7 号(100073)
网址:www.lawpress.com.cn
投稿邮箱:info@lawpress.com.cn
举报盗版邮箱:jbwq@lawpress.com.cn
销售电话:010-83938349
客服电话:010-83938350
咨询电话:010-63939796

书号:ISBN 978-7-5197-8123-1
定价:68.00 元
凡购买本社图书,如有印装错误,我社负责退换。电话:010-83938349

序言 Preface

当今世界，气候变暖已成为不争的事实，脱碳减排，控制地球大气温度上升幅度，成为国际社会共同关注的紧迫事项。燃烧化石能源排放的二氧化碳是人类向大气中排放温室气体的最主要来源，因此，减少化石能源使用或非化石能源的替代利用是人类控制温室气体排放的必然选择。将以化石能源为主体的旧电力系统转变为以新能源为主体的新型电力系统，是我国能源电力系统减少温室气体排放，实现绿色可持续发展的战略任务。

常规电力系统由发输配用等环节组成，构建新型电力系统面临着发输配用等环节都将发生变化的新课题。构建新型电力系统不同于建造新屋，新屋盖好后从旧屋搬进入住，而构建新型电力系统只是对这个旧系统进行改造，只是改造时还不得影响旧系统的正常使用，即须先立后破。在保持电力安全稳定供应的前提下，首先，用等效或更优的新能源发电系统替代常规能源发电系统，逐渐实现对常规电力系统中主力电源的绿色改造。换句话说，新型电力系统首先是对发电系统的绿色改造。然而，用新能源发电，除了具有绿色和无原料成本等优点外，也存在一些致命的缺点，即发电不稳定，具有间歇性和随机性，属于“靠天吃饭”，从而给电力安全稳定供应带来了难题，使电力系统不得不大量地调节资源来保障电力供应安全稳定。其次，连接电源与负荷的电网面临着两头随机不稳定的冲击。以火电为主体的常规电力系统中，电源侧供电相对稳定，只有负荷侧相对随机，电网侧主要面临负荷峰谷的挑战，电网调动资源移峰填谷，呈现源随荷动的特征。然而，随着电源侧变得具有随机不稳定性，电网侧同时也面临着电源侧的冲击。自带转动惯量的常规发电机组被缺少惯量的新能源机组所逐渐替代，导致电网系统运行所需的惯量与频率难以稳定。此时，电网需要做得更为坚强、智能化，同时对于新能源出力随机性加强预测，同比例提升运算能力。再次，用户侧除了负荷具有随机不稳定性，海量使用的即插即用电力电子装置对于电网稳定与供电质量会产生危害。而且，自发自用、余量上网的用户侧配置的分布式新能源还会改变电网中电能量的单一流向，使电网运行更为复杂脆弱。最后，电储能被认为是实现电能量时间、空间转移，解决源网荷侧电力调节问题的完美方案。然而，储能除了受限于自身技术经济性问题，更面临着如何在电力系统中找到其应有的位置，实现源网荷储的共利共生。

解决以上问题，对电力系统进行绿色化、智能化、坚强化技术改造显然必不可少。这种改造需要巨量的投资，由此而新增的成本如何疏导？同时，电力系统中原有源网荷三侧的角色也面临调整问题。新能源出力的增加，意味着常规电源出力的减少，也意味着常规电源从主角转换成配角，主配角如何协调相安而各得益彰？电网从原来调输配售一体化向调输配售分离演化，并且配售转变为竞争性业务，电网面临着政府的归政府、市场的归市场等角色重新配置。随着储能、分布式电源等发展，负荷侧并非传统意义上纯粹的用户，具有了源荷兼备的特征，电力产消者出现。配置在源网荷侧的储能能否具有独立主体地位？独立或非独立储能如何找到其正当的成本回收与收益路径？凡此种种，电力系统面临着主体角色与利益关系的深刻调整。因此，新型电力系统构建面临着科学技术突破与利益关系调整的双重任务。

由此，引发了能源电力治理的新问题、新需求和新挑战。首先，源网荷储一体化的治理需求与挑战。与常规电力系统相比，新型电力系统不仅包括源网荷三侧，而且还多出一个储能侧。电源侧对多元能源供应体系的构建需求，对内需要常规能源供应商之间以及常规能源供应商与新能源供应商之间能进行良好协调互动，形成电源侧的利益责任共同体。对外，新能源与电网侧之间的友好协作则是一大挑战。如何解决新能源发电接网的难题，需要源网两侧紧密协作。随着分布式电源、多元负荷和储能快速发展，负荷侧兼具发电和用电双重属性，终端负荷特性由传统的刚性、纯消费型，向柔性、生产与消费兼具型转变，使网荷互动需求不断提升。同时，负荷侧出现电力产消者，可能使电能流出现荷—网、荷—源等反向流动关系。基于电能量单一流向的常规电力系统面临主体角色定位、主体关系协调、权利义务分配等新挑战、新需求。储能参与新型电力系统构建也需要明确其应有的主体地位，并协调其与源、网、荷之间的关系。因此，建设新型电力系统需要构建一套基于源网荷储一体化新的能源电力治理体系。其次，巨量的投入与成本回收需求。构建新型电力系统需要巨量的资金投入，而巨量的资金需要可靠的投融资渠道保障。传统能源企业的低碳转型或退出意味着巨额的成本。以高碳资产为主向绿色低碳资产转型的常规发电企业面临成本巨大的严峻挑战，特别是煤电企业进行节能降耗改造涉及技改投资、机会成本、交易补偿，投入和产出很难平衡。另外，冗余职工的安置问题也需要巨额资金保障。发展新能源则面临新增成本疏导的问题。最后，利益冲突协调需求。建设新型电力系统涉及不同目标、不同区域、不同环节、不同主体间的利益冲突如何进行合理协调的问题。

解决新型电力系统建设中的利益关系调整问题，需要进行电力市场化改革。从“集资办电”到“厂网分开”，再到“放开两头，管住中间”，我国电力体制正经历着深刻调整。随着电力市场化渗透率的提高以及全国统一电力市场建设的推进，我国电力市场的类型、交易品种、交易规则等市场机制建设虽取得了巨大进步，但仍需要进一步完善。特别是在建设新型电力系统的背景下，不仅原有的电力管理体制不顺畅、市场发育不足、市场规则不健全问题依然存在，而且与电力系统各主体间新旧角色转换与利益关系调整问题相互叠加。善用市场的思维和方法来解决经济主体间利益关系调整问题，是建立和完善社会主义市场经济体制的基本要求。以往，我国各项改革推进都是遵循政策先立后破，探索成熟后再立法跟进的路径。本书聚焦新型电力系统构建中所面临的新增成本价格疏导机制、分时电价机制、碳—能—电协同融合市场体系、储能参与市场以及可再生能源消纳等几个突出市场化改革问题，分析问题成因，为问题解决寻找政策法律上的对策方案，无疑是一种契合我国电力市场化改革实践需求的探索研究。

华北电力大学的法学研究团队能有机会与能源电力企业联合开展课题研究，理论结合实践，校企双向互补，这是他们的办学优势与研究特色。本书研究课题具有学术前沿性，体系完整，内容翔实，研究思路清晰，观点明确，语言简练，引注丰富，图文并茂，可读性强而又不失针对性、专业性和创新性。本书成功出版，一方面体现了作者团队对于能源电力行业实践的谙熟，另一方面也体现了对相关法律政策的深刻把握。更值得称道的是，他们对于这种企业项目研究的真心投入。随着“双碳”战略的实施，我国能源电力领域的相关立法活动在今后几年将变得热络起来，本书开创性的研究成果无疑对于我国能源电力以及应对气候变化的相关立法活动具有较高的参考价值，为低碳背景下新型电力系统构建的市场化政策和法律保障提供了较扎实的理论依据。

王灿发

2023年10月16日

目录 Contents

第一章 绪论

一、人为气候变化及其国际社会应对

（一）人类意识到人为气候变化

人类意识到自身活动能引起气候变化经历了一个渐进的过程。在古希腊，普通人和学者们都曾思考一个问题：将一片森林砍伐殆尽或在草原上过度放牧直至其变成荒土，会不会改变附近的天气？将一个地区的植被从树木变成小麦或从草地变成沙漠，会影响气温和降雨量，这似乎已是常识。虽然气候在不同的时代总会发生变化，但这种变化并没有引起人们太多关注，因为人们认为这些变化都只不过是正常的局部气候暂时的波动。毕竟，气候学家一直告诉人们，气候模式自古以来都在发生着一些微小的变化，这种变化周期会持续几十年或几百年。19 世纪初，法国物理学家约瑟夫·傅立叶受困于这样的问题：当太阳光线照射到地球表面使之温度升高时，地球为什么不会一直变暖，直到达到和太阳本身一样的高温呢？傅立叶认为这是因为地球表面的红外线辐射将热量带到了太空。其后，瑞士地质学家路易斯·阿加西斯所提出的冰川理论引起当时科学家的思考：是什么导致全球气候的变化？此时，人们还未关注人类活动对全球气候的影响。再后，美国女物理学家牛顿·福特通过实验发现，大气的温度同水分、二氧化碳的含量呈正相关。直到 1861 年，爱尔兰物理学家约翰·廷德尔证明地球大气中的各种气体的比例变化是地球历来发生大规模气候变化的原因，同时他还阐明了二氧化碳与温室效应之间的关系。此时，人类活动对气候影响才开始走进人们的视野中。1896 年，瑞典科学家苏万特·阿列纽斯警告说，大气中二氧化碳含量增加一倍可能会导致地球温度升高 5℃至 6℃。但是，当时人们相信如果人类增加了大气中的二氧化碳，那么几乎所有增加的二氧化碳最终都会融入海水中，二氧化碳完全不可能在大气中累积。①

1937 年，英国工程师盖伊·卡伦达发表了《二氧化碳的人工生产及其对温度的影响》一文，认为二氧化碳含量的增长不仅和全球气温上升呈高度相关，而且还直接归因于人类日益增加的生产活动。自 1958 年始，美国气象学家查尔斯·基林通过持续监测地球大气中的二氧化碳浓度及其变化，并将获得的数据绘制成气候学数据——基林曲线。该曲线表明，正是由于人类日益增长的生产活动，造成了地球大气二氧化碳含量的增加，从而导致全球变暖和温室效应。基林曲线警示人们，工业革命以来的人类活动，特别是发达国家大量消费化石能源所产生的二氧化碳累积排放，导致大气中温室气体浓度显著增加，加剧了以变暖为主要特征的全球气候变化。气候变化对全球自然生态系统产生显著影响，温度升高、海平面上升、极端气候事件频发给人类生存和发展带来严峻挑战。

（二）气候变化的国际应对

“二战”之后，各国认识到国际社会需在科学研究上进行合作，而全球大气科学研究似乎是一个好的新起点。1947 年，世界气象组织（WMO）成立，并于 1951 年成为联合国的专门机构。1966 年，世界气象组织首次提出“气候变化”的概念，用以描述十年以上时间尺度上、不考虑成因的所有形式的气候易变性。1988 年联合国环境规划署、世界气象组织联合创立了一个全球性权威气候科学机构——政府间气候变化专门委员会（IPCC），旨在为决策者定期提供针对气候变化的科学基础、其影响和未来风险的评估以及适应和缓和的可选方案，并将之作为应对气候变化国际政治与法律谈判的基础。IPCC 亦不辱使命，先后于 1990 年、1995 年、2001 年、2007 年、2014 年、2022 年公布了 6 次评估报告，事实证明，IPCC 发布的评估报告有力地推进了应对气候变化国际合作的进程。

为了控制温室气体的排放，防止气候异常变化所带来的损害，联合国大

① 参见[美]斯潘塞·R. 沃特：《全球变暖的发现》，宫照丽译，外语教学与研究出版社 2007 年版，第 2－18 页。

会以 IPCC 发布的研究报告为科学支撑，于 1992 年 5 月通过了《联合国气候变化框架公约》，并于 1994 年 3 月 21 日生效。该公约的终极目标是“将大气中温室气体的浓度稳定在防止气候系统受到危险的人为干扰的水平上”。鉴于历史上和当前地球温室气体的最大排放源是发达国家，发展中国家的人均排放仍然相对较低，国际社会在应对气候变化时坚持“共同但有区别的责任”原则。该公约是世界上第一个为全面控制二氧化碳等温室气体排放，应对全球气候变暖给人类经济和社会带来不利影响的国际公约，也是国际社会在应对全球气候变化问题上进行国际合作的一个基本框架。截至 2016 年，已有 197 个国家批准了该公约，这些国家被称为公约缔约方。1995 年起，该公约缔约方每年在世界不同地区轮换召开缔约方会议以评估国际社会应对气候变化的进展，缔约方会议通过的任何最后文案都必须得到协商一致的同意。为落实温室气体排放限制要求，1997 年在日本举行《联合国气候变化框架公约》第三次缔约方大会，通过具有法律约束效力的《京都议定书》，规定了发达国家在温室气体上的减排责任，由此开启了有关气候变化的国际政治与法律的演进过程。国际社会经过不断谈判与磋商，在应对国际气候变化的进程中共同努力，二十多年来达成了诸如《德里宣言》（2002 年）《巴厘路线图》（2007 年）《哥本哈根协议》（2009 年）《坎昆协议》（2010 年）及《巴黎协定》（2015 年）等多项重大成果，对应对气候变化产生了深远的影响。气候变化应对业已成为 21 世纪国际社会政治与法律谈判最为活跃的领域。

二、我国“双碳”战略目标与能源发展转型任务

（一）我国“双碳”战略目标

我国早在 1992 年就签署了《联合国气候变化框架公约》，30 多年来积极采取措施落实该公约，为国际社会应对气候变化作出了自己的贡献。2007 年，我国发布《中国应对气候变化国家方案》，明确要求 2010 年单位 GDP 能耗比 2005 年下降 20%。2013 年，我国发布《国家适应气候变化战略》，提出应对气候变化的政策制度体系。2015 年，中国向公约秘书处提交《强化应对气候变化行动——中国国家自主贡献》的自主贡献方案，提出到 2030 年的我国自

主行动目标：二氧化碳排放2030年左右达到峰值并争取尽早达峰；单位国内生产总值二氧化碳排放比2005年下降60%—65%。我国还积极推动国际社会于2015年达成了著名的《巴黎协定》，并于2016年签署了该协定。在2020年9月召开的第75届联合国大会一般性辩论上，习近平主席宣布中国将提高国家自主贡献力度，采取更加有力的政策和措施，力争2030年前实现碳达峰，2060年前实现碳中和。2012年，党的十八大明确提出，“要倡导人类命运共同体意识，在追求本国利益时兼顾他国合理关切”。气候变化是当今人类社会面临的共同挑战，需要国际社会携手努力、同舟共济、共同应对。显然，“双碳”战略目标的提出，体现了中国长期倡导的人类命运共同体理念，向国际社会展示了中国应对气候变化的雄心和担当，使中国从应对气候变化的积极参与者、努力贡献者，逐步转为关键引领者。

（二）能源发展转型任务

二氧化碳排放主要来源于经济系统中的化石能源生产与消费。IPCC在其2014年发布的第5次评估报告中指出，要实现在21世纪末将全球升温控制在2℃的目标，必须对能源供应部门进行重大变革。IPCC于2022年发布第6次评估报告再次指出，将全球升温限制在不高于或略超过1.5℃的路径需要在能源和工业系统等方面进行快速而深远的转型。IPCC特别强调气候变化与可持续发展密切相关，指出可持续发展可平衡社会福祉、经济繁荣和环境保护。因此，为了实现可持续发展，人类必须走绿色低碳发展之路。当前，我国正处于工业化、现代化的关键时期，发展不平衡问题突出，工业结构偏重、能源结构偏煤、能源利用效率偏低，无论是传统污染物还是二氧化碳排放都处于高位，严重影响绿色低碳发展和生态文明建设，进而阻碍中国式现代化的目标实现。我国要实现“双碳”战略目标，当前和今后一段时期乃至21世纪中叶都面临降低煤炭在能源结构中的比重，大幅提高新能源和可再生能源比重，使清洁能源基本满足未来新增能源需求，实现经济结构、能源结构、产业结构转型升级，实现单位GDP碳排放量不断下降的艰巨任务。

三、新型电力系统构建之任务

（一）新型电力系统构建之提起

“新型电力系统”这一概念被官方正式提出是在2021年3月15日召开的中央财经委员会第九次会议上。会议强调，实现“双碳”目标是党中央经过深思熟虑作出的重大战略决策，事关中华民族永续发展和构建人类命运共同体。会议提出要构建清洁低碳安全高效的能源体系，实施可再生能源替代行动，深化电力体制改革，构建以新能源为主体的新型电力系统。因此，“新型电力系统”完整的提法应该是“以新能源为主体的新型电力系统”，为了避免“新”字重复，本书以“新型电力系统”来概指“以新能源为主体的新型电力系统”。

官方在新闻通报中除了使用“新能源”一词，同时还使用了“可再生能源”一词。除此之外，还有“清洁能源”“非化石能源”，它们并非简单重复，而是各有所指。化石能源，是指煤炭、石油和天然气等由古代生物的化石沉积而来的碳氢化合物或其衍生物形式存在的一次能源。现代工业经济主要是建立在化石能源基础之上的，煤炭被称为“工业的粮食”，石油被称为“工业的血液”，天然气被称为“工业的动力”。显然，非化石能源是指化石能源以外的能源。当今较为常见的非化石能源主要有核能、水能、风能、太阳能、生物质能、地热能、海洋能、潮汐能等。凡是可以不断得到补充或能在较短周期内再产生的能源即为可再生能源，包括风能、水能、海洋能、潮汐能、太阳能和生物质能等。除了核能，常见的非化石能源都属于可再生能源。清洁能源是针对能源利用在环境效果上所作的一种评价，并非能源本身的分类标准。清洁能源，是指对能源清洁、高效、系统化应用的技术体系。传统上，那些生产使用后对环境友好，排放少，污染程度小的非化石能源，被称为清洁能源。核能虽是非碳基能源，因其利用存在高度风险性与核废料处理的污染性，是否属于清洁能源仍存在较大争议。化石能源在经过绿色开发利用后，也可以成为清洁能源。和清洁能源一样，新能源并非科学上对能源划分的一种方法，而是指常规能源之外的各种能源形式。原国家计委发布的《新能源基本建设项目管理的暂行规定》将新能源界定为：“风能、太阳能、地热能、海洋能、生物质能等可再生资源经转化或加工后的电力或洁净燃料。”据此，新能源是可再生能源的下位概念。新能源是指除传统能源外，刚开始开发利用或正在积极研究、有待推广的清洁能源，如风能、太阳能、地热能、海洋能、生物质能和核聚变能等。由此可见，新能源是指为了环境保护的目标而新近开发利用的可再生能源。新能源之“新”具有相对性，在我国当前主要是指风能和太阳能。因此，风能、太阳能未来将有望成为新型电力系统中两大支柱性电源。

（二）新型电力系统构建之缘由

中央提出构建新型电力系统，直接原因是将其视为实现“双碳”战略目标的关键抓手。以煤为主的化石能源燃烧是我国碳排放的主要来源，在所有碳源中占比88%左右，而电力生产的碳排放又在所有碳源中占比40%左右。因此，我国实现“双碳”战略目标中，能源电力是主要矛盾的主要方面，是名副其实的主战场。如果电力生产利用能够实现低碳或零碳目标，就可以带动工业、建筑、交通、农业等其他领域的能源利用实现脱碳，毕竟能源之间是可以相互转换和替代的。新型电力系统中以新能源为主体，实施清洁能源替代，实现能源结构转型，同时在社会终端用能领域推行电能替代，就能很好地促进整个能源系统实现“双碳”战略目标。

另一个重要的原因是，2005 年生效的《京都议定书》为其附件 B 所列的国家（主要是发达国家）规定了温室气体强制减排义务。这些国家在推进碳减排进程时，在技术、资金、机制上积累了较为扎实的实力，在国际气候谈判中常常结队将矛头瞄准中国。毕竟，我国是当今世界上最大碳排放国，因而，国际社会应对气候变化行动给我国带来的温室气体减排压力巨大。同时，发达国家推行的碳关税制度以及其他绿色贸易壁垒，对我国的外贸经济发展构成了现实威胁。研发新能源利用技术，研制新一代能源利用关键技术装备，推动“大、云、移、智、物、链、区”等数字化、智能化基础设施建设，促进经济高质量快速发展，已经成为世界强国竞相争夺的高点。实施“双碳”战略目标，是我国作为世界性大国，为构建人类命运共同体主动担当作为，引入外部减排压力，倒逼国内能源发展转型升级的战略抉择。构建新型电力系统是为了实现“双碳”战略目标，引领绿色技术创新，革除电力体制机制积弊，促进我国能源发展转型升级，提高产业和经济全球竞争力的重要抓手。

现代工业经济建立在化石能源基础之上，具有相当大的安全脆弱性，毕竟化石能源是有限的且分布不均衡。我国是一个富煤、缺油、少气的国家，煤炭的燃烧利用具有较大的环境负外部性。2022 年，我国油气对外依存度历史首次双下降，但石油的对外依存度仍超过 70%，天然气的对外依存度也超过 40%。作为世界上最大的经济高速发展的发展中国家，能源供应安全问题对中国来说一直“如鲠在喉”，如影随形。我国投巨资已经建成和规划建设中的陆上中亚天然气管道、中巴油气管道、中缅油气管道、中俄油气管道，都是为了化解海上油气进口通道途经马六甲海峡潜在风险的战略举措。无论如何，化石能源总有耗尽的一天，届时人们仍然要寻找替代能源。与其等耗尽之后再寻找，不如未雨绸缪，搭乘当下国际社会应对气候变化的东风，努力实现可再生能源替代，一劳永逸地解决能源供应的“卡脖子”问题。因此，构建新型电力系统，实现“双碳”战略目标，除了事关应对全球气候变化，还事关我国能源安全之大计，事关中华民族永续之发展。

（三）提出时间节点

具有这么重大意义的决策，为何没有早点提出来？这是因为所有决策必须符合国情。虽然按照世界银行的标准，经过改革开放 20 余年的经济高速发展，我国于 1998 年进入“中等收入国家”行列。但是，我国的经济社会总体发展水平与世界主要发达国家相比，还相当落后薄弱，我国 2001 年才开始进入全面建设小康社会时期。加入世界贸易组织后，我国利用“世界工厂”的后发优势，经济发展取得了长足进步。2010 年，我国超越日本成为世界第二大经济体，但是，经济长期高速发展的同时也带来了非常严重的生态环境问题。根据环境库兹涅茨曲线，环境污染水平与经济发展水平之间存在一种“倒 U”形关系，而且转折点一般出现在人均 GDP 达到 6000—8000 美元左右的时候。2012 年，我国人均 GDP 超过了 6000 美元。当年秋季召开的党的十八大正式提出了全面推进经济建设、政治建设、文化建设、社会建设、生态文明建设，实现以人为本、全面协调可持续科学发展的“五位一体”的总体战略布局。自此，生态文明战略为我国社会经济全面发展转型提供了重要方向指引。2015 年，习近平总书记在党的十八届五中全会第二次全体会议上的讲话鲜明提出了创新、协调、绿色、开放、共享的新发展理念，为我国以后更长时期指明了发展思路、发展方向和发展着力点。2020 年 9 月 22 日，习近平主席在第七十五届联合国大会上宣布了我国的“双碳”战略目标。2021 年，在中国共产党建党一百周年之际，习近平总书记向世界宣告中华大地上全面建成了小康社会。由此可见，中央提出的“双碳”战略目标以及构建新型电力系统的任务，是我国经济社会发展到一定阶段，积累了相当的经济技术条件之后，需要寻找新的发展动能，统筹国内国际发展格局，向更高层次、更高质量水平之上前进的重大而现实的选择。经过改革开放 40 多年的发展，我国具备了实现能源经济绿色转型，实现“双碳”战略目标的物质技术以及社会基础条件，该战略决策提出时间不早也不晚，可谓正当其时。当然，实现经济系统的低（脱）碳化并非一朝一夕之功，不能搞碳冲峰，也不能搞运动式减碳。鉴于我国富煤、贫油、少气的基本国情，构建新型电力系统必须坚持稳中求进、逐步实现，要先立后破，不能脱离实际、急于求成。

（四）市场化的政策与法律供给是新型电力系统构建的重要保障

新型电力系统是在我国当前以煤电为主体的高碳电力系统进行改造以实现以新能源电力为主体的一个低碳电力系统。构建涵盖源网荷储的新型电力系统中有下列几大关键支撑因素：原料（包括场地）、技术、装备、负荷、资金、体制、机制、规则等。其中原料、技术、装备、负荷、资金等属于物理性因素或硬件条件，而体制、机制、规则等属于社会性因素或软件条件。中央新近提出构建新型电力系统的战略目标，表明我国在预定的任务周期内总体上具备实现这一目标的硬件条件。软件条件则需要结合各地实践需求，在革除现有电力系统软件条件所存弊端的基础之上，逐步探索取得与新型电力系统硬件相匹配的软件条件。我国经济发展区域不平衡，各地资源禀赋存在较大差异，构建新型电力系统宜在国家的统一领导下，因地制宜，积极探索。

构建新型电力系统是一个需要大量投入的过程，从经济学的角度来看，它需要处理好成本与收益的分担分配问题并协调好相关的利益关系。虽然中央多次申明我国要建立市场对资源配置起基础作用的社会主义市场经济体系的战略目标，但是，我国当前电力系统仍呈现出以行政为主导未完全市场化的特征。构建新型电力系统需要巨额的资金，仅靠政府投入显然不可行，充分发挥市场机制在资源配置的基础性作用是构建新型电力系统不可或缺的重要一环。2021 年，国家电网有限公司选取浙江省作为建设新型电力系统省级示范区之一，重点探索适应新能源发展的政策和市场机制。同年年底，国网浙江省电力有限公司提出推动能源绿色转型政策体系创新突破和构建适应新能源为主体的浙江特色电力市场等体制机制改革创新的任务。因此，研究适应构建新型电力系统需要的市场政策与法律供给，通过市场化方式促进电力绿色低碳发展是新型电力系统构建的重要保障。电力市场机制的建设与完善本身是一个系统性工程，本书拟对在新型电力系统构建中所面临的一些关键市场政策法律问题，如新增成本的价格疏导机制、分时电价机制、碳—能—电协同融合市场体系、储能参与市场之配套政策、促进可再生能源消纳之市场化政策等展开研究，并探索将相关政策法律化的途径。

第二章　新型电力系统构建概要

一、电力系统基本结构、特点及运行基本要求

（一）电力系统及其基本结构

电力系统是由发电、输电、变电、配电、用电设备及相应的辅助系统组成的电能生产、输送、分配、使用的统一整体，即电力系统是由发电系统、输电系统、配电系统、用电系统以及相应的辅助系统连接而成的集电能生产、输送、分配、消费的一个大系统。电力系统有一次系统和二次系统之分。电力一次系统又称电工一次系统，是指电能生产、输送、分配和消费所需要的发电机、变压器、电力线路、断路器、母线和用电设备等互相连接而成的系统，其中所包括的电力设备称为“一次设备”。电力一次系统属于能量系统，是电力系统的主系统，特点是高电压、大电流。电力二次系统又称电工二次系统，是指由对电工一次系统进行监视、控制、保护和调度所需要的自动监控设备、继电保护装置、远动和通信设备等组成的辅助系统，其中包括的设备装置称为“二次设备”。电力二次系统属于信息系统，是电力系统的辅助系统，特点是低电压、小电流。

由输电、变电、配电设备及相应的辅助系统组成的联系发电与用电的统一整体称为电力网。因此，电力系统也可以描述为由电源、电网以及用户，即源、网、荷组成的整体。从物理组成来看，电力系统主要是由发电机、变压器、电力线路和负荷等电力设备构成的系统。发电机是指将其他形式的能量转化为电能的机械设备，一般由水轮机、汽轮机、柴油机或其他动力机械驱动，将水流、气流、燃料燃烧或原子核裂变产生的能量转化为机械能传递给发电机，再由发电机转化为电能。一般发电机的工作原理是基于电磁感应

定律和电磁力定律，利用适当的磁性和导电材料形成磁路和电路进行相互电磁感应，从而产生电磁功率，达到能量转换的目的。电力系统中使用的发电机一般为同步交流发电机，在一些小型或微型水电站、偏远地区的独立移动电站以及风电站中，异步发电机的应用也较为普遍。

电网是由变电所和不同电压等级的输电线路组成，包含变电、输电、配电三个单元，其作用是输送、控制和分配电能。大电网一般由许多子电网发展、互联而成，呈分层结构，可分为输电网、二级输电网、高压配电网和低压配电网。输电网一般是由电压为220千伏以上的主干电力线路组成，它连接大型发电厂、大容量用户以及相邻子电网；二级输电网的电压一般为110—220千伏，它上接输电网，下连高压配电网，是一区域性的网络，连接区域性的发电厂和大用户；配电网是向中等用户和小用户供电的网络，10—35千伏的为高压配电网，1千伏以下的为低压配电网。输配电电压等级中，6千伏、10千伏、20千伏、35千伏、66千伏为中压，110千伏、220千伏为高压，330千伏、500千伏、750千伏为超高压，直流800千伏、交流1000千伏及以上为特高压。我国常用的远距离输电采用的电压有110千伏、220千伏、330千伏，输电干线一般采用500千伏的超高压，西北电网新建的输电干线采用750千伏的超高压。电压越高，输送距离越远。按供电范围、输送功率和电压等级的不同，电网可分为地方网（电压≤110千伏）、区域网（110≤电压<330千伏）和远距离网（电压≥330千伏）三类；按电压等级来分有低压网、高压网、超高压网、特高压网；按种类特征的不同，电网可分为直流电网和交流电网；按地区划分，我国电网可分为东北电网、华北电网、西北电网、华东电网和华中电网五大跨地区电网以及南方电网。

用电负荷，又称电力负荷，是指用户的用电设备在某一时刻向电力系统取用的电功率的总和，这些用电设备包括异步电动机、同步电动机、各类电弧炉、整流装置、电解装置、制冷制热设备、电子仪器和照明设施等。用电负荷可区分为工业、农业、商业、交通运输业、市政和城乡居民用电负荷等。电力系统中所有用电设备消耗总功率即为综合用电负荷，综合用电负荷加网络损耗（网损）的功率就是系统中各发电厂应供应的功率，即为供电负荷（供电量）；供电负荷再加各发电厂本身消耗的功率（厂用电），就是系统中各发电机应发的功率，即为发电负荷（发电量）。负荷是随机变化的，每当用电设备启停都会有对应的负荷发生变化，这种变化也呈现出一定的规律性，可用负荷曲线来描述。所谓负荷曲线是指在某一段时间内用电设备有功、无功负荷随时间变化的图形，分别为有功负荷曲线和无功负荷曲线，常用的是有功负荷曲线。每类负荷曲线按时间坐标轴长短不同，可分为日负荷曲线、年负荷曲线等；按描述的负荷范围不同还可区分为用户（变电所）负荷曲线、地区负荷曲线等。负荷曲线是变电所负荷控制，发电厂安排日发电计划，确定电力系统运行方式和主变压器、发电机组等设备检修计划以及制定变电所、发电厂扩建新建规划的依据。根据对供电可靠性的要求及中断供电在对人身安全、经济损失上所造成的影响程度，电力负荷可以分为一级负荷、二级负荷和三级负荷。

（二）电力系统的特点

1. 电能不易储藏。电子在运动过程中会相互碰撞或与其他原子碰撞而动能降低，超导技术尚无法实现大规模应用，因此，以电动能形式的直接存储电能较难实现。目前电力系统中虽采取了诸如抽水蓄能、蓄热、使用电池等存储手段，但这些储能方式所存储的电能量对于整个系统的能量来说是微不足道的。电能不易储存，导致其生产、输送、分配及使用具有同时性，即发电厂在任何时刻生产的电能恰好等于该时刻用户消耗的电能和输送、分配过程损耗的能量之和。任何一个环节出现故障，都将影响整个电力系统的正常工作。

2. 电能的生产和使用始终处于动态平衡之中。电能用户的用电量决定着电能的生产量，发电量是随着用电量的变化而变化，即源随荷动，且二者处于动态平衡之中。电能用户如何用电、何时用电及用多少电，对于电能生产都具有极大的影响。电能供需的不平衡，会导致电源频率出现偏差，发电控制设备正是根据这一特点来动态调节发电机出力以维持电能的供需平衡。当系统出力严重不足或出现故障时，频率偏差较大，低频自动减载装置便会自动甩减负荷，以维持电力系统运行的稳定性。

3. 过渡过程非常迅速。由于电力系统存在大量电感、电容元件（包括导体和设备的等值电感和电容），当运行状态发生变化或产生故障时会产生过渡过程。电能以光速传输，过渡过程将按该速度迅速波及系统的其他部分。因此，设备正常运行的调整、切换操作以及故障的切除，必须采取比诸如继电保护装置、远动装置、减载装置、同期装置、励磁装置等自动装置迅速而准确地完成。

4. 具有较强的地区性特点。不仅不同国家之间的电力系统在额定电压、额定频率等方面规范不同，就是同一国家不同地区的电力系统组成情况以及对电源、负荷的要求也不一样，电气设备运行环境也不尽相同。电力系统的这种地域差异性，使电力系统的发展各具特色，电力系统的规划、设计、运行等不能盲目搬用其他系统的经验，需根据本地的实际情况因地制宜。

5. 电能生产与国家经济各部门和人民生活关系密切。现代社会，电能是国民经济各部门的主要动力。随着科技的进步和人民生活水平的逐步提高，生活电器的种类不断增多，生活用电量日益增加。电能的供应不足或突发故障都将给国民经济各部门造成巨大损失，给人民生活带来极大不便。

（三）电力系统运行的基本要求

1. 保证供电安全可靠性。供电中断将导致停顿、生活混乱，甚至危及人身和设备安全，造成十分严重的后果。停电给国民经济造成的损失远超电力系统自身的损失，因此，电力系统运行首先要满足安全发电和供电的要求。保证持续可靠供电虽是对电力系统运行的首要要求，但并非所有负荷都绝对不能停电，不同级别的负荷，对供电可靠性的要求亦有所不同。

2. 保证电能质量良好。电能质量包括电压质量、频率质量和波形质量三个方面。电压质量和频率质量一般以偏移是否超过给定值来衡量。例如，给定的允许电压偏移为额定值的5%，给定的允许频率偏移值为0.2Hz—0.5Hz等。如果电压或频率的偏移量过大，就会引起大量减产、生产废品的后果。严重时，可能造成人身事故或设备损坏。波形质量是指电压和电流质量变化偏离理想正弦波形的畸变程度，以畸变率是否超过给定值来衡量，给定的允许畸变率常因供电电压等级而异。例如，以380千伏、220千伏供电时为5%，以10千伏供电时为4%等。电压和电流的正弦波形畸变率必须被限制在允许的范围内，否则会给电气设备及其运行工况带来严重危害。因此，电能质量的以上指标，都必须采取一切手段予以保证。

3. 保证系统运行的经济性。电能生产的规模很大，消耗的能源在国民经济能源总消耗中所占比重很大。电能在输送、分配时的损耗绝对值相当可观。因此，降低生产每度电能所消耗的能源和降低输送、分配电能时的损耗有着极其重要的经济意义。传统上，电力系统运行的经济性有两个重要指标，即煤耗率和线损率。煤耗率，是指生产度电所消耗的标准煤重，标准煤的热含量为29.31MJ/kg。线损率，又称网损率，是指电力网络中损耗的电能和向电力网络供应电能的百分比。提高运行的经济性，就是要在生产和输配电能时，使煤耗率和线损率达到最小。

4. 对生态环境友好。随着社会对环境保护的要求越来越高，对电能生产过程中排放的有害污染物（飞灰、灰渣、废水、氧化硫、氧化氮等）进行严格限制，已成为对电力系统运行的基本要求。大力发展可再生能源替代化石能源，建设能源互联网，目的是建设环境友好型电力系统。

二、我国电力系统基本概况

（一）电力系统发展阶段回顾

我国电力系统发展一般分为起步发展、省级电网互联、全国电网互联等三个阶段。

1. 起步发展阶段（大致从1949年至1980年）。在这一阶段，我国电力系统以小电源、单个电网为主。由初期孤立电厂外送直接供电，发展到多个电厂互联和以电厂为中心向四周供电的局部电力系统。随着220千伏线路的建设，城网出现，省级电网也基本形成。该阶段电网伴随电源建设特点明显，电网结构薄弱，自动化水平较低，电网频繁出现稳定问题。

2. 省级电网互联阶段（大致从1980年至1995年）。随着集资办电等一系列政策的实施，电力建设得到高速发展，区域电网初步形成。我国电力工业进入超高压时期，以区域内资源配置为主，立足省内平衡，辅以省间互济，围绕省内负荷中心重视省网建设。全国形成了东北、华北、西北、华中、华东5个区域电网、南方联营电网和10个独立省区电网的电力系统格局。该阶段是我国区域电力系统形成时期，加快适应国民经济发展是该时期电力工业建设的主要任务，同时也是市场经济体制的确立与探索时期。

3. 全国电网互联阶段（大致从1996年至今）。随着大型梯级水电站和煤电基地相继投产，严重缺电局面开始扭转。进一步推动电力体制改革，实施政企分开、厂网分离。国家实施“西部大开发”和“西电东送”战略，大电源基地、大电网建设进入快速发展阶段。电力系统以区域电网为基础，以超高压、特高压交直流电网为载体，发展跨省跨区的大规模电力资源配置，电网大范围资源配置能力显著增强。我国各省级电网全部实现交直流联网，基本形成全国联网格局，建成跨省跨区特高压输电通道 20 多回。我国已建成世界规模最大的多区域互联、交直流混联电力系统。

上述三个阶段电力系统的演进是以省级电网—区域电网—全国电网互联为主要标志进行的，其间电源侧经历了燃煤机组从几千千瓦到百万等级、水电机组从几百到七十万等级、核电从无到有、可再生能源成为重要组成部分的巨大进步。但是电源侧的变化并没有成为阶段划分的标志，并没有出现跨越式的、本质的变化。① 为了同我国正在构建以新能源为主体的新型电力系统相区别，有必要将当前以火电为主体的电力系统称为常规电力系统。

（二）我国能源电力结构

1. 能源消费结构。根据国家统计局发布的 2022 年统计数据，2021 年我国能源消耗总量 52.4 亿吨标准煤，其中煤炭占比 56%，石油占比 18.5%，天然气占比 8.9%，一次电力②及其他能源占比 16.6%。具体构成见图 2－1。

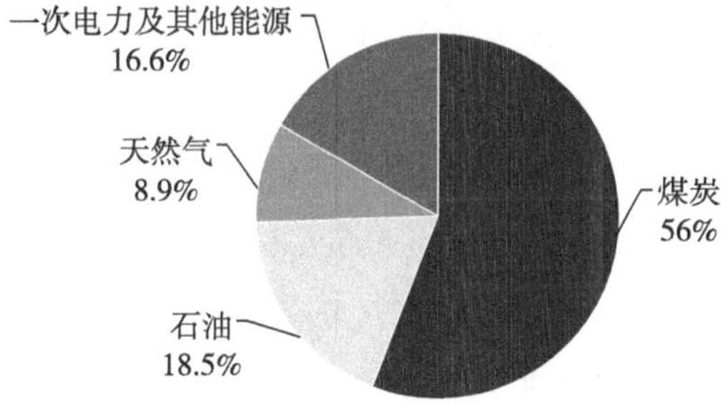

图 2－1　2021 年我国能源消费结构

---

① 参见谷峰：《新型电力系统到底“新”在哪里?》，载《中国电力企业管理》2022 年第 4 期。

② “一次电力”，即计入“一次能源”的电力，是指核电、水电、风电以及太阳能发电所产出的电力。

从图 2 - 1 可以看出，在我国 2021 年整个能源消费中，化石能源占比超过八成，煤炭消费占比更超过五五成以上，一次电力消费占比不足两成。鉴于我国是一个富煤、贫油、少气的国家，可以预见今后一段较长的时期内我国以煤为主的能源结构难以根本改变。

2. 发电装机容量结构。根据国家能源局发布 2022 年全国电力工业统计数据，截至 2022 年 12 月底，全国发电装机容量约 25. 6 亿千瓦，其中，火电装机 13. 32 亿千瓦，占比约 53%；水电装机 4. 14 亿千瓦，占比约 16%；太阳能发电装机约 3. 93 亿千瓦，占比约 15%；风电装机 3. 65 亿千瓦，占比约 14%；核电装机 0. 56 亿千瓦，占比约 2%。具体构成见图 2 - 2。

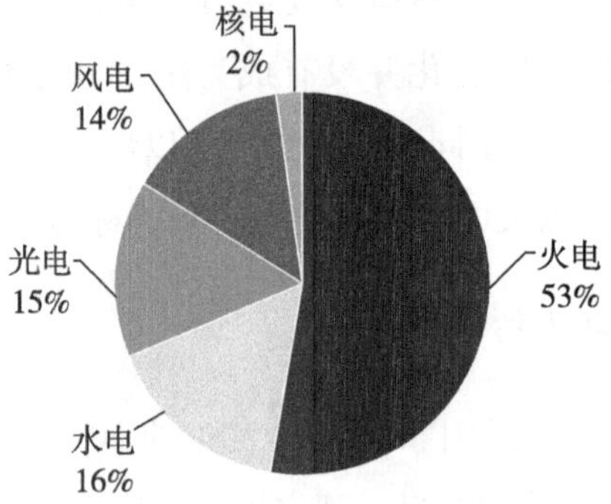

图 2 - 2　2022 年发电装机容量结构

从图 2 - 2 可以看出，截至 2022 年，我国化石能源发电装机容量仍占比五成三，居于主体地位；风光等新能源发电装机容量合计占比接近三成。

3. 电力生产结构。国家统计局公开的信息显示，我国 2022 年的发电量达到了 88487. 1 亿度。其中，火电为 58887. 9 亿千瓦时，占比 66%；水电为 13522 亿度，占比 15%；风电为 7626. 7 亿度，占比 9%；核电为 4177. 8 亿度，占比 5%；太阳能发电（光电）为 4272. 7 亿度，占比 5%。具体构成见图 2 - 3。

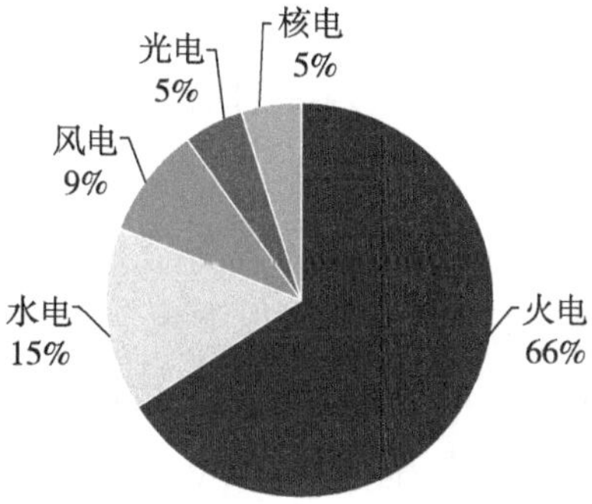

图 2-3　2022 年电力生产结构

从图 2-3 可以看出，2022 年我国化石能源发电量占比仍高达六成六，非化石能源发电量占比不足四成，作为新能源的风光发电合计占比不足两成。化石能源发电装机容量占比虽有明显下降，但是，其发电量占比未见同比例下降；风光等新能源发电装机容量占比虽有较大提升，但是，其发电量占比并未见同比例大幅上升。这反映出当前火电仍是我国发电绝对主力，风光等新能源发电能量密度低，呈现大装机、小电量的特点。

三、风光电源之优缺点

太阳照射到地球表面，地球表面各处受热不同，产生温差，从而引起大气的对流运动形成风。风能就是空气流动所产生的动能，属于太阳能的一种转化形式。风能可以通过风车来提取。风力发电机是把风能转化为电能的装置，风带动叶轮旋转，叶轮带动发电机旋转切割磁感线，将风能转换为机械功，机械功带动转子旋转，最终产生电能。利用太阳能发电有两大类型：一类是太阳能光发电；另一类是太阳能热发电。太阳能热发电，是先将太阳能转化为热能，再将热能转化成电能；太阳能光发电，是将太阳能直接转变成电能的一种发电方式，目前包括光伏发电、光化学发电、光感应发电和光生物发电四种形式。二者相比较，太阳能热发电在成本、能源的消耗、应用范围、存储状况、涉网性能等方面虽优于太阳能光发电，但因受限于地域和技术，目前太阳能光发电普及程度更高，其中以光伏发电最为常见。光伏发电是利用半导体界面的光生伏特效应而将光能直接转变为电能的一种技术，而光伏电池包括多晶硅、单晶硅、非晶硅、薄膜电池等多种类型。鉴于风光能源未来有望成为我国电力系统中的主体电源，此处，有必要考察一下风光电源之优缺点，以便于在构建新型电力系统时能有针对性地采取措施趋利避害。

（一）风电之优缺点

1. 风电之优点。风电的优点主要有以下几个方面：（1）风能免费且可再生。风力发电的动力是风，风是免费的，蕴量巨大、分布广泛、可以再生，取之不尽、用之不竭。（2）清洁环保。风电在利用过程中无污染物和温室气体排放，是一种绿色能源。（3）建设周期短，组装机模式灵活，技术较为成熟，投资成本较低，可预见性高。风电厂的建设周期短，单台机组的安装时间仅需几周；风力发电机组装机模式灵活，每当增加资金与指标，就可以新安装机组。随着科技进步，风电机组的发电效率与可靠性越来越高，机组寿命可长达20年。算上电煤运输成本以及环境成本，风电投资具有成本优势。因不受能源价格波动影响，风电投资可预见性高。（4）运行维护简单。现在中大型风电机组自动化水平很高，采用远程监控技术实现了风电机组自诊断功能，安全措施更加完善，并且实现了单台风电机组独立控制，多级群控和遥控，完全可以无人值守，只需定期进行必要的维护，不存在火力发电中的大修问题。（5）发电运行方式多样化。因地制宜发展风电，可以与其他能源发电形式，如光伏、水电等形成互补系统；也可单独运行，进行分散式布局，可为边远无电地区的用电问题提供多种解决方案。

2. 风电之缺点。风电的缺点主要有以下几个方面：（1）风力发电在时间上具有随机性、间歇性和波动性。风能资源随着季节的变化会发生巨大变化，而且在年、季、月、周、日、时等不同时间尺度上，风量的变化也很大，不可能达到一天24小时发电。一台风电机全年有将近30%的时间处在停摆状态，40%的时间处在非满负荷运作状态，只有30%的时间处在满负荷发电状态。因此，风电作为电源具有不稳定性，这为电力系统持续稳定供电制造了麻烦。（2）风能资源分布空间上具有非均衡性。据中国气象局发布的《中国风能太阳能资源年景公报（2022年）》数据显示，2022年，我国东北地区东部、内蒙古中东部、新疆北部和东部、甘肃西部和北部、青藏高原大部等地高空70米风力发电机常用安装高度的风能资源较好，有利于风力发电。与近10年（2012年至2021年）相比，2022年，全国风能资源为正常略偏小，10

米高度年平均风速较近 10 年偏小 0.82%。重庆、福建、湖北、吉林 70 米高度风能资源较近 10 年偏好，上海、河北、云南、江苏、山东、海南、宁夏、北京等地风能资源较近 10 年偏差。由此可见，我国风电资源丰富的地区大多地处偏僻远离负荷中心，这为我国“西电东送、北电南送”等跨区域输送电力埋下伏笔，无疑增加了电力利用的成本与风险。（3）风能密度低。由于空气本身的密度极低，而风能来源于空气流动，因此风携带的能量密度也很低，只有水能的 1/816①。由于风电的有效容量低，为满足未来用电需求增长，需要扩大风电装机容量，出现所谓“大装机，小电量”的现象。风电装机容量的不断扩大，也会为后续并网造成困难。（4）对环境有负面影响。风机可能造成的环境污染有噪声、电磁干扰和视觉影响，可能还包括晴天由于旋转叶片间的相互作用而引起的“闪光”。一般而言，陆上风电厂或者风电机组的布局都是离人居住较远的区域。另外，近海风电可能会对鱼类、海洋哺乳动物和迁徙鸟类造成一定的影响。（5）受土地、海域条件限制较大。陆上风电的开发需要占用大量土地资源，我国人多地少的现实，决定了很多地方不适宜大规模发展陆上风电。近海海上风电受航道、渔业等限制性因素影响较大，项目单体规模较小，投资成本颇高，且受海域空间与限制性因素影响。近海资源紧张，而发展远海风电显然受限更大。

（二）光伏发电的优缺点

1. 光伏发电的优点。光伏发电的优点主要有以下几方面：（1）免费，可再生。地球上只要有光照的地方就可以使用光伏发电系统。太阳能取之不尽，用之不竭。利用太阳能无须支付原料费用，光伏发电不会因能源危机或燃料市场不稳定而受到冲击。（2）建设周期短，组装机模式灵活，技术较为成熟，投资成本较低，可预见性高。光伏发电装置由太阳电池板、控制器和逆变器等组成，主要部件为电子元器件。太阳能电池经过串联后进行封装保护可形成大面积的太阳电池板组件，寿命长，技术较为成熟。太阳能电池组件结构简单，体积小、重量轻，便于运输和安装。光伏发电系统建设周期短，装机容量可大可小，方便灵活，极易组合、扩容，系统投资成本较低，可预见性

---

① 参见田德主编：《风能转换原理与技术》，中国水利水电出版社 2018 年版，第 4 页。

高。另外，光伏发电还可以与农业相结合，形成农光互补效应。（3）运维相对简单。光伏发电无机械传动部件，操作、维护简单，运行稳定可靠。通过采用自动控制技术，可实现无人值守，维护成本低。（4）具有广泛适应性。光伏发电过程不需要冷却水，光伏发电设备对场地的要求很低，可以安装在屋顶、田间地头，也可以安装在荒漠戈壁上。光伏发电可以很方便地与建筑物结合，构成光伏建筑一体化发电系统，空间利用率高。光伏电站可就近供电，不必长距离输送，因此分布式光伏电站非常普遍。这使能源布局更为多元，电力电子装置高比例渗透。（5）环境友好。光伏发电本身不使用燃料，不排放包括温室气体和其他废气在内的任何废弃物质，对环境友好。

2. 光伏发电的缺点。（1）发电具有间歇性、波动性和随机性。地球表面上的太阳能光照因地球自转、公转而昼夜、四季交替轮回，导致光伏发电也有昼夜交替的间歇性和四季轮回的波动性。即便是白天，太阳能光照也受限于天气状况，在阴天、雾天、雨天时无法发电，导致光伏发电具有随机性。光电同风电一样，都属于“靠天吃饭”。（2）太阳能资源分布地区差异性较大。据中国气候局发布的数据显示，我国太阳能水平面总辐照量、最佳斜面总辐照量和光伏发电首年利用小时数等都呈现西部地区大于中东部地区，高原、少雨干燥地区大，平原、多雨高湿地区小的特点。由此可见，我国光电资源丰富的地区也大多地处偏僻远离负荷中心，“西电东送”无疑会增加电力利用的成本与风险。（3）能量密度低。虽然地球表面太阳能总量极其巨大，但由于地球表面积也很大，在陆地单位面积上能够直接获得的太阳能量较少。光伏发电实际上是低密度能量的收集、利用。太阳能能量密度低，导致光伏发电系统的占地面积会很大。（4）转换效率低。光伏发电的转换效率，是指将光能转换为电能的比率。目前晶体硅光伏电池转换效率为 13%—17%，非晶硅光伏电池只有 5%—8%。光电转换效率太低，致使光伏发电功率密度低，难以形成高功率发电系统。为了满足用电需求，需要扩大装机容量。（5）光电机组无机械转动，涉网性能差。光伏发电利用半导体的光电效应将光能转变为电能，无转动惯量，当大量的光电机组替代常规电源时，系统频率调节能力将显著下降。（6）光电受环境因素影响较大，同时对环境也有污染。空气中的颗粒物（如灰尘）等沉落在太阳能电池组件的表面，阻挡了部分光线的照射，会降低电池组件转换效率，从而造成发电量减少甚至电池板的损坏。

晶体硅电池的主要原料是纯净的硅，从硅砂中提取高纯度的晶体硅，要经过多道化学和物理工序的处理，不仅要消耗大量能源，还会造成一定的环境污染。

四、新型电力系统构建面临的挑战

当前，我国已建成世界上最大的常规电力系统，业已形成以化石能源为主体的成熟技术体系，能够保障电力的安全可靠供应。未来构建以新能源为主体的新型电力系统，将使我国电力系统逐步从高碳电力系统转向深度低碳或零碳电力系统，此举并无他国先例可借鉴。针对我国构建以新能源为主体的新型电力系统所面临的挑战，学术界与实业界都有不少预判和论证，总结起来主要有以下几个方面。

（一）对系统稳定充裕供电的挑战

构建以新能源为主体的新型电力系统，意味着电源结构发生根本性的改变，新能源将逐步成为装机和电量主体，而煤电将被逐渐压减到最少。电源侧出现“双高”现象，即高比例的新能源，高比例的电力电子装置。高比例的新能源作为电源，而新能源发电具有间歇性、随机性和波动性的特点，将替代以煤电为主体的传统电源所具有稳定、可靠的特征，这将给电源充裕稳定供电带来以下挑战：（1）新能源利用小时数低。新能源利用小时数远低于负荷利用小时数，新能源“大装机、小电量”的特点使新能源要获得高电量占比，其装机容量必须远大于负荷。（2）新能源保证出力低。新能源装机容量虽有很大提升，但最小保证出力水平低，夏、冬负荷高峰时期仍将有较大电力缺口，供电保障难度大。无论以哪种类型的新能源为主导，发电侧的调节能力都将大量、持续地缺乏。[①]。

（二）对系统电力电量平衡的挑战

我国以火电等化石能源为主体的常规电力系统中发电、输电、用电相分

---

① 参见范帅等：《面向新型电力系统的需求响应机制探讨》，载《电力系统自动化》2022 年第 7 期。

离，电能即发即用，保持实时平衡。在以火电为主体的情形下，因火电机组出力比较稳定，在供电充裕的电源侧相对确定，而只有负荷侧具有不确定性。通过对负荷侧的峰谷平用电进行计算分析，规划调度电源侧的发电量，电力系统表现为源随荷动来实现电力电量平衡。随着新能源占比的不断提高，系统的电源结构将由可控连续出力的煤电装机占主导，向强不确定性、弱可控性的新能源发电装机占主导转变，会使电力系统供需双侧均面临强不确定性，这为系统电力电量平衡带来挑战。电力电量平衡在不同时间尺度将凸显不同矛盾，呈现弃电与缺电风险并存的特点。从日内电力平衡角度来看，用电负荷夜间为低谷、白天为高峰，风电夜间出力高、白天出力低，具有明显的反调峰特性；光伏发电中午出力高，在夜间无出力，在晚负荷高峰时，不具备电力支撑作用。在以日为时间尺度时，在负荷高峰和新能源出力低谷时，新能源对电力平衡的支撑能力较弱。[①] 在以季度为时间尺度时，新能源月度电量分布与负荷需求不匹配，冬夏季负荷电量高，而新能源发电量低，同样存在季节性电量平衡难题。新能源出力波动持续时间长、分布大。新能源低出力时段，电力系统需要一些常规电源进行调节以实现功率平衡；长时间高出力则给系统消纳、安全和储能技术带来巨大挑战。新能源日内功率波动大，常规电源因启停时间过久难以应对新能源功率波动，需要大规模储能技术加以应对。

（三）对系统安全运行的挑战

高比例的新能源接入以及高比例的电力电子装置的采用，给电力系统运行的安全性带来以下新挑战：（1）电网运行方式日趋复杂化。新能源出力与复杂随机气象因素具有强相关性，加上新能源与新型负荷海量分布式接入，使电网调度运行方式与潮流分布将呈现随机化与多元化特点，电网不仅承担电能传输的作用，而且将更多地承担电能互济、备用共享的职能。[②] 此外，电动汽车、分布式储能、需求响应在需求侧不断普及，将使电力系统源荷界限

---

① 参见李明节等：《新能源电力系统电力电量平衡问题研究》，载《电网技术》2019 年第 11 期。

② 参见康重庆、姚良忠：《高比例可再生能源电力系统的关键科学问题与理论研究框架》，载《电力系统自动化》2017 年第 9 期。

模糊化，形成电力产消者，局部配电网将会发生潮流反转，向主网倒送功率，使电网安全运行分析进一步复杂化。[①]（2）系统惯量降低致调频能力下降，频率越限风险增加。新能源大规模接入，挤占常规机组开机空间，支撑电网安全稳定的传统同质化大容量旋转设备日益稀缺，进而会降低系统中阻止交流电网电压电流频率发生变化的运行惯量。再加上风电机机械转动的弱惯量性和光伏发电的无惯量性，以及直流输电系统中包含大量电力电子设备，使电网系统所需转动惯量持续下降，系统调频能力下降，导致频率变化加快、波动幅度增大、稳态频率偏差增大，越限风险增加。（3）无功支撑不足，电压稳定问题突出。新能源机组动态无功支撑能力较常规电源弱，且新能源发电逐级升压接入电网，与主网的电气距离是常规机组的 2 至 3 倍。随着新能源占比快速提高，系统动态无功储备及支撑能力急剧下降，系统电压稳定问题突出。（4）暂态过电压严重。新能源大规模接入导致系统短路容量下降，电压支撑能力降低，使暂态过电压问题突出，可能超过设备耐受水平，造成新能源大规模脱网或设备损坏。（5）功角稳定问题。新能源大规模接入使功角稳定特性复杂、不确定性增加，“预案”式安全调控策略配置困难，失配风险增大，影响电网稳定。（6）宽频振荡现象相继出现。基于电力电子装置的光伏发电设备具有快速响应特性，在传统同步电网以工频为基础的稳定问题之外，出现了中频带、高频带的电力电子装置涉网稳定性问题。近年来，我国河北和新疆等风电汇集地区相继出现振荡现象。宽频振荡问题严重危害设备安全和电网运行安全。[②]（7）跨区输电网强直弱交，故障风险增加。新能源大量替代常规电源的情形下，中东部支撑电源“空心化”、跨区直流集中落点、密集通道直流规模或将进一步增加，跨区输电网存在“强直弱交”现象，频率电压稳定问题相互交织，故障概率也将大大增加。[③] 另外，储能技术的不完全成熟、严重的自然灾害、网络攻击等非传统的电力系统安全问题也日益

① 参见张智刚、康重庆：《碳中和目标下构建新型电力系统的挑战与展望》，载《中国电机工程学报》2022 年第 8 期。

② 参见郭剑波：《新型电力系统面临的挑战以及有关机制思考》，载《中国电力企业管理》2021 年第 9 期。

③ 参见莫非：《全链条发力推动新型电力系统建设》，载《中国电力报》2022 年 3 月 8 日，第 2 版。

凸显。

（四）对系统灵活性的挑战

系统灵活性，是指在所关注时间尺度的有功平衡中，电力系统通过优化调配各类可用资源，以一定的成本适应发电、电网及负荷随机变化的能力。[①]当新能源的发电容量在电网中所占比重较大时，其出力不确定性将从根本上改变系统潮流分布的特性，使系统的潮流流向与分布变得随机不可预测，电力系统负荷中心的电压暂态稳定问题更加严峻。同时，随着分布式电源、微网、电动汽车的快速发展，负荷预测的偏差、间歇性负荷的不确定性对系统运行过程中的功率分布也将产生重要影响。发电侧和需求侧存在的这种大量不确定性因素，对系统的灵活性提出挑战。在满足一定经济性和可靠性前提下，系统需要发展出相适应的灵活性资源，尽可能消除或减小这些不确定因素带来的负面影响。传统发电资源包括火电、水电以及核电，它们是电力系统中稳定性较强、可靠性较高的电源，是灵活性资源的重要组成部分。但是，传统能源的装机容量通常较大，输出稳定，大部分传统能源调整能力不强，启动时间较长，其在灵活性应用中受到了一定限制。仅从容量的角度，核电站和调节能力不强的火电厂可提供大量的灵活性，但由于响应时间和经济性方面限制，其所提供的灵活性质量和经济性较低，故它们通常稳定输出，以满足基荷，一般情况下不提供灵活性。从容量和响应时间来看，具备快速调节能力的火电厂和部分传统水电厂能提供高数量和高质量的灵活性，但其运行成本和调节成本不同，衡量其经济性困难较大。抽水蓄能电站具有发电、调峰、调频、调相以及事故备用等功能，能快速响应网络负荷变化，且成本较低，故它所提供的灵活性质量高且经济性较好，但是由于抽水蓄能电站的总装机容量所占比重较低，所提供的灵活性数量有限，无法单独满足负荷变化时的需求。[②]

---

① 参见鲁宗相等：《高比例可再生能源并网的电力系统灵活性评价与平衡机理》，载《中国电机工程学报》2017 年第 1 期。

② 参见肖定垚等：《电力系统灵活性及其评价综述》，载《电网技术》2014 年第 6 期。

（五）对系统发展规划的挑战

电力发展规划是实现以新能源为主体新型电力系统发展的技术蓝图，为了实现源、网、荷、储，发、输、配、用、备等各环节的协调发展，必须做好电力系统发展规划。风、光资源的间歇性、不确定性大，影响新能源可信容量的确定，增大系统规划难度。在以高比例新能源为主体的情形下，源—荷强不确定性和低碳等诉求给电力系统发展规划带来以下新的挑战：（1）源—荷不确定性加剧。在新能源为主体的新型电力系统中，由于存在电源侧波动性和用户侧含源负荷随机性，如何对电源出力和负荷进行准确预测是开展系统发展规划必须克服的首要问题。（2）考虑碳电市场交互融合。未来碳交易市场将逐渐成为电力市场的重要组成部分，电力系统发展规划需要考虑现有电力市场与碳市场的交互方法，解决适应低碳电力市场场景的发展问题。（3）与碳评估相结合。新型电力系统规划除需考虑可靠性和经济性外，还应考虑绿色性，对能源三角问题①进行博弈选择。在碳交易环境下，如何将碳水平评估与电力系统规划问题相结合，建立低碳评价体系是支撑电力系统规划面临的重要问题。（4）模拟新能源运行的随机性与波动性。新型电力系统包含风、光、水、火多种电源形式，其物理运行环境多样、决策环境复杂等特点对系统灵活性提出了新的要求。需要探索模拟新型电力系统运行的方法，辨识规划方案在运行层面的潜在问题，评估规划方案在海量运行场景下的运行指标，以适应新能源运行的随机性与波动性。（5）多主体协同规划。新型电力系统在电源侧、电网侧和负荷侧均具备灵活多变的运行策略，且参与电量平衡的利益主体更多。仅考虑某一环节的规划思路已无法适应源网荷储各环节的互动深度，需要考虑包括储能在内的多主体协同规划。②

---

① 能源三角问题，又称能源不可能三角问题，是指任何一个能源系统都不可能在能源安全、能源转型（低碳环保）和能源经济三个方面同时达到最优，政府必须对能源系统上述三个目标进行综合平衡和协调。

② 参见韩肖清等：《双碳目标下的新型电力系统规划新问题及关键技术》，载《高电压技术》2021 年第 9 期。

（六）对系统调度的挑战

我国电力调度机构分为国家、区域、省级、地级、县级 5 级，目前调度方式仍是主要面向以常规电源为主的计划调度。新能源大规模接入，对系统调度带来以下新挑战：（1）系统平衡模式发生显著变化。省级电网作为独立平衡区的控制模式已经持续几十年，对地市电网而言，不存在平衡调节问题。分布式新能源的发展、以园区为主体的微电网和虚拟电厂不断涌现，它们依靠自身也能实现内部功率平衡，只需在个别时段和主网进行功率交换。因此，未来新能源为主体的情形下，电网中的潮流分布、电压分布等将发生颠覆性变化，将会出现“省—地—县—微网”的多级平衡。新能源出力不确定性的特点，传统调度中电源出力严格跟踪负荷曲线已无太大意义，二者将实现解耦。系统单纯进行负荷预测也失去意义，必须对新能源和负荷进行分别预测，并将预测结果进行融合分析。（2）电网运行控制发生显著变化。在新能源为主体的电力系统中，系统控制对象除了传统的火、水、核等电源类型外，还包括新型储能、可控负荷、微电网、虚拟电厂等。随着各类分布式电源、微电网、可控负荷的大量接入，传统以省调为主体的集中控制模式将导致控制成本急剧上升，需要探索新的更为经济有效的控制模式。大量新能源的接入可能放大常规事件对电网的影响，事实上放大了系统的脆弱性。极端天气也会使严重故障越来越多，电网运行必须做好面对更加复杂严重事件的准备。①

（七）对系统运行经济性的挑战

新能源容量系数远低于常规水、火、核电源，为满足新增负荷需要，必须建设数倍于负荷增量的新能源机组，系统仍需要补充足够的可调度备用资源以弥补新能源调节能力不足的问题，大量的火电机组转为备用电源，利用率显著降低。同时，由于风能、光伏发电大量接入，系统潮流的不确定性加强，为满足新能源安全送出的要求，电网规模仍将明显扩大，会连带产生电

---

① 参见王靖然：《构建新型电力系统对省级电网调度的挑战及建议》，载《中国电业》2021 年第 12 期。

网设备利用效率降低的问题，电力系统运行经济效率面临挑战。[①] 新能源平价上网不等于平价利用，为适应“双高”“双峰”形势下新能源并网和消纳，电力系统源网荷储各环节建设和运营成本都要增加，新能源发电成本下降不能完全对冲，系统发展成本不断上升。[②] 新能源资源的不确定性、设备低抗扰弱支撑性会带来安全挑战。在一段时间内，为解决安全问题需要加大投资、增加运行成本，也带来经济挑战。[③]

以上关于新能源作为主体电源对于现行常规电力系统的主要挑战，也可从不同的角度加以认识。例如，邱爱慈院士从电力供应、高比例新能源消纳、系统稳定运行等产消保障方面来认识这些挑战[④]。无论从哪些角度来认识这些挑战，但产生这些挑战的根本性因素无非有以下几点：一是新能源随机性、间歇性与波动性、低能量密度的特征；二是低抗干扰性和弱支撑性的高比例电力电子装置在源、网、荷侧的采用；三是电网侧的传输能力与要求；四是负荷侧存在强随机性、峰谷差异性、电力产消者等因素，导致新能源作为主力电源与现行常规电力系统相比具有很多短板。当前学术界与实业界对于以新能源为主体给现行电力系统带来挑战的预测与论述，大都建立于电能量流在源、网、荷三大环节实时平衡的基础之上，如图 2－4 所示。

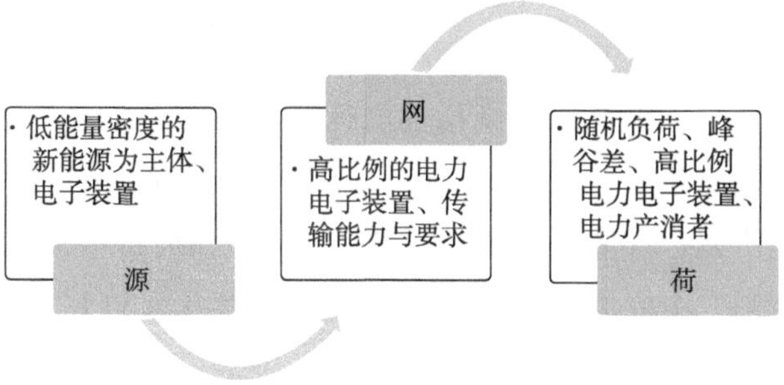

图 2－4　新能源为主体冲击电力系统的原因示意图

---

① 参见黄丽娟、甘涌泉、周恒旺：《广西构建以新能源为主体的新型电力系统的建议》，载《广西电力》2021 年第 4 期。

② 参见莫非：《全链条发力推动新型电力系统建设》，载《中国电力报》2022 年 3 月 8 日，第 2 版。

③ 参见郭剑波：《新型电力系统面临的挑战以及有关机制思考》，载《中国电力企业管理》2021 年第 9 期。

④ 参见李元丽：《院士共话：构建新型电力系统的新路径》，载《人民政协报》2021 年 8 月 17 日，第 7 版。

从图 2 -4 可以看出，随机性的新能源发电直接上网，给具有一定传输能力的低抗干扰性电网造成冲击，再加上负荷侧的随机性、峰谷差和电力产消者等因素，导致整个系统出现电力电量无法实时平衡的问题，由此再衍生出系统在诸如充裕性、安全性、灵活性、规划、调度、经济性等方面存在不足、受到冲击或变得复杂化等其他一系列问题挑战。构建新型电力系统就是要建立一个既要以新能源为主体，又要克服由此而带来的诸多缺陷，使现行电力系统逐渐转变成一个安全高效、经济环保的能够满足社会经济发展与人民生活需要的理想系统。

五、构建新型电力系统的对策与路径

为了应对以上新能源为主体对于现行电力系统的问题与挑战，进而构建一个新型电力系统，学术界与实业界提出了不少针对现行电力系统中源、网、荷等不同主体可以采取的对策，形成了构建新型电力系统的一系列对策池。在这些对策池的基础上，又可归纳出构建新型电力系统两条必不可少的路径，即技术路径与社会路径。所谓技术路径，就是用以解决以上问题与挑战的技术、装备、装置等技术上、物质性的对策，主要体现物与物之间的自然或物理性关系以及物对人之间的价值关系。总体而言，技术路径更多地体现了在新型电力系统构建中作为客体要素——物的基础支持作用。所谓社会路径，就是建立健全适应新型电力系统构建与运行的治理体系，包括相关的体制、机制、政策、法律等，主要涉及相关资源如何获得与规范应用、各主体的角色定位与行动协调、价值如何体现、成本与风险如何负担、收益如何分配等一系列游戏规则，主要体现物对人的价值关系以及人与人之间的利益关系。总体而言，社会路径更多地体现了在新型电力系统构建中作为主体要素——人的能动作为。技术路径与社会路径有时相互交叉，当论及一种技术应对某种问题时，就技术本身而言，体现了物与物之间的关系，无疑属于技术路径；当论及开发、选择或获取这种技术的行动时，既包括技术本身，又包括开发、选择或获取技术的行为，体现了物对人的价值关系，也可以作为社会路径来看待，毕竟技术并不能脱离人而自行发挥作用。例如，就“大力发展储能技术”而言，其既可以作为一种丰富灵活性资源的技术性手段，即技术路径；也可以作为一种政策选择，即社会路径。对构建新型电力系统而言，这两条路径并非彼此排斥的关系，而是一体两面的关系，也可以视为系统构建的硬软件之间的关系。其中技术物质性资源如同新型电力系统的硬件，而社会规则体系如同该系统的软件。只有对硬软件进行恰当配置，新型电力系统才可能构建完成并实现预期的运转与功能状态。以下分别从技术路径与社会路径两个方面来呈现学术界与实业界对于构建新型电力系统的主要对策方案。

（一）技术路径

从前述关于以新能源为主体对现行电力系统挑战的考察来看，人们是从源、网、荷等电力系统的不同环节来认识这些挑战的，进而提出的对策方案也是与这些环节紧密相连的。储能被认为是应对系统灵活性挑战的关键一环，可以配在源、网、荷三侧。因此，下面就以源、网、荷、储四侧来考察因应这些挑战的主要对策。

1. 电源侧。关于电源侧的技术对策主要有以下几方面：（1）建立多元绿色能源供应体系，推进多能融合优化互补。此举，一方面可以保障能源低碳转型，另一方面可以通过多能互补来增加灵活性，平滑出力，调峰调谷，保障供应充裕性和经济性。多能互补有多种模式，有风、光、水、火、核、储之中两种以上多能打捆式发电互补，也有组建多种能源一体化的大电源基地，还有气、电、冷、热多能综合利用互联互通式互补。（2）努力攻克“卡脖子”的关键技术，积极采用先进技术，形成自主知识产权。加大关键电力技术的集中和联合攻关、试验示范、推广应用，促进电力技术与人工智能、大数据、物联网先进信息通信等技术的深度融合。这些电力技术主要包括互联网＋智慧能源技术、CCS/CCUS 技术、安全高效低成本长寿命大容量新型储能技术、源荷双向交互技术、更高效率更低成本的新能源先进发电技术、新能源主动支撑与友好并网技术、基于电力电子变换器的新能源虚拟同步技术、调峰电源的快速启停技术、第四代核电技术、煤电机组灵活性与超低排放技术、煤电机组宽负荷运行节能优化技术、煤电机炉冷端余热高效利用技术、深度调峰运行经济性提升技术、生物质混燃发电与气化发电技术、高可靠性低损耗新型电力电子元器件装置和系统技术、清洁高效低成本氢能生产储运转化和应用技术，积极探索核聚变、海洋能、干热岩地热能、天然气水合物应用技术，形成具有我国自主知识产权的新型电力系统关键技术体系。

(3) 做好规划引导，推进新能源产业的快速健康发展，积极探索新能源发展新模式、新业态以及消纳新方式。在“三北”地区大力推动以沙漠、戈壁、荒漠地区为重点的大型风电太阳能发电基地，重点建设新疆、黄河上游、河西走廊、黄河几字弯等新能源基地；在西南地区统筹推进水风光综合开发；在中东南部地区重点推动风电和光伏发电就地就近开发；在东部沿海地区积极推进海上风电集群化开发，重点建设山东半岛、长三角、闽南、粤东和北部湾五大海上风电基地。积极扩大光伏产业布局，在工业园区企业屋顶、商业屋顶、滩涂区、丘陵山区和煤矿沉陷区等区域，持续探索开发分布式光伏项目；鼓励企业利用自有厂房屋顶、电厂灰场、铁路沿线、空余场地空间以及其他闲置土地，开发分布式光伏项目。探索“光伏 + 农业”“水光互补”“风光互补”“新能源 + 储能”“新能源 + 制氢”“地热能利用”等发展模式①，探索“整县开发”“隔墙售电”“东数西算”就地消纳等新模式②，探索“新能源 + 抽水蓄能 + X”开发模式③，在条件较好的地区率先启动“百县千村万台示范工程”④。(4) 优化煤电功能定位，煤电将由电量供应主体向电力供应主体转变，同时提升电力系统应急备用和调峰能力。严格控制新增煤电，对存量煤电进行分类清理，明确煤电逐步退出机制，对符合条件的煤电有序开展清洁利用、深度调峰的灵活性改造、供热改造，逐步将之转为基荷保障性和调节性电源。我国富煤的国情和当前以煤为主的能源结构决定着煤电不可能完全退出，甚至在构建新型电力系统中起着支撑系统有效容量、促进新能源消纳的压舱石作用。近期通过灵活性改造用于系统调峰，远期应加装碳捕集装置实现深度脱碳，同时提高“退而不拆”的应急备用煤电规模。⑤另外，通过拓展“煤电 + 综合能源供应”，助推煤电转型升级。⑥ (5) 进一步

① 参见赵剑波、王蕾：《“十四五”构建以新能源为主体的新型电力系统》，载《中国能源》2021 年第 5 期。

② 参见张勋奎：《以新能源为主体的新型电力系统发展路线图》，载《分布式能源》2021 年第 6 期。

③ 参见周建平等：《新型电力系统中“水储能”定位与发展前景》，载《能源》2022 年第 4 期。

④ 参见秦海岩：《“十四五”风电产业发展之策》，载《风能》2022 年第 2 期。

⑤ 参见张智刚、康重庆：《碳中和目标下构建新型电力系统的挑战与展望》，载《中国电机工程学报》2022 年第 8 期。

⑥ 参见葛然：《合理规划煤电升级改造助力构建新型电力系统》，载《中国电力企业管理》2022 年第 4 期。

发展水电，挖掘常规水电调节能力，因地制宜建设抽水蓄能电站。水电既可以作为出力保障电源，又可以作为灵活调节电源，在新型电力系统建设中具有重要作用。我国水电资源居世界第一，现仍有超 3 亿千瓦可待开发，应和促进新能源消纳相结合，进一步规划并有序开发水电，扩大水电增量。对存量水电开展扩机增容、增设可逆式机组或储能泵站，对既有水电进行充分利用和二次开发，优先开发建设“水储能”设施。① （6）安全高效推进核电建设。安全稳妥发展沿海核电逐渐实现对沿海负荷中心周边化石能源的替代。② 适时推进中部地区核电发展，在用电负荷中心和电网关键节点部署核电站，以减少电力大规模长距离输送、大范围控制和调节。③ 推动“核电 + 新能源”、余电制氢、海水淡化、清洁供暖、工业供汽等多元化协同发展，推动模块式小型堆、60 万千瓦级商用高温气冷堆、海上浮动式核动力平台等先进堆型示范应用。④ （7）发挥好气电调节作用，提升其综合利用效能，探索其利用新模式。优化运行存量气电，推进对气电机组加装 CCS 技术改造，因地制宜实施多能联供的专项改造，由单一发电向冷热电气水综合供应转变，并实现热力网源一体、源网荷储联动，减少设备闲置，积极参与调峰，开展辅助服务，提高综合能效，提升度电价值。发展集中式重型燃机项目的同时发展分布式轻型燃机项目，做到轻重并举、优势互补；重点发展调峰调频电站、多能联供高效机组，以及“风光气（储）一体化”项目；探索建设使用混合氢和天然气的大型燃气轮机发电站；加强与油气生产、设备制造企业合作，努力打造一体化燃机发电产业链、供应链，形成差异化竞争优势。⑤ 探索在川渝地区推进天然气和水电资源“气水融合”的发展模式。⑥ （8）因地制宜，稳步发展其他可再生能源。稳步发展生物质发电，优化生物质发电开发布局，

---

① 参见周建平等：《新型电力系统中“水储能”定位与发展前景》，载《能源》2022 年第 4 期。

② 参见黄文：《碳达峰、碳中和背景下核能高质量发展面临的挑战和对策建议》，载《中国工程咨询》2021 年第 10 期。

③ 参见连敏：《刘巍：核电是新型电力系统的重要成分》，载《当代电力文化》2022 年第 3 期。

④ 参见姜红丽等：《碳达峰、碳中和背景下“十四五”时期发电技术趋势分析》，载《发电技术》2022 年第 1 期。

⑤ 参见陈宗法：《“双碳”目标下，“十四五”燃气发电如何发展?》，载《能源》2021 年第 6 期。

⑥ 参见李宝军等：《川渝地区天然气与水电融合发展战略初探》，载《天然气工业》2021 年第 5 期。

稳步发展城镇生活垃圾焚烧发电，有序发展农林生物质发电和沼气发电，有序发展生物质热电联产，加快发展生物天然气；有序推动地热能发电发展，在西藏、青海、四川等地区推动高温地热能发电发展，在东中部等中低温地热资源富集地区，因地制宜推进中低温地热能发电，支持地热能发电与其他可再生能源一体化发展；稳步发展潮汐能发电，开展潮流能和波浪能示范。

2. 电网侧。国家电网公司与南方电网公司作为电网系统里两大骨干型中央企业，集中国内优势资源研究并先后发布了构建以新能源为主体的新型电力系统行动方案，此处综合两大央企技术方面的行动方案加以呈现：（1）坚持各级电网协调发展，促进清洁能源优化配置和消纳。加快特高压电网建设，扩展和完善华北、华东、西北、东北特高压网架，加快建设华中特高压网架，支撑跨区直流安全高效运行，构建风、光、水、火资源优化配置平台；加强配电网规划体系建设，保障风电、太阳能发电等新能源配套电网工程建设，加快水电、核电并网和送出工程建设；支持分布式电源和微电网发展，为分布式电源、并网型微电网做好接入服务，加强配电网互联互通和智能控制，建设“新能源发电 + 储能技术”模式为代表的智能微电网，满足分布式清洁能源并网和多元负荷用电需要，促进新能源就近就地消纳。提高跨省跨区输送清洁能源力度，优化已建通道配套电源结构，提高输送清洁能源比重。（2）推进电网数字化、智能化转型，提升能源互联网发展水平。加大中压配电网智能终端部署、配电通信网建设和配电自动化实用化，并向低压配电网延伸，提升配电网智慧化水平；通过多能互补、源网荷储一体化协调控制技术，提高配电网调节能力和适应能力，促进电力电量分层分级分群平衡。加快信息采集、感知、处理、应用等环节建设，构建智慧物联体系；推广人工智能、网链、北斗等共性平台和创新应用，提高全息感知和泛在互联能力；实现电网、设备、客户状态的动态采集、实时感知和在线监测；加快云平台建设，推广网上电网等业务应用，打造数字孪生电网。推进输配电线路无人机巡、数字变电站、智能配电房、智能微电网、智慧园区等数字化场景建设，使人工智能广泛用于电网设备巡检、智能客服、负荷预测等业务。加快推动电网向能源互联网升级，构建能源互联网生态圈。（3）加强电网调节能力建设。科学规划布局抽水蓄能电站，向社会开放并引导社会资本投资建设，加快建设抽水蓄能电站；合理布局调峰气电，提升调节能力；支持新型储能规模化应用，支持电源侧储能建设，积极服务用户侧储能发展，提供技术咨询和并网服务；开展可调节负荷资源普查，扩大可调节负荷资源库。（4）加强电网调度转型升级，提升驾驭电力系统能力。攻克新型电力系统基础理论和稳定机理，建设以多时间尺度、平台化、智能化为特征的电网仿真平台；构建新型电力系统故障防御体系，建设自主可控新一代变电站二次系统；推动安自装置标准化应用，巩固完善“三道防线”，建设新一代调度技术支持系统，构建新型电力系统安全稳定控制体系。提高新能源预测精度，推广长周期资源评估和功率预测技术；研究适应分布式新能源大规模接入的负荷预测技术及标准；加强电网统一调度，充分发挥源网荷储各类调节资源作用，保障电力可靠有序供应，建设适应电力绿色低碳转型的平衡控制和新能源调度体系。建设贯穿不同层级的分布式电源调度管理系统，构建全景观测、精准控制、主配协同的新型有源配电网调度模式；推广 5G + 智能电网调控应用，满足海量分布式电源调度通信需求，实现广域源网荷储资源协调控制；研究基于先进通信的配电网保护配置、主动配电网运行分析及协调控制等技术，全面升级配电网二次系统，实现方式灵活调节和故障快速隔离，建设适应分布式电源发展的新型配电调度体系。（5）加强能源电力技术创新，促进新技术的转化应用。制定并加快实施“新型电力系统科技攻关行动计划”，以“三加强”（加强源网荷储协同发展、绿色低碳市场体系构建、电力系统可观可测可控能力建设）、“三提升”（提升新能源发电主动支撑、系统安全稳定运行、终端互动调节）为攻关方向，统筹推进基础理论研究、关键技术攻关、标准研制、成果应用和工程示范。重点突破新能源发电主动支撑、智能调度运行控制、市场运营协同、多能互补运行等技术，多尺度电力电量平衡、源网荷储协调规划等理论研究，推进大容量电化学储能、需求侧互动响应、柔性输电等技术进步和规模化应用，试验示范直流组网、氢能绿色制取与高效利用、超导输电等技术。打造数字电网，突破电力数字化（控）涉及的高端芯片、智能传感、边缘计算、区块链和人工智能算法技术等。[①] 开展关键装备和标准研制，加快推广应用前景广阔、成熟度高的新技术新产品，编制“新型电力

① 参见谭忠富、李云峰：《碳中和目标下以新能源为主体的新型电力系统体系构建》，载《中国电力企业管理》2021 年第 34 期。

系统技术标准体系框架”，重点开展新型电力系统构建及运行控制、分布式新能源及微电网、新能源和储能并网、需求响应、新能源风机防凝冻能力、宽频测量等标准制定。同时，推进体现不同特点与需求的地区级与省级新型电力系统示范区建设，选择新能源接入比例较高的区域电网打造数字电网承载新型电力系统先行示范区。

3. 负荷侧。负荷侧在物理上连接电力系统末端，是电能量的消费环节，也是电力系统源网侧服务的对象。负荷侧海量存在，且具有随机性。从技术上来看，负荷侧并不需要发展什么特殊的手段来应对电力系统自身的挑战。但是，在以新能源主体的电力系统中，仍需要负荷侧的广泛参与一起来应对新型电力系统所面临的挑战与问题。负荷侧技术手段的开发与应用也是由源侧或网侧主体来完成，负荷侧一般无相应的能力或动力来承担，除非源侧或网侧自身可以作为负荷主体来对等。这些技术手段主要包括：可平移负荷资源的利用与储能技术、智能用电技术、负荷多元互动技术、虚拟电厂技术、冷热电气高效转化与梯次利用技术、低碳零碳高效用能技术、车—桩—网互动与电力交通融合技术、物联网管控平台控制海量负荷技术等。同时，应加强通信网建设，应用大数据、WAPI 无线、5G 等新技术，满足全面感知、高效互动、智能决策控制的数据传输需求。①

4. 储能侧。在常规电力系统中，以抽水蓄能为代表的储能一般配置在电网侧，主要用于调节电力负荷高峰对电网的冲击。在以新能源为主体的新型电力系统中，由于对灵活性调节资源的巨大需求，导致储能成为构建新型电力系统不可或缺的一环，储能被视为作应对新能源出力的随机性、间歇性与波动性，电网的调频、调压、调相、备用、黑启动以及负荷峰谷差等问题的技术性手段。储能的发展与应用，突破了传统电力系统中电能量不可储藏的弊端，为解决新能源出力在时空上的短板提供了技术性出路。储能具有源荷两用的双向调节功能，精准稳定的电量调节能力②，可以削峰填谷，平抑新能

---

① 参见黄丽娟、甘涌泉、周恒旺：《广西构建以新能源为主体的新型电力系统的建议》，载《广西电力》2021 年第 4 期。

② 参见王遥等：《绿色金融激活新型电力系统》，载《环境经济》2021 年第 24 期。

源并网波动性，大幅提高电网稳定性与新能源消纳能力。[①] 储能可配置于源、网、荷侧的任何一端或多端，在新型电力系统中将成为一个独立的储能服务侧，而储能技术则成为支撑新型电力系统构建的一项基础性关键技术。当前，源网侧及一些科研专业机构都非常重视储能技术的研发突破，推动储能装置向大容量、高密度、高安全、长寿命、低成本方向转变。这些储能技术主要有：压缩空气储能技术、飞轮储能技术、超导储能技术、氢能技术、电池储能技术、小型空气储能技术、“集中式共享储能”电制氢技术、大型可变速抽水蓄能机组装备技术、高电压吉瓦时储能电站集成技术、分布式储能聚合应用技术、低成本高能量密度液流电池储能技术、宽温度长循环钠离子储能技术、固态锂电池储能技术以及海水抽水蓄能技术等。[②]

从以上关于技术路径的考察来看，构建新型电力系统所需的先进技术大致涉及以下三类：电、数、碳。所谓电，即电力相关技术，主要有先进发电、输配微电网、储能等技术；数，即数字技术，包括数字孪生、物联网、信息传输、大数据、功率/负荷预测、云计算、边缘计算、区块链、人工智能算法、智能用电等技术；所谓碳，即减碳、脱碳、零碳、负碳、用碳等相关技术，包括 CCS/CCUS、低碳零碳高效用能、碳评估等技术。其中，电力技术与数字技术结合得更为紧密，属于新型电力系统的躯体和大脑，数字技术给电力技术赋能，即“电力 + 算力”，使之能更好地应对新型电力系统中的各种挑战。碳技术具有根本性，构建新型电力系统所需的电力技术、数字技术也可以视为碳技术在电力领域的具体运用，毕竟它们的研发与应用就是为了满足电力系统的脱碳需要，属于一种广义的低碳或零碳技术。需要指出的是，当前学术界与实业界关于新型电力系统构建的技术路径分析，都是在考虑业务必要性、技术可行性、经济合理性和安全可靠性的前提下，基于现有技术发展状况与未来发展趋势预测所进行的论证。未来某种关键技术，如 CCUS 技术或核聚变技术一旦获得重大突破，以上构建新型电力系统的技术路径可能会发生明显变化或重组。

---

① 参见陈丽莎：《四轮驱动提升电网调节能力——浙江电力着力纾解建设新型电力系统核心问题》，载《中国电力报》2022 年 4 月 13 日，第 1 版。

② 参见杨振纲等：《推动构建以新能源为主体的新型电力系统初探》，载《中国电业》2021 年第 12 期。

（二）社会路径

构建成以新能源为主体的新型电力系统要在现行以煤电为主体的常规电力系统的基础上逐渐达成。在这一过程中，除了需要技术创新以解决系统面临的各类新的技术性挑战外，还需要能源电力治理体系创新以应对系统变革过程中所面临的资源配置与利益协调问题。显然，社会路径是指在构建新型电力系统过程中，旨以明确主体角色定位、理顺主体关系、驱动并协调主体行为、发展各类调配资源与工具、分配权利义务等能源电力治理所需的体制、机制、政策、法律等社会规则性资源的总称。由此可见，此处社会路径是指构建新型电力系统所需的社会规则性资源，而未来新型电力系统构建完成之后，其常态化运行所需的社会规则性资源可能与此处的社会路径还有很大不同，在此不予进一步探讨。因此，社会路径限定于专门针对新型电力系统构建而所需的社会规则性资源，具有专门指向性，而不包括那些普遍共享的社会规则性资源，如营商环境等。现行常规电力系统运行中已经形成了一套较为成熟的治理体系，为何在构建新型电力系统的过程中还需要对之进行创新？这是由于新型电力系统构建过程中在能源电力治理上出现的一系列新情况、新挑战、新需求所决定的。下面就来考察一下能源电力治理面临的这些新情况、新挑战、新需求：

1. 源网荷储一体化的治理需求与挑战。电源侧对多元能源供应体系的构建需求，显然需要火、水、核、气等传统能源供应商之间以及传统能源供应商与风、光等新能源供应商之间能进行良好协调互动，形成电源侧的利益责任共同体。电源侧，特别是新能源与电网侧之间的友好协作则是一大挑战，毕竟新能源出力的波动性、随机性大，高渗透率分布式电源接入电网，易出现电压越限问题，导致电源脱网率高、发电效率低。如何解决新能源发电接网的难题，需要源网两侧紧密协作，才能提升新能源消纳水平。在常规电力系统中，负荷侧主体一般属于纯粹消费型电力用户，具有用电的刚性需求。在新型电力系统构建过程中，随着分布式电源、多元负荷和储能快速发展，很多用户侧主体兼具发电和用电双重属性，既是电能消费者也是电能生产者，即集发用电一体的“电力产消者”大量涌现。终端负荷特性由传统的刚性、纯消费型，向柔性、生产与消费兼具型转变，网荷互动需求不断提升。这种互动关系正好又能弥补新型电力系统对于巨量灵活性资源的需求，也逐渐与常规电力系统中的源、网侧主体形成了不可或缺的互动互补关系，使新型电力系统呈现出开放性、互动性。这种负荷侧电力产消者的出现，改变了传统电力系统中电能量在源、网、荷三侧主体间呈单一方向的发—配—用的单一顺向流动关系，可能会出现荷—网、荷—源等反向流动关系。这就为基于电能量单一流向的常规电力系统中主体角色定位、主体关系协调、权利义务分配等提出新挑战、新需求。储能侧则更是以其电能量时空转移的价值特性来为新型电力系统提供灵活性调节资源。储能技术的突破需要巨大的资金投入，储能参与新型电力系统构建也需要明确其应有的主体地位，并协调其与源、网、荷之间的关系。清华大学能源互联网创新研究院副院长高峰指出，构建新型电力系统关键在于共建新型电力生态。“发输配用、源网荷储，整个产业链条上的各环节都需要实现协同，需要新能源企业、化石能源企业、电网、用户等共同参与，共建生态，合作推进。”① 共建新型电力生态，显然需要发展出一套基于源网荷储一体化新的能源电力治理体系。

2. 巨量的投入与成本回收需求。首先，应对新型电力系统各种挑战的先进技术、设备的研发及其示范应用需要巨大的资金投入。这些资金从哪里来？显然不可能主要靠政府财政投入，获得这些资金需要有可靠的投融资渠道。其次，传统能源企业的低碳转型或退出意味着巨额的成本。对于以化石能源为主的传统发电企业来说，从高碳资产为主向绿色低碳资产转型的成本十分巨大。随着新能源发电占比提高，煤电功能逐步由“基础保障电源”转变为“基荷与调峰并重”，发电小时数将会显著下降，机组长时间处于待命状态，电量收入明显减少，长期来看无法覆盖机组成本。② 况且实践证明，煤电企业进行灵活性改造和节能降耗改造由于涉及技改投资、机会成本、交易补偿，投入和产出很难平衡。③ 另外，煤电厂转型过程中，冗余职工的安置问题也是需要巨大的资金保障。再次，发展新能源时无论是发电技术的改进，还是投

① 赵紫原：《如何科学构建新型电力系统?》，载《中国能源报》2021 年 7 月 26 日，第 11 版。

② 参见杨昆：《加快电力市场建设助力构建新型电力系统》，载《中国电力企业管理》2022 年第 13 期。

③ 参见葛然：《合理规划煤电升级改造助力构建新型电力系统》，载《中国电力企业管理》2022 年第 4 期。

资运营维护，都需要巨大资金投入。同时，为保障高比例新能源并网消纳，配套送出工程、储能建设、电源灵活性改造等隐性投资增加，需要考虑如何对相应的新增成本进行合理疏导。最后，随着技术创新的推动和充分竞争，新能源的投资成本将持续下降。从上网电量单价来看未来还有较大的下降空间，如何将这些下降的成本空间加以引导，用以补偿其他电源的容量、调节能力贡献和网荷储三侧消纳能力、调节能力、控制能力等方面建设成本需要进行整体超前谋划。①

3. 利益冲突协调需求。新型电力系统的构建涉及不同目标、不同区域、不同环节、不同主体间的利益冲突进行合理协调的问题。首先，新能源规划对多目标协调的需求。在能源转型过程中，“环境—安全—经济不可能三角”引发了新型电力系统构建的多目标协调需求。由于目标的多样性、基础能源稳定性需求与新能源不确定性的矛盾，以及利益主体庞杂和多属性特征，在开展能源电力综合发展规划时，需要对于不同的目标进行恰当协调。② 其次，新能源电力的区域协调面临挑战。现行的区域垄断导致电能供需失衡，省际分隔形成了市场壁垒，导致电力资源在区域间调剂余缺能力差。新能源电力的市场竞争力较弱，导致跨省跨区外送能力不足。地方保护主义导致西部省区与中东部省份进行区域协调的意愿不足。③ 再次，新能源并网与消纳需要各方协调联动，实现共赢。新能源项目布局需要根据新能源规划建设信息、传统电源情况、电网状况、负荷预测、地理位置、资源条件等，统筹兼顾各方需求，通过优化完善电网结构、有序开发新电源项目等措施，实现新能源发展综合利益的最大化，这需要营造良好的政企合作环境。同时，新能源项目的实施需要各方联动。例如，分布式光伏电网并网消纳涉及地方政府、电网企业、新能源业主、设备制造商等多个主体，管理链条长，推进难度大。建立政府、电网企业、新能源业主、设备制造商多方联动机制，促进各方相互协调配合，最大限度地提升区域电网对分布式电源的消纳能力，协同推进分

---

① 参见杨振纲等：《推动构建以新能源为主体的新型电力系统初探》，载《中国电业》2021 年第 12 期。

② 参见郭剑波：《新型电力系统面临的挑战以及有关机制思考》，载《中国电力企业管理》2021 年第 9 期。

③ 参见娄伟、李萌：《中国可再生能源电力的区域协调问题研究》，载《中国能源》2021 年第 2 期。

布式电源全额消纳，实现合作共赢。[①] 最后，新型电力系统需要突破“冷热电气”生产垄断。传统的能源供应基本是国企“区域化垄断”经营着供电、供热、供水、供燃气，固定的价格与固定的市场下，缺乏压力与积极性去“互通有无，优势互补”，很难真正构建出综合能源服务体系。以新能源为主体的新型电力系统下，能源生产和消费界限需要打破，各种能源业务领域的界限需要弱化，传统的单一能源供应模式需要转向多能源协同供应模式，这样才可以提高综合用能效率。[②]

4. 电力体制机制改革的需求。电力体制机制涉及纵向的电力行业管理机构设置及职权配置、电力行业管理机构与电力企事业单位间的从属管理关系，横向的电力行业管理机构与其他相关管理机构的关系以及电力企事业单位相互间的角色划分、市场机制等。电力行业作为国家极其重要的基础经济部门，如何在保障安全稳定供电的前提下将其整体运行效率进行连续提升长期以来是电力体制改革的重要课题。截至目前，我国电力体制先后经历了经过集资办电、发电市场逐步放开（1981—1993 年）；政企分开、部分省市市场化改革试点（1994—2001 年）；厂网分开、市场化改革全面推进（2002—2006 年）；加快电力市场建设、深化电力体制改革（2007—2014 年）[③]；输配电价独立、交易机构独立规范运行、配售电业务放开以及电力市场建设（2015—2020 年）[④] 等多个阶段，通过体制改革解放了生产力，促进了电力行业的发展。虽历经多轮改革，我国电力体制中长期留存的一些弊端并未完全革除，仍然存在诸如电网垄断、政府直接干预微观经济活动与监督不力并存、电力价格市场化改革推进艰难、混合所有制改革滞后、电力短缺现象时有发生[⑤]、可再生能源和新能源并网消纳难、电力跨省区交易难影响电力资源配置、灵活性调节能力不足影响电力安全稳定、需求侧响应效能不高影响电气化水平

① 参见赵剑波、王蕾：《“十四五”构建以新能源为主体的新型电力系统》，载《中国能源》2021 年第 5 期。

② 参见谭忠富、李云峰：《碳中和目标下以新能源为主体的新型电力系统体系构建》，载《中国电力企业管理》2021 年第 34 期。

③ 参见来有为：《我国电力体制改革面临问题及其监管体系催生》，载《改革》2012 年第 3 期。

④ 参见张树伟：《如何看电力体制改革现状（上）：反思六年电改》，载《能源》2021 年第 2 期。

⑤ 参见白玫：《新一轮电力体制改革的目标、难点和路径选择》，载《价格理论与实践》2014 年第 7 期。

等问题。[①] 我国现有的电力体制建构在传统化石能源的基础上，其中有不少地方不太符合新能源的特征与规律，根源在于电力体制改革尚未到位，适应新能源的电力行业转型缺乏体制基础。因此，在原有的体制改革不彻底的情况下，构建新型电力系统对电力体制改革又提出了新的要求。这些要求包括但不限于：构建大规模新能源进入电力系统之后保持电力系统安全稳定运行新机制；重新设定电网企业（或者主体）在新能源系统中的作用和地位；构建储能、分布式能源系统、电动汽车与电力系统融合之后的新商业模式；建立低碳电力经济评价新机制，尤其是电价新机制，使低碳发展的价值信号顺畅传导到全社会层面；探索新的更有效的政府监管模式[②]等。鉴于构建新型电力系统，电力电量结构将实现由现行“煤电为主”向“新能源电力为主”、电网架构将由“集中式、长距离骨干网为主”向“骨干网+源网荷一体化配电网并重”、电网运行机制将由“电网调度可控电源保稳定”向“多市场主体深度参与电力电量平衡”的转变。有人认为，我国构建新型电力系统必须在体制机制改革中取得如下突破：建立竞争性的电力市场体系以解决我国电力市场以中长期交易为主导致的竞争性不足、“双轨制”电价不利于形成现货市场价格、区域电力市场省间壁垒、分布式电源参与电力交易难等问题；突破增量配网改革面临中的电网资产处置和价格倒挂的难题；突破售电侧改革中电网企业所保留售电功能的制约；建立适应新型电力系统需要电力辅助服务机制；实现电力交易机构的完全独立等。[③] 由此可见，深化电力体制改革就是要回归电能的商品属性，包括电能质量（时空特性和物理特性）属性，要在电能的商品属性和公共属性之间划好界线，注意发挥好市场和政府两手作用。[④] 因此，曾鸣教授认为：“新型电力系统，不仅是技术革命，也是体制革命。”[⑤]

---

① 参见于娟：《深化电力体制改革建立以新能源为主体的新型电力系统》，载《中国物价》2021年第11期。

② 参见娄伟、李萌：《中国可再生能源电力的区域协调问题研究》，载《中国能源》2021年第2期。

③ 参见王成仁等：《构建新型电力系统亟需突破体制机制障碍》，载《中国经贸导刊》2021年第18期。

④ 参见王志轩：《新型电力系统构建论纲——构建新型电力系统顶层设计思考》，载《中国电业》2021年第9期。

⑤ 参见杨晓冉：《构建新型电力系统要破立并举——专访中国能源研究会能源互联网专委会主任曾鸣》，载《中国能源报》2022年1月24日，第12版。

从上述关于能源电力治理面临的新情况、新挑战、新需求的考察来看，现行关注较多的构建新型电力系统的社会路径主要涵盖以下两方面的内容：其一，构建适应新型电力系统运行需要的电力行业监管体制、体现市场对于资源配置起决定作用的电力市场机制以及相关的政策和法律规则等。其二，从理论上来讲，构建新型电力系统的社会路径还应包括体现社会公众对政府行业监管与市场机制运行进行监督和参与的电力社会监督参与机制。这两方面内容正好体现了电力行业中政府、市场与社会的多中心治理关系。学术界与实业界对于电力体制与市场机制方面需要改革和完善有不少研究与论述，而对于引入社会监督和参与治理的必要性及其路径则少有关注，这也是为何前述多轮次的电力体制机制改革都不够彻底的一个重要原因。关起门来搞改革，缺少外部活力与压力，往往有人喊痛喊痒即止，导致改革很难刀口向内深入。

六、新型电力系统之基本框架、基本特征及发展阶段预测

（一）新型电力系统之基本框架

综观学术界与实业界对于新型电力系统的研究与讨论，新型电力系统的基本框架呼之欲出，大致如图2－5所示。

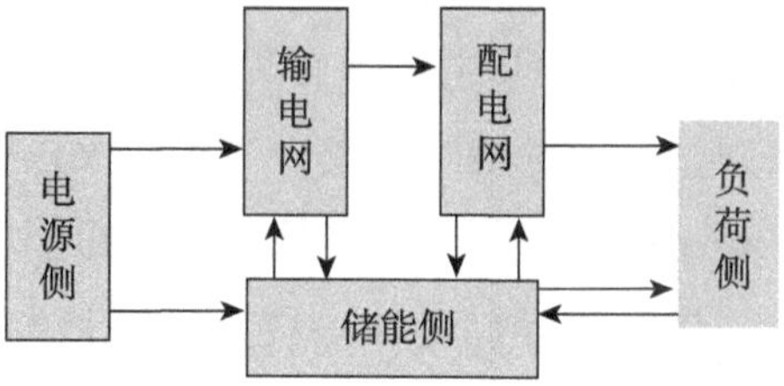

图2－5　新型电力系统基本框架

由图2－5可知，仅从电力系统中的主体来看，新型电力系统比常规电力系统多了一个储能侧①。这个储能既可以连接电源侧，又可以连接主干输电网和配电网，还可以连接负荷侧。在常规电力系统中，电能流遵从电源—电网

① 储能在传统电力系统中一般是指配在电网侧起临时调节作用或赚取峰谷价差的抽水蓄能，但是没有独立的主体地位。

—负荷的单向流动路径，而在新型电力系统中储能侧出现后，电能流在系统中可能会有多种流向路径。例如，电能流可以从电源—储能—电网—负荷，也可以从电源—储能—配电网—负荷。甚至，电能流还可以在系统中反向流动，如负荷—储能—电网。除了多出一个储能侧，电源、电网和负荷侧表面看似没有变化，新型电力系统实际上和常规电力系统相去甚远，概因其中电源、电网和负荷已经不再是常规电力系统中的那个电源、电网和负荷了。新型电力系统中电源侧是以新能源为主体，风、光、水、火、核等多能互补，选备储能，既有集中式大电源，又有分布式小电源。电网侧则实现了智能数字化，既有源网储一体化的主干输电网，又有源网荷储一体化的配电网，还有源荷储一体化的微电网，呈现“跨区输电网 + 区域输电网 + 省级输电网 + 县区有源配电网 + 新能源微电网”的基本形态。配电网的这种变化促使新型电力系统走向分布式和扁平化①，既可实现远距离稳定输送清洁绿色电力，又可实现新能源就近消纳。负荷侧不再是纯粹刚性消费型负荷，既有刚性负荷，又有柔性负荷，还有储能式负荷，即出现电力产消者，呈现负荷多元化，与电网的互动能力增强，甚至能为电网提供灵活性调节资源。

以上是新型电力系统的基本框架，是在综合衡量现行业务必要性、技术可行性、经济合理性和安全可靠性等条件的基础上确定的。该框架在未来能源或零碳技术获得突破后，可能会出现新的变化。例如，在新型电力系统走向成熟之前，如果核裂变或 CCUS 技术获得重大突破并得以大规模商业应用，那么这一框架将面临调整，届时核电将成为主体或火电又重新焕发生机。又如，如果“新能源 + 移动储能”能在经济技术上变得非常可行，那么电网侧可能会面临重大调整，毕竟移动储能在一些地方会让利用电网变得不经济。在构建新型电力系统时，不同的地区，因其资源禀赋、经济发展水平以及发展定位不同，其构建任务、规划建设方案、拟采取的措施等方面也差异较大。例如，浙江省作为东部沿海经济发达而能源相对匮乏地区与青海省作为西部内陆经济发展落后而能源相对丰富地区，二者在构建新型电力系统上的任务、规划建设方案、拟采取的措施等方面差异也会较大。

---

① 参见李丽旻：《西南电力设计院原副总工程师吴安平：重塑配电网需推进电网体制改革》，载《中国能源报》2022 年 7 月 25 日，第 2 版。

（二）新型电力系统之基本特征

从不同的角度可以发现新型电力系统具有不同的属性。周孝信院士等认为，新型电力系统具有五个方面的主要特征①；李立浧院士认为相较于常规电力系统，新型电力系统在动态、安全稳定理论、系统规模、系统形态与生态、负荷侧格局和用户、系统安全、电力系统架构等七个方面呈现不同的特征②。综观学术界与实业界的研究与论述，相较于常规电力系统，新型电力系统具有以下几个基本特征：

1. 清洁低碳。构建新型电力系统主要是为了实现“双碳”战略目标而提出的，可见，绿色环保是新型电力系统建立的出发点与归宿点。对传统火电开展清洁化、脱碳化利用，使传统火电在构建新型电力系统中发挥压舱石的作用，表明新型电力系统并非只为“新能源”而构建，其构建核心标准仍然是绿色环保。只要符合绿色环保，不管是新能源，还是传统能源，在新型电力系统中都可以多元共存。构建新型电力系统，要在总体上以新能源为主体，凸显新能源电量主体、出力主体与责任主体的地位。但在一定的时空条件下，到底是以新能源为主体，还是以传统能源为主体，主体份额到底是多少合适，关键还要看能源发展利用的另外两个指标，即安全和经济。③ 在同等安全和经济的条件下，谁更绿色环保，就会以谁为主体。无论如何，新型电力系统将是一个清洁低碳的电力系统。

2. 安全可控。发展多能互补电源，建设坚强智能数字化电网，发展储能，拓展负荷侧响应等，都是为了解决新型电力系统中存在的新能源出力和负荷侧的“双随机”以及高比例新能源和高比例电力电子设备接入的“双高”特性对电力系统安全稳定造成的冲击问题。随着交流与直流、各电压等级的协调发展，建设新一代调控系统，筑牢安全“三道防线”，有效防范系统故障和

---

① 参见周孝信等：《“双碳”目标下我国能源电力系统发展前景和关键技术》，载《中国电力企业管理》2021 年第 11 期。

② 参见李立浧：《透明电网赋能新型电力系统建设》，载《中国电力企业管理》2022 年第 1 期。

③ 中国工程院院士杜祥琬表示，在以新能源为主体的新型电力系统中，新能源占比会大幅增加，系统的绿色低碳特征比较清晰，需要着重讨论的是新型电力系统如何做到“经济可行”和“安全可靠”。参见李元丽：《新型电力系统必须实现“可能三角”》，载《人民政协报》2022 年 1 月 11 日，第 6 版。

大面积停电风险[1]，新型电力系统的另一个重要特征就是安全可控。

3. 灵活高效。在灵活性方面，在新型电力系统中的电源侧，新能源集中式和分布式并举；发展基于电力电子变换器的新能源虚拟同步技术，在多能互补和配置储能的情况下能够主动平抑出力波动，具备主动支撑性能和可调可控能力；对火电机组的灵活性改造，使其具有深度调节能力。在电网侧，集中骨干大电网与分散配电网、微电网并存；电网具备充足的调峰调频资源，在建设坚强智能电网并配置储能的情况下能够实现灵活柔性控制，具有柔性互联互通能力，可适应新能源长距离传输配送和就近消纳的灵活需要。负荷侧，既是电能消费者又是生产者，加上主动配电网建设和发展储能，源网荷储相互协调有助于实现灵活互动。在效率方面，随着关键电力技术的突破以及数字技术、脱碳技术的突破与融合运用，能够大幅度提高发电、电力传输控制的效率，再加上电网配置范围广度与深度的扩展和电能替代的推进，同时伴随电力体制机制改革的持续推进与相应政策、法律规则的完善，新型电力系统的运行将更加经济高效。因此，新型电力系统具有灵活高效的特征。

4. 智能友好。在智能方面，随着数字通信技术与电力技术的深度融合，通过广泛应用小微智能传感器、智能设备、智能二次系统并构建强大的软件平台、大数据平台等信息化、网络化、智能化手段，预判新能源波动、统筹源网荷储资源、保持电力瞬态稳定、预控电网输变电设备的潜在风险，实现电能高质量可靠供应与电网安全稳定运行。以“电力+算力”为核心驱动大规模可再生能源协同调度，形成新能源可观、可测、可控的数字化平台，加大风光水火储联合优化调度，最大限度地消纳清洁能源。[2] 在友好性方面，除了传统的电源侧内部友好互补，电源友好接入电网，还包括源网荷储的友好灵活互动以及新型电力系统对环境友好等多个尺度。总体上看，新型电力系统是一个智能友好的电力系统。

5. 开放互动。新型电力系统不同于传统电力系统，具有更大更广泛的开

---

① 参见舒印彪：《发展新型电力系统助力实现“双碳”目标》，载《中国电力企业管理》2021年第7期。

② 参见邢灿：《“双碳”目标下，如何构建新型电力系统》，载《中国城市报》2021年11月8日，第20版。

放性。在电源侧，不再有传统火电一家独大的局面，风、光、水、核、气等都占据一定的份额；为了提供更多的灵活调节资源，电源侧还向储能开放；同时，电力系统还向热、冷、油、气等能源开放互联，灵活转化，形成能源互联网。在电网侧，除了集中式电网，还有分布式电网和微电网并存；电网侧向储能侧和负荷侧开放辅助服务；国内各区域、省级电网互联互通，形成全国统一开放的电力市场；国内电网还向境外电网联通开放，互济余缺。负荷侧将更加多元，向分布式电源、虚拟电厂、储能、电动车、配电网等开放互济。在储能侧，向电源侧、电网侧、负荷侧开放，形成共享储能经济。在互动性方面，通过源网荷储的友好互动，不同于传统电力系统中电能流的单向流动，新型电力系统可实现电能流的多向流动。因此，新型电力系统是一个开放互动的电力系统。

6. 多元融合。在多元性方面，除了上述主体多元、电源多元和负荷多元外，新型电力系统的多元性还表现为：电网形态多元，既有交直流混联大电网，又有微电网、柔直电网等多元形态①；储能多元，既有传统抽水蓄能，又有多元的新型储能，对储能的需求也呈多元化；电能商品价值多元，不仅有电能商品传统的安全、经济、环保、效率、民生保障的价值，还有新能源的绿色价值、燃煤发电的容量价值、灵活资源的调节价值、储能的时空价值等；电力市场、市场主体及交易品种多元，既有中长期交易市场，又有现货市场、辅助服务市场、容量市场等；多元化市场主体中包含火电机组、水电机组、新能源机组发电、储能装置、电力用户等；既有电量交易，又有容量、爬坡速率等交易品种。② 在融合性方面，新型电力系统除了表现为电力技术与数字通信技术的深度融合、源网荷储的互动融合，还表现为电力、燃气、热力、供冷、供水管廊等基础设施规划的融合③，容量市场、电量市场、辅助服务市场、碳交易市场与绿电市场的融合④等。因此，新型电力系统具有鲜明的多元

---

① 参见周建平等：《新型电力系统中“水储能”定位与发展前景》，载《能源》2022 年第 4 期。

② 参见苏南：《新型电力系统到底长啥样?》，载《中国能源报》2021 年 12 月 6 日，第 22 版。

③ 参见谭忠富、李云峰：《碳中和目标下以新能源为主体的新型电力系统体系构建》，载《中国电力企业管理》2021 年第 34 期。

④ 参见杨振纲等：《推动构建以新能源为主体的新型电力系统初探》，载《中国电业》2021 年第 12 期。

融合的特征。

按照全国电网运行与控制标准化技术委员会给出的新型电力系统的定义，新型电力系统是以承载实现碳达峰、碳中和，贯彻新发展理念、构建新发展格局、推动高质量发展的内在要求为前提，以确保能源电力安全为基本前提，以满足经济社会发展电力需求为首要目标，以最大化消纳新能源为主要任务，以坚强智能电网为枢纽平台，以源网荷储互动与多能互补为支撑，具有清洁低碳、安全可控、灵活高效、智能友好、开放互动基本特征的电力系统。这个定义非常全面，提到了新型电力系统的基本前提、首要目标、主要任务、实现手段和基本特征。① 本书在此基础上，又补充了一个多元融合的基本特征。在本书成稿阶段，2023 年 1 月 4 日国家能源局综合司在国家能源局官网上公布了《新型电力系统发展蓝皮书（征求意见稿）》。该征求意见稿使用“重要特征”来取代“基本特征”，认为新型电力系统具备“安全高效、清洁低碳、柔性灵活、智慧融合四大重要特征”。

（三）新型电力系统发展阶段预测

在学术界与实业界，人们基于不同的视角，对于我国新型电力系统的发展阶段提出了不同的预测，分别有“两阶段说”、“三阶段说”和“四阶段说”。

国家电网有限公司在《构建以新能源为主体的新型电力系统行动方案（2021—2030 年）》中以 2035 年为界，将构建新型电力系统分为建设期与成熟期两个阶段。其中，2021—2035 年为建设期，这一时期的特点是：新能源装机逐步成为第一大电源，常规电源逐步转变为调节性和保障性电源；电力系统总体维持较高转动惯量和交流同步运行特点，交流与直流、大电网与微电网协调发展；系统储能、需求响应等规模不断扩大，发电机组出力和用电负荷初步实现解耦。2036—2060 年为成熟期，这一时期的特点是：新能源逐步成为电力电量供应主体，火电通过 CCUS 技术逐步实现净零排放，成为长周期调节电源；分布式电源、微电网、交直流组网与大电网融合发展；系统储能全面应用、负荷全面深入参与调节，发电机组出力和用电负荷逐步实现

① 参见谷峰：《新型电力系统到底“新”在哪里?》，载《中国电力企业管理》2022 年第 4 期。

全面解耦。

张智刚教授等认为，根据我国“双碳”目标，新型电力系统构建以2030年为界可划分为两个阶段，即碳达峰期和碳中和期。2030年以前是碳达峰期，利用现有技术框架挖掘技术潜力，实现规模化储能应用，突破体制机制痛点；2030年以后是碳中和期，大力推进技术创新，电力系统将实现电源形态、电网形态、用电形态、体制机制等方面的深度变革。①

舒印彪院士认为新型电力系统是对传统电力系统的继承和发展，不是颠覆，也不是推倒重来。新型电力系统的发展过程也是电源结构演变过程，大致经历以下三个阶段：第一个阶段是在2030年碳达峰之前，电力的碳排放进入峰值的平台期。在这一阶段电力需求的增长按照4.2%设定，新增电力需求的八成要由清洁能源来满足，预计清洁能源发电量占比将接近50%。第二个阶段是深度的低碳阶段，2031—2050年，电力系统的碳排放经过2至3年平台期后要快速下降，电力系统的碳排放从40亿吨下降到10亿吨，实现深度低碳的电力系统。第三个阶段是零碳阶段，2051—2060年，要从深度低碳发展到零碳，发电量要达到15.7万亿千瓦，清洁能源发电量的占比达到90%，其中新能源发电量占比要达到六成以上。②

张勋奎高级工程师也认为，我国将通过“三步走”建成新型电力系统并实现“双碳”目标：一是新能源发电占比达25%—50%，占比首次超过火电，达到相对多数地位；二是新能源发电占比达50%—80%，占比超过一半，达到绝对多数地位，即确立主体地位，不仅是电力供应数量的主体，而且是能够保障新型电力系统安全稳定运行的功能主体与责任主体；三是新能源发电占比达80%—90%，主体地位显著，传统发电形式仅作为补充和从属，配合氢电互补、生物能源与碳捕获和储存（BECCS）、植树造林等其他手段，实现碳中和目标。③

---

① 参见张智刚等：《碳中和目标下构建新型电力系统的挑战与展望》，载《中国电机工程学报》2022年第8期。

② 参见黄思维：《舒印彪院士：构建以新能源为主的新型电力系统》，载《高科技与产业化》2022年第1期。

③ 参见张勋奎：《以新能源为主体的新型电力系统发展路线图》，载《分布式能源》2021年第6期。

孔力研究员等认为，我国新型电力系统应分控碳、减碳、低碳、碳中和四个阶段来构建。2021—2030 年为控碳阶段，此阶段为西部地区可再生能源快速建设和增长时期，远距离特高压直流技术已经基本成熟，而储能技术尚未成熟，电力系统灵活调节能力仍然不足，因此可再生能源的输送和消纳依然重点依赖于跨地区的远距离输电建设。2031—2040 年为减碳阶段，我国将逐步实现社会主义现代化，并向社会主义现代化强国迈进，预期用电负荷相比目前状态将增加 1.5 倍，而且负荷仍将集中在中部和东部地区。新增大部分负荷依然需要远距离跨省区输送，预期输电通道建设压力仍然较大，预期可再生能源发电预测精度将大幅提升。分布式用户侧市场机制逐渐改变和完善，源网荷储将深度融合，新型灵活负荷在此阶段将成为电力系统调节的重要组成部分。分布式可再生能源将逐渐与城乡居民、工业生产融为一体，配用电智能化建设也将进一步加强。2041—2050 年为低碳阶段，预期储能等技术将逐渐有所突破，成本大幅下降，新建输电通道压力逐步降低。2051—2060 年为碳中和阶段，社会主义现代化强国已基本建成，东、西部发展差异将逐渐均衡。①

上述国家能源局综合司公布的征求意见稿提出了以 2030 年、2045 年、2060 年为新型电力系统构建战略目标的重要时间节点，制定新型电力系统“三步走”发展路径，即加速转型期（当前至 2030 年）、总体形成期（2030 年至 2045 年）、巩固完善期（2045 年至 2060 年），有计划、分步骤推进新型电力系统建设的“进度条”。该进度条预测在新型电力系统形成与巩固完善时间上需花费 15 年时间，稍令人费解。当然，此进度条仅为预测而已。

综上，无论是“两阶段说”、“三阶段说”还是“四阶段说”，新型电力系统的构建阶段其实都是基于能源电力系统脱碳进程实现“双碳”目标而言的。阶段划分粗略可能便于从宏观层面来把握新型电力系统的演进过程，有利于与“双碳”目标相对接；阶段划分细致，便于细化分解每个阶段的具体目标和任务，利于实践操作。以上几种关于新型电力系统构建阶段划分，相互间在本质上并不冲突。就社会大众层面理解而言，舒印彪院士的“三阶段

---

① 参见孔力等：《建设新型电力系统 促进实现碳中和》，载《中国科学院院刊》2022 年第 4 期。

说”更为可取，该说通过采用我国各阶段发电量的增量、新能源发电的增量以及整体社会经济的脱碳进度等常见数据来表征新型电力系统的演进历程，易于被人接受。

第三章　新增成本的价格疏导机制研究

一、电力成本及价格疏导机制概述

（一）电力成本

电力成本也称电力系统成本，是指整个电力系统在运行过程中产生的如燃料费用、材料费用、水电费用、设备费用、维修费用、折旧费用、人力费用等项目，以及相关电力企业在运营过程中产生的管理费用、销售费用和财务费用等。电力成本可以通过两部制电价的定价原理进行理解，电力成本由容量成本和电量成本共同构成，其中容量成本仅与系统容量有关，包括材料费、折旧费、维护费、办公费、工资福利等；电量成本与系统所发电能有关，包括燃料费、水费、购入电费等。①

电力成本可以从多种角度进行分类。电力成本的分类如图 3－1 所示。

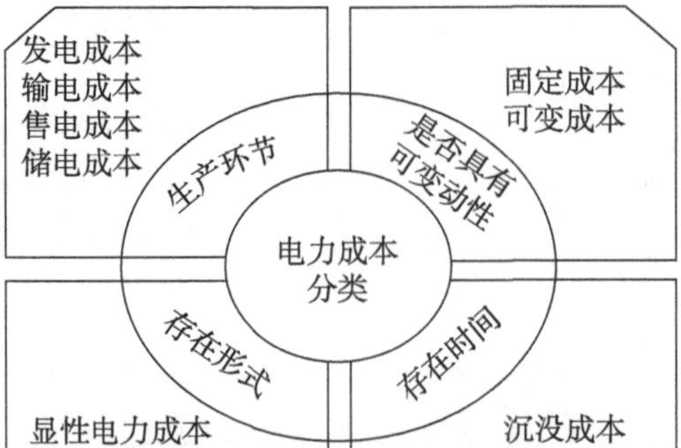

图 3－1　电力成本分类

① 参见黄岩、张国春：《峰荷电价的定价模式分析》，载《系统工程》2001 年第 1 期。

由图 3-1 可知，从电力生产的不同环节来看，电力成本可以分为发电成本、输电成本、售电成本和储电成本四类。从成本是否具有可变动性的角度出发，电力成本可以分为固定成本和可变成本。从电力成本的存在形式来看，电力成本可以分为显性电力成本和隐性电力成本。以新型电力系统提出的时间为划分标准，电力成本可以分为沉没成本和新增成本。

本章重点研究的是新型电力系统升级改造过程中各个环节所产生的新增成本。新型电力系统的新增成本是指电力系统在升级改造过程中因容纳新的因素而在“源网荷储”各环节产生的系统新增成本。系统新增成本是衡量电力系统转型路径是否经济、可承受的关键经济指标。新增成本需要与原有系统的沉没成本进行区分，例如：煤炭价格高涨所导致的新增原料采购成本并非新增成本，因其属于原有系统就必须解决和疏导的成本，煤电这一要素并非新型电力系统中“新的因素”。此处，新增成本包含直接性成本，如为开发利用新能源直接增加的原料、材料、人力、科技研发成本、辅助服务成本、容量备用成本、并网消纳等成本。同时，也包含间接性成本，体现出利益替代后的补偿关系，如付给让渡发电权的火电机组的补偿成本。

根据经济学原理，成本是市场化电价和计划性电价定价的重要考量因素，如边际成本定价法、个别成本定价法、标准成本定价法等都是以成本为中心进行定价的方法。[①] 电力系统的新增成本将通过电能成本的增长体现出来，最终通过电力市场运行和电力价格机制进行疏导。

（二）价格疏导机制

电力系统是一个为电能商品生产、流通和消费所搭建的物理技术平台，而电力市场是通过价格机制反映真实供求关系、促进电力资源流通、疏导电力系统成本的途径和场所。电力市场化背景下，电力系统新增成本的疏导离不开市场、离不开价格机制。此处所称价格疏导机制，是指利用电价、电价补贴等经济手段疏导电力系统成本的价格机制，其中电价和电价补贴又可统称为电价制度。除电价制度外，其他措施也能起到成本疏导作用。例如，在全国人民代表大会常务委员会《关于批准 2021 年中央决算的决议》中的“对

---

① 参见叶泽主编：《电价理论与方法》，中国电力出版社 2014 年版，第 14 页。

煤电企业给予缓税等政策支持”规定。这一阶段性税收缓缴措施则属于税费支持政策，虽能够在一定程度上缓解企业在转型中的资金成本压力，但不在此处价格疏导机制研究之列。

1. 电价。电价，是指在电力生产、流通、销售、储存环节向提供电力或电力服务主体所支付的价格，是电能价值的货币表现。电价中所体现的各类价值，如图 3－2 所示。

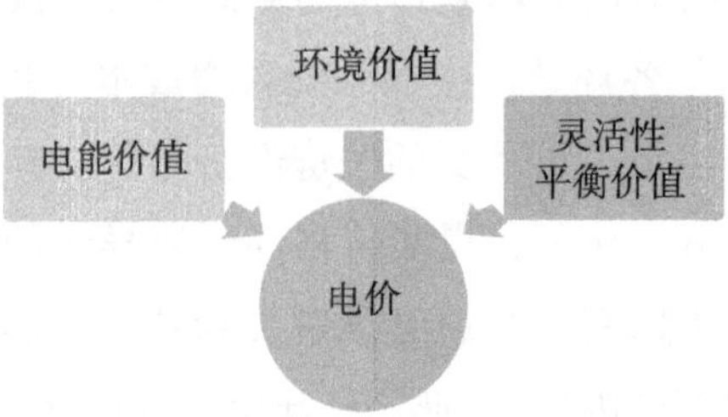

图 3－2　电价中体现的各类价值

由图 3－2 可知，电价一般包含电能的基础性成本。首先，电价中包含原材料成本，如燃料、水资源、耗材等费用。其次，电价中包括电力服务成本，如人力成本、交易服务成本和技术服务成本等。最后，电价中包括固定资产投资成本，如电力造价成本、技术研发和投产使用成本、运行维护成本等内容。随着我国越发重视环境保护，除了反映电能价值，部分电价如绿电价格中也体现了环境价值。此外，在新型电力系统构建的背景下，电价还需要更多地反映灵活性平衡价值。

电价是电力市场参与者之间相互联系和传递经济信息的价格机制，影响着发电企业与电力用户等市场主体的决策行为。电价机制能够通过自发调节对稀缺性资源进行有效配置，从而实现社会福利最大化。[①] 当前，我国电力市场化改革仍未完成，计划性电价与市场化电价并存，电价结构如表 3－1 所示，呈现出“双轨制”的特征。

① 参见高鸿业主编：《西方经济学：微观部分》，中国人民大学出版社 2018 年版，第 16－18 页。

表 3-1 我国的“双轨制”电价结构

双轨制电价	对象	发电侧	电网侧	用户侧
计划性电价	非市场化电力用户	上网电价为政府核定的标杆电价（基准价格）	输配电价为目录销售电价和标杆电价（基准价格）之间的差价	终端电价为政府规定的目录销售电价
市场化电价	市场化电力用户	上网电价为市场竞价价格	输配电价为“准许成本+合理收益”	终端电价为市场化上网电价、输配电价、政府性基金及其附加之和

由表 3-1 可知，我国双轨制电价中的第一类是计划性电价，非市场化电力用户如居民、农业用电、公共事业和公益性服务用电仍沿用政府定价方式。其特点是：发用电计划管制，发电侧的上网电价为政府核定的标杆电价（或基准价格）；用户侧的终端电价为政府规定的目录销售电价。电网企业依据标杆电价（或基准价格）向发电机组购电，同时按照目录销售电价向电力用户售电，输配电价即两者的“购销差价”。第二类则是市场化电价，市场化电力用户采用的是市场定价的方式。其特点是：发用电计划放开，发电侧的上网电价由市场竞价决定；电网侧的输配电价不再是“购销差价”，而是“准许成本+合理收益”的独立输配电价；用电侧的终端电价也不再是政府规定的目录销售电价，而是市场化上网电价、输配电价、政府性基金及其附加之和。双轨制电价具有一定的复杂性，厘清计划性电价和市场化电价对理解电价机制具有重要意义。

2. 电价补贴。电价补贴，是指政府或公共性机构通过特定政策或制度，利用特定资金向某些电力主体提供财政资助以维持一定价格水平的措施。[①] 电价补贴本质上是收入分配与再分配的关系。在我国，电价补贴作为一种行政化定价机制，是政府实现宏观调控的手段，同时是我国市场化电价制度的重要补充。电价补贴的主要类型如图 3-3 所示。

① 参见吴昱、边永民：《WTO 视野下我国风力发电上网电价补贴政策研究》，载《宏观经济研究》2013 年第 10 期。

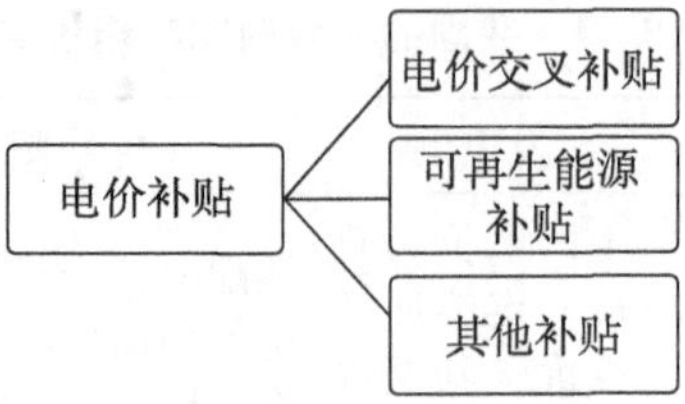

图3－3 电价补贴的类型

如图3－3所示，电价补贴主要有三种类型：第一种是电价交叉补贴。电价交叉补贴是指部分行业或特定用户的用电价格低于其供电成本，而这部分价格损失以高于供电成本的电价转嫁到别的电力用户上的定价策略。[①] 低用电成本用户与高用电成本用户之间存在交叉补贴，出现用电成本与电价倒挂的情形。出于公平负担、保障民生之目的，我国当前存在以下几类交叉补贴：一是工商业用户对居民、农业用户的交叉补贴；二是高压用户对低压用户的交叉补贴；三是发达地区用户对欠发达地区用户的交叉补贴。目前，交叉补贴对我国电力市场化改革有所阻碍已经成为共识。不同用户、不同区域间的电价交叉补贴扭曲了电价制度，对居民和农业的交叉补贴严重侵蚀工商业的合理利益，不利于工商业提升市场竞争力[②]，同时也导致了社会净福利的损失。[③]

第二种是可再生能源补贴。可再生能源电价补贴的政策是指政府对发电企业的可再生能源发电量进行一定价格补贴的政策。为了扶持可再生能源的发展，我国分别在“十二五”至“十三五”期间设置了可再生能源补贴。2016年5月国家发展改革委、国家能源局发布的《关于做好风电、光伏发电全额保障性收购管理工作的通知》规定：保障性收购电量的上网电价以煤电标杆电价为参照，在当地煤电标杆上网电价内的部分，由省级电网结算，高出部分由国家可再生能源发展基金予以补贴；市场交易电量也同样享受可再

① 参见张宁等：《我国取消电价补贴的经济影响——基于电价管制及完全竞争市场的分析》，载《中国环境科学》2022年第5期。

② 参见中电联输配电价调研课题组：《我国输配电价改革若干问题及政策建议》，载《中国电力企业管理》2018年第31期。

③ 参见叶泽：《当前我国输配电价改革成效、问题及对策》，载《价格理论与实践》2016年第2期。

生能源补贴，度电补贴即可再生能源标杆上网电价与当地煤电标杆上网电价（含脱硫、脱硝、除尘）的差额。可再生能源补贴是一种政府对发电市场干预的手段，有利于提高可再生能源的竞争力，促进可再生能源消纳。根据国家发展改革委和国家能源局2019年1月印发的《关于积极推进风电、光伏发电无补贴平价上网有关工作的通知》、国家发展改革委2019年5月印发的《关于完善风电上网电价政策的通知》以及国家发展改革委2021年6月印发的《关于2021年新能源上网电价政策有关事项的通知》可知，自2021年起，针对风光等可再生能源补贴逐步取消。当然，2020年财政部、国家发展改革委、国家能源局发布的《关于〈关于促进非水可再生能源发电健康发展的若干意见〉有关事项的补充通知》规定：风光项目实施平价上网，存量补贴发电项目按照合理利用小时数享有补贴。

第三种是其他补贴。可再生能源补贴和电价交叉补贴是最为常见的两类电价补贴，在电价制度中还存在其他补贴。例如，对提供辅助服务主体的价格补偿、对煤电环保机组的价格补贴，这些补贴可能是直接予以价格补偿，也可能通过电价的调整而反映出来。在新型电力系统中，需要特别注意回收搁浅成本相关的补偿机制设计。美国加利福尼亚州的电力系统在重组过程中，电力监管机构与独立运营公司之间达成了监管契约，要求公用事业公司对重组造成的任何资产价值损失进行补偿。若没有对搁浅资产进行补偿的情况下强制重组将违反监管契约，在回收搁浅成本机制的过渡期内，公用事业部分的零售价格被规定为高于市场价格的冻结电价。本以为公用事业公司能够运用超额的零售利润来支付其剥离和保留的发电资产的搁浅成本，由于加利福尼亚州批发上网电价暴涨，冻结电价无法疏导成本，零售利润小于搁浅成本回收补偿支出。加利福尼亚州电力市场由此受到严重冲击，导致了2000年至2001年的加利福尼亚州电力危机。[①]

二、新型电力系统新增成本类型及其成因

新型电力系统最鲜明的特征即“以新能源为主体”，研究显示新能源在电

---

① See Severin Borenstein & James Bushnell, *The US Electricity Industry After 20 Years of Restructuring*, 7 Annual Review of Economics 437（2015）.

力系统的渗透率将直接影响系统成本。[①] 新能源电量渗透率超过 10%—15% 以后，系统成本将进入快速增长的临界点，未来新能源场站成本下降很难完全对冲消纳新能源所付出的系统成本；随着新能源发电量渗透率的逐步提高，系统成本显著增加且疏导困难，必然影响全社会供电成本。[②] 另有研究表明，2030 年、2060 年终端度电成本分别较 2020 年上涨 12.1%—19.3%、15.7%—30.9%。[③] 具体而言，为建设新能源占比逐步提高的电力系统，具有波动性、随机性的风电和光伏发电将替代煤电成为主力电源，实现能源供给侧的清洁替代，由此导致的新能源开发利用成本、系统灵活性改造成本、电网安全性改造成本、辅助服务成本、容量备用成本将随之高涨。电力系统作为一个不可分割的整体，牵一发则动全身，“源网荷储”四个环节都将因容纳高比例新能源而产生新增成本。因此，新型电力系统的新增成本可以从“源网荷储”不同环节进行分析，其成本如图 3－4 所示。

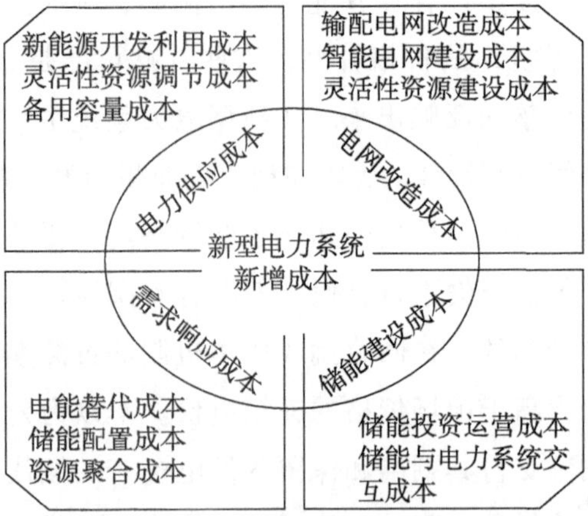

图 3－4　新型电力系统新增成本类型

① 参见辛保安等：《“双碳”目标下“能源三要素”再思考》，载《中国电机工程学报》2022 年第 9 期。

② 参见陈国平等：《基于能源转型的中国特色电力市场建设的分析与思考》，载《中国电机工程学报》2020 年第 2 期。

③ 参见孙启星等：《“碳达峰、碳中和”目标下的电力系统成本及价格水平预测》，载《中国电力》2023 年第 1 期。

由图3－4可知，新型电力系统新增成本包括但不限于：电力供应成本、电网改造成本、需求响应成本、储能建设成本等。以下将分别加以阐述。

（一）电力供应成本

1. 新能源开发利用成本。新能源开发利用成本，是指新能源在生产、转换、传输和使用过程中产生的综合成本，是其技术经济性、利用和配置效率的重要衡量指标。新能源的开发利用是推动电力供应成本上升的直接因素，其成本由来可以从规划规模、发电特征、并网消纳等方面进行分析。

（1）新能源开发利用总体规划。非化石能源占能源消费总量比重是指核电、风能、水能、太阳能、生物质能、地热能等非化石能源消费占能源消费总量的比重，是我国应对气候变化国际承诺的重要指标。新能源是为了环境保护目的最新开发利用的可再生能源，当前主要指风能和太阳能。如表3－2所示，新能源开发利用的总体规划与非化石能源消费比重的总体目标密不可分。

表3－2　非化石能源消费比重目标

<table>
<tr><th>政策文件</th><th>性质</th><th>非化石能源消费比重</th></tr>
<tr><td rowspan="3">《关于完整准确全面贯彻新发展理念做好碳达峰碳中和工作的意见》</td><td rowspan="3">阶段性总体目标</td><td>2025年非化石能源消费比重需达到20%左右</td></tr>
<tr><td>2030年非化石能源消费比重达到25%左右，风电、太阳能发电总装机容量达到12亿千瓦以上，占能源消费总量的20%左右</td></tr>
<tr><td>2060年非化石能源消费比重达到80%以上</td></tr>
<tr><td rowspan="2">《2022年能源工作指导意见》</td><td rowspan="2">2022年目标</td><td>2022年非化石能源占能源消费总量比重提高到17.3% 左右</td></tr>
<tr><td>风电、光伏发电发电量占全社会用电量的比重达到12.2%左右</td></tr>
<tr><td rowspan="2">《2023年能源工作指导意见》</td><td rowspan="2">2023年目标</td><td>非化石能源占能源消费总量比重提高到18.3%左右</td></tr>
<tr><td>风电、光伏发电量占全社会用电量的比重达到15.3%。稳步推进重点领域电能替代</td></tr>
</table>

续表

政策文件	性质	非化石能源消费比重
《"十四五"可再生能源发展规划》	2025 年具体目标	按照 2025 年非化石能源消费占比 20% 左右任务要求，大力推动可再生能源发电开发利用
		可再生能源总量目标。2025 年，可再生能源消费总量达到 10 亿吨标准煤左右
		可再生能源发电目标。2025 年，可再生能源年发电量达到 3.3 万亿千瓦时左右
		可再生能源电力消纳目标。2025 年，全国可再生能源电力总量消纳责任权重达到 33% 左右，可再生能源电力非水电消纳责任权重达到 18% 左右

由表 3-2 可知，2021 年 9 月中共中央、国务院印发的《关于完整准确全面贯彻新发展理念做好碳达峰碳中和工作的意见》规定，在 2025 年、2030 年和 2060 年我国非化石能源消费比重需要分别达到 20% 左右、25% 左右和 80% 以上的目标。根据国家发展改革委、国家能源局 2022 年 1 月印发的《"十四五"现代能源体系规划》、2022 年 3 月第十三届全国人民代表大会第五次会议《关于 2021 年国民经济和社会发展计划执行情况与 2022 年国民经济和社会发展计划的决议》可知，"十三五"时期，我国非化石能源消费总量比重达到 15.9%，可再生能源发电装机规模已经突破 10 亿千瓦。根据 2023 年 4 月国家能源局印发的《2023 年能源工作指导意见》的规定，2023 年我国非化石能源占能源消费总量比重需要提高到 18.3% 左右，风电、光伏发电发电量占全社会用电量的比重达到 15.3% 左右。从"十三五"时期非化石能源消费比重仅占 15.9% 到 2060 年比重达到 80% 以上的目标，我国能源清洁绿色低碳转型的重任在肩，风电和光伏发电等非化石能源发电将由增量补偿转变为增量主体，为完成"双碳"战略对非化石能源占能源消费总量比重提出的目标，以风光为代表的新能源发电装机规模和容量必将大幅增加。有研究表明，高比例可再生能源目标在一定程度上影响了其他低碳政策的选择空间，碳减排

政策比可再生能源政策能更好地应对负荷侧需求的不确定性。[①] 我国的非化石能源消费比重目标最终是为实现碳减排的目标，需要将重点放在技术中立的碳减排政策上。

近十年来，我国电力行业绿色低碳转型成效显著，新能源装机容量位居世界第一。根据中国电力企业联合会《2023 年度全国电力供需形势分析预测报告》，2022 年非化石能源装机占总装机容量比重接近 50%，并网风电发电装机容量达到 3.65 亿千瓦，并网太阳能发电装机容量达到 3.9 亿千瓦。截至 2021 年年底，我国风能、太阳能发电装机容量就已达到 6.35 亿千瓦，占总发电装机容量的 26.7%，风能、太阳能发电量 9826 亿千瓦时，占总发电量 11.7%。初步预测，到 2030 年，风电和太阳能发电总装机容量需要达到 12 亿千瓦以上[②]，发电量占比将达到 20%，2060 年达到 50%。[③] 随着新能源装机规模和发电占比的提升，新能源承担的功率预测、自动电压控制、自动发电控制等考核费用随之增加。[④]

从开发利用规划的时序上看，新能源的装机容量规模、发电量占比和用电量占比都将在短期内快速提升，在实现大规模、高比例、高质量发展的过程中，新能源开发利用的成本日益凸显。虽然风光已经实现平价上网，但平价上网不等同于平价利用，新能源的开发利用规模将直接影响到开发利用成本。新能源发电不同于煤电、气电等以一次能源为燃料的发电机组，新能源场站运行时无须燃料，运行成本主要包括材料成本、技术成本和人工等成本。在材料成本方面，在风光装机规模的预期提升必然带来设备制造的大规模增长，这将极大地提高对锂、钴、镍、锰、稀土等关键性矿物质材料的需求。[⑤] 风光虽属于可再生资源，但其设备制造所需的关键矿物质属于不可再生资源，

---

① See Desta Fitiwi & Muireann A Lynch, *Climate Policy Costs of Spatially Unbalanced Growth in Electricity Demand: The case of Datacentres*, 657 ESRI Working Paper 1 (2020).

② 参见黄汉权等：《抽水蓄能成本补偿机制及成本影响因素研究》，载《价格理论与实践》2022 年第 2 期。

③ 参见辛保安等：《“双碳”目标下“能源三要素”再思考》，载《中国电机工程学报》2022 年第 9 期。

④ 参见武魏楠等：《电力系统成本提高或推涨电价》，载《能源》2021 年第 6 期。

⑤ 参见辛保安等：《“双碳”目标下“能源三要素”再思考》，载《中国电机工程学报》2022 年第 9 期。

稀有金属材料的供应可能成为制约新能源发展的因素。一方面，需求量的提升使具有稀缺性的能源金属价格居于高位，材料成本传导后，新能源设备的制造成本将同步提升；另一方面，太阳能电池板和风力涡轮机等新能源设备也需要考虑退役后的回收利用成本。在技术成本方面，新能源发电技术属于低碳清洁的能源生产技术，先进风电技术、太阳能利用技术以及相应配套技术的研发、投产、运行、维护将推高新能源开发利用的成本。在新能源配储的背景下，需要将技术开发利用的经济性以及隐性成本考虑进投资决策中。在人工成本方面，随着大型风光基地、分布式发电等基础设施开展投资建设，设备操作、维修的劳动力需求增加，用人成本将随之上升。因此，在新型电力系统初建的短时期内，新能源利用率的提升将导致开发利用成本的提高。

（2）新能源发电特征。在提供电力方面，新能源发电具有间歇性、波动性、随机性、不可控性和低转动惯量的特点，随着可控电源占比降低以及极端天气的频发，新能源日内调节和季节性调节存在难度，并网接入后将给低抗干扰性电网造成的冲击，电网频率和电压控制更加困难、无功支撑能力不足、暂态过压问题突出，电力系统平衡调节问题凸显。此外，新能源机组具有电力电子设备普遍存在的脆弱性，面临频率和电压波动时容易脱网导致大面积停电，影响系统安全稳定。在提供电量方面，新能源能量密度低，具有“大装机、小电量”的特点。据国家能源局统计，2022 年我国风光发电装机容量约占总发电装机容量的 30%，但发电量占总发电量 14%。风光低发时段电力供应保障的难度较大，为保障系统平衡、维持系统稳定的辅助服务成本和备用容量成本较高。新能源占比逐步提高的电力系统需要更为灵活的辅助服务和更加充裕的备用容量，以应对新能源发电对系统造成的冲击，大量的辅助服务和容量备用需求将极大地增加系统消纳新能源的成本。

（3）新能源的并网消纳成本。首先是新能源的并网接入成本。就新能源的地理分布情况而言，我国的大部分风光资源与负荷中心呈逆向分布的特征，90% 风能、80% 太阳能资源分布在西部北部，而负荷集中在东南沿海经济发达地区。由于源荷逆向分布的特点，集中式风、光发电面临着日内消纳与季节性消纳的双重困难，导致弃风弃光率居高不下。随着新能源渗透量的不断提高，大规模、远距离输送新能源使电网的网架结构和运行调度能力面临着挑战，接网、配网等电网扩展和辅助服务成本急速增长，新能源电量供给将以更高的成本匹配电力需求，亟须解决目前电力系统安全稳定和运输方式经济高效的难题。其次是新能源出力不足或过剩时的消纳成本。当风光发电量小于负荷所需电量时，电网需要调度其他容量机组以维持系统电量平衡，在负荷侧启动需求响应进行调节；当风光发电量大于负荷所需电量时，电力系统需要通过储能、电解水制氢、需求响应等技术手段解决新能源大发时的消纳问题。由于新能源自身的可调节性差，无论是大发还是小发，系统都需要做出相应的反应对策。因此，为完成消纳新能源的目标，电力系统需要进行全方位的技术升级改造，面对源荷双向的不确定性，电力系统的改造难度史无前例，新能源的消纳成本成为影响电力供应成本的重要因素。

2. 电源侧灵活性资源调节成本。电力系统的灵活性是对系统内部安全性和可靠性的有效补充。广义的灵活性资源包括所有在系统运行过程中能够被调用的资源，它们为系统提供的灵活性是不断变化的，各台机组灵活性容量之和即为该系统灵活性资源的总容量。[①] 电力系统的灵活性资源在“源网荷储”四个环节广泛存在，此处仅以电源侧灵活性资源为例，涵盖具有灵活性和调节能力的煤电机组、电源侧储能系统、可提供灵活性的其他零碳电源。

（1）煤电灵活性改造成本。我国煤炭资源丰富，煤炭占化石能源矿产资源已探明储量的94%以上，石油和天然气仅占6%左右，煤炭资源的禀赋使我国对煤炭利用形成了严重的路径依赖。[②] 我国煤炭主要用于电力生产，受资源禀赋的影响，当前煤电仍在电力结构中占据主导地位。根据2023年中国电力企业联合会发布的《2023年度全国电力供需形势分析预测报告》，2022年我国全口径火电装机13.3亿千瓦，煤电占全国发电总装机容量的比重为43.8%，不足50%的装机占比却提供了近六成的发电量，可见煤电仍然是我国发电和供热不可或缺的主力电源，新能源发电替代煤电还需一定时间。

在构建以新能源为主体的新型电力系统背景下，煤电将逐渐由主力电源转变为支撑性和调节性电源，为促进煤炭清洁高效利用以及煤电机组清洁低

---

① 参见肖定垚等：《考虑可再生能源电源功率不确定性的电源灵活性评价》，载《电力自动化设备》2015年第7期。

② 参见刘峰等：《双碳背景下煤炭安全区间与绿色低碳技术路径》，载《煤炭学报》2022年第1期。

碳发展，煤电需要实行节能降碳改造、供热改造和灵活性改造的“三改联动”政策。煤电灵活性改造是煤电“三改联动”中的重要一环，随着新能源渗透率的不断提高，系统灵活性调节能力越发匮乏。根据中电联理事会办公厅发布的《煤电机组灵活性运行政策研究（摘要版）》可知，截至2019年年底，抽水蓄能、燃气发电等灵活调节电源装机占比不到6%，灵活调节性电源建设远不及新能源发展规模。另外，储能装机总体容量较小，其技术经济性、安全性方面仍存制约。因此，结合我国资源条件、电源结构和技术成本等因素进行考量，煤电机组灵活性改造是提高系统调节能力的最优途径①，同时也是电源侧灵活性资源建设的关键一环。煤电灵活性改造的优点虽多，但却面临着“改造难”的问题。以“十三五”煤电机组灵活性改造为例，其目标为2.2亿千瓦，但实际完成不到6000万千瓦，仅为目标的26%。②“改造难”的根本原因在于煤电调峰容量的改造成本较高，改造进度受到技术经济可行性以及环保约束的限制。2021年10月国家发展改革委、国家能源局印发的《全国煤电机组改造升级实施方案》指出，“十四五”时期，煤电灵活性改造需完成2亿千瓦，占现役装机的1/5左右，增加系统调节能力3000万—4000万千瓦，实现煤电机组灵活制造规模1.5亿千瓦。届时，煤耗成本、运营维护成本、频繁启停成本等改造成本将推动系统供应成本的上升。面临如此艰巨的任务，需要进一步加强煤电技术攻关、强化政策保障力度，发挥煤电的灵活调节能力和安全兜底保障作用。

（2）电源侧储能建设成本。狭义的电源侧储能主要指传统电源和新能源侧配置的储能设施，广义上还包括负荷侧分布式电源所配置的储能，此处仅讨论狭义的电源侧储能。电源侧的储能设施能够实现快速响应，改善发电电源调频性能，减少火电机组出力带来的污染物和碳排放量，延缓对新建机组的容量要求③，支撑新能源电力与传统发电模式协同优化发展。在传统电源方面，传统火电配置储能有多种技术路线，可供选择的技术方案较多，如可以通过发展热电联产机组配热水储热灵活调峰、纯凝机组配高温熔盐储热系统

---

① 参见叶春：《能源转型下的电力燃料供需格局》，载《中国电力企业管理》2022年第4期。

② 参见陈宗法：《火电之忧》，载《能源》2022年第3期。

③ 参见杨若朴：《“双碳”目标下构建新型电力系统的挑战与对策》，载《中外能源》2022年第7期。

灵活性调峰等灵活性改造方案，实现传统火电机组与储能的耦合发展，提高火电机组的灵活性调峰能力[①]。新能源配置储能已成为大势所趋，风储、光储等模式方兴未艾，我国已有超过20个省份发布新能源强制配置储能的相关政策，储能配置比例基本位于5%至20%，时间在1小时至4小时之间[②]，新能源发电侧配储容量规模迅速扩大。

虽然电源侧配置储能优点突出，但同样面临成本问题。首先，储能的原料价格高涨，影响储能推广利用的速度与规模。新型储能的电池原材料碳酸锂的价格从2021年年初每吨5.5万元到2022年涨至每吨50余万元，供不应求使原材料价格激增，下游成本大幅上升，电源侧配置新型储能的成本随之提升。[③] 其次，新型储能的寿命较短，需要考虑其退役后设备回收的成本问题。最后，除规模化发展带来的投资、建设和运营等基础成本外，储能技术发展路径多元，风光氢储、风光火储等多能互补的储能发展模式所需成本和项目效益有待实践检验。储能整体成本可以视为电源侧的一项新增成本，在配储成本居高不下的背景下，新能源电源的投资压力增大，电源侧储能成本的疏导和分摊机制需要进一步明确。

（3）其他灵活性资源建设成本。除灵活性煤电机组和储能外，为促进系统调峰调频能力提升，电源侧还需要发展燃气发电、氢能发电、地热发电以及可提供灵活性的可靠零碳电源。例如，具备调节能力的大中型水电、核电、生物质、光热等[④]，以实现风光水火储多能互补综合发展的目标，为系统提供优质、安全和经济的辅助服务，提升系统灵活性调节能力。由于部分技术目前的发展仍不够成熟，这些灵活性资源后续的投资、创新和运营成本可能推高电力系统的供应成本。

3. 电源侧备用容量成本。运行备用容量是指在实际所需发电容量的基础

---

① 参见马双忱等：《“双碳”目标下传统火电面临的挑战与对策》，载《华电技术》2021年第12期。

② 参见许传博、刘建国：《氢储能在我国新型电力系统中的应用价值、挑战及展望》，载《中国工程科学》2022年第3期。

③ 参见张英英、吴可仲：《亿万亿储能的另一面：价格机制、安全问题何解?》，载《中国经营报》2022年5月9日，第B16版。

④ 参见张智刚、康重庆：《碳中和目标下构建新型电力系统的挑战与展望》，载《中国电机工程学报》2022年第8期。

上新增的备用额度，其目的在于防止由于负荷需求的突然增加、可再生能源出力的突然下降所引起的功率缺额。[①] 备用容量机组需要提前预留容量，为系统提供备用服务，一般可以分为负荷备用容量和事故备用容量两类，负荷备用容量是指应对负荷或风电出力偏离预测值时紧急投入的容量；事故备用容量是指电力系统发生在运机组（主要是常规机组）强迫停运时紧急投入的容量。

（二）电网改造成本

1. 输配电网改造成本。电网连接电力生产和电力消费，是电力资源配置和能源利用的重要平台。在建设新型电力系统的背景下，为完成电源侧清洁替代的目标、提高新能源的并网消纳水平，输电网和配电网必须进行升级改造采用新的组网技术、控制理论、调度模式，容纳微电网、增量配电网、分布式发电、负荷聚合、储能等，加强多元智能电网设施建设，发挥电网时空互济能力，构建坚强智能柔性电网，将不可避免地产生新的输配电网改造成本。

（1）主干输电网建设成本。输电网又称主干或骨干电网，能够实现高压远距离及大容量电能输送，是我国电网互联和跨省跨区电力输送最关键的基础设施，在支持新能源跨区域配置和消纳、维持系统电量平衡、推动电力跨省跨区交易等方面发挥着举足轻重的作用。为建设新型电力系统、适应高比例新能源的要求，现有输电网需要进一步升级和改造。输电网的建设成本一般由新建路线费用、输电网网损成本、输电网线路维护成本共同构成。[②] 首先，适用先进电网技术将增加输电网的建设成本。未来，输电网需要进一步发展和推广如特高压、柔性输电、直流电网、宽禁带电力电子器件等先进技术，推动各类电力资源充分共享、互联互通、互为备用，实现风光水火互济，主动适应大规模集中式新能源和量大面广的分布式能源发展。同时，电网还需要与储能联合进行技术改造，适应储能的调峰和调频特性。储能在短时间增发的有功功率可达同等容量火电机组的75倍，但储能的功率注入受制于输

---

① 参见郭力等：《独立微网系统的多目标优化规划设计方法》，载《中国电机工程学报》2014年第4期。

② 参见王渝红等：《基于DDQN的风电替代传统电源的输电网结构优化研究》，载《电网技术》2022年第6期。

电线路容量，若输电线路容量受限，储能的调频能力将无法得到充分发挥，进而造成储能资源的浪费。[①] 其次，跨省跨区电网的扩展与补强成本。输电网建设规模决定了输电通道的可用容量和外送能力，输电通道可用容量的增加能够有效改善新能源的消纳情况，提高新能源的利用率，减少弃风弃光现象的产生。[②] 此外，我国资源与负荷呈逆向分布的特点以及新能源随机性、波动性的出力特征使电网的利用效率下降，近期交直流互联大电网仍需进行扩展补强，以满足远距离大规模输电以及新能源跨省跨区消纳平衡的需求。

（2）配电网建设成本。配电网作为输电网与用电负荷的重要纽带，承担着电力供给、分配和服务的关键职能[③]，是新型电力系统的“基本平衡单元”。为了促进分布式发电、微电网和负荷侧灵活性资源等新型主体的发展，传统配电网也将向主动、有源配电网转型，在新型电力系统中发挥更加重要的作用。国家发展改革委、国家能源局在2022年1月发布的《“十四五”现代能源体系规划》中提出，要加快配电网改造升级，推动智能配电网、主动配电网建设，提高配电网接纳新能源和多元化负荷的承载力和灵活性，促进新能源优先就地就近开发利用。配电网的建设也将产生新增成本：其一，分布式智能配电网建设成本。分布式智能配电网是指利用先进的技术提高电力系统在能源转换效率、电能利用率、供电质量和可靠性等方面的性能的分布式配电网。随着大量分布式新能源的并网，新能源的接网成本增加，配电网的运行特性、电能质量、电压与频率调节以及继电保护等方面将产生诸多变化[④]，为更好地促进新能源就近就地开发利用，配电网需要发展交直流混合技术、海量分布式电源和多元负荷接入的协调控制技术，建设分布式智能配电网，将一定比例的分布式新能源和储能装置以微电网的形式接入配电网[⑤]，以

① 参见郭嘉庆等：《考虑频率安全约束的储能——电网联合规划》，载《全球能源互联网》2021年第4期。

② 参见樊宇琦等：《考虑路径折算的跨省跨区可再生能源增量现货交易模型》，载《电力系统自动化》2021年第18期。

③ 参见舒印彪等：《构建以新能源为主体的新型电力系统框架研究》，载《中国工程科学》2021年第6期。

④ 参见杨若朴：《“双碳”目标下构建新型电力系统的挑战与对策》，载《中外能源》2022年第7期。

⑤ 参见李振坤等：《基于虚拟变电站的配电网薄弱区域集群双层规划研究》，载《电力建设》2022年第8期。

平抑新能源的出力波动，提高配电网的自平衡能力，实现主电力系统与微电网系统的深度融合发展。其二，主动配电网建设成本。主动配电网又称有源配电网，是智能配电网技术发展的高级阶段，包含各类分布式电源和柔性负荷，具有能源利用高效、用户交互频率高、调度控制灵活、运行成本更经济的特征①，是实现分布式电源和柔性负荷在配电网中广泛接入、高度渗透以及功率双向流动的关键技术手段。主动配电网是新型电力系统电网侧重要的技术特征，正在逐步取代传统被动单向辐射状的供电网络，成为支撑分布式电源和负荷交互的关键技术。

2. 坚强智能电网建设成本。我国电网不仅需要对输配电网的硬件设施进行改造，还需要不断提高"互联网+智慧能源"等数字化、智能化软件水平，发展高比例新能源并网支撑技术，推动电力调度体系的优化和升级，加快电力和信息二元融合的电网数字化服务平台、大数据中心以及能源互联网建设，实现广域范围的各种能源安全接入和充分利用。② 坚强智能电网的新增建设成本可从以下两方面考察：一是坚强智能电网建设的技术成本。在能源革命和数字革命融合发展的背景下，"云、大、物、移、智"技术成为支撑新型电力系统的基础，电力流、信息流、价值流将进行重新分配，电网需要顺应时事变化，向数字化、智能化、高效化发展，推动电网与信息网、能源网的深度融合，为电力市场交易提供基础支持，促进各类电力资源的优化配置。二是电力调度体系的优化与升级成本。容纳高比例新能源的新型电力系统是一个多时空尺度、多层级、多系统耦合的复杂巨大系统，具有高比例新能源、高比例电力电子设备、低转动惯量的特征，电网调度运行将更为复杂，控制措施配置和实施难度加大。③ 因此，亟须对现行调度系统进行优化与升级，加快建设能源互联网。能源互联网不同于智能电网，能够突破传统发电跟踪负荷的网络运行模式，采取互联网式的能源交互模式以及基于分布式网络控制系

---

① 参见李军徽等：《基于ADMM算法的主动配电网分层优化经济调度》，载《电力建设》2022年第8期。

② 参见吴克河等：《面向能源互联网的新一代电力系统运行模式研究》，载《中国电机工程学报》2019年第4期。

③ 参见辛保安等：《"双碳"目标下"能源三要素"再思考》，载《中国电机工程学报》2022年第9期。

统的能源调度控制方式，依靠信息技术的深度融合促进多元要素互联互通。[①]总之，无论是建设智能电网还是能源互联网，都需要以科技创新为生产力，投入大量的人力、物力和技术成本对电网侧进行改造和升级，为构建新型电力系统提供基础保障。

3. 电网侧灵活性资源建设成本。电网是电力系统运行重要的一环，发挥着统筹全局、促进“源网荷储”多环节互动、维持系统安全灵活运行的关键作用。我国的电力调度中心隶属于电网侧，在发电侧、负荷侧以及储能侧的灵活性资源尚未完全开发的情况下，电网侧应加快抽水蓄能、新型储能等灵活性资源的投资和建设，为新型电力系统提供更多的可调节备用容量，发挥电网的核心枢纽作用。因此，为建设电网侧灵活性资源，可能会产生以下成本：

（1）抽水蓄能投资建设成本。抽水蓄能是电网侧的安全调节电源，能够协助电力调度机构提供电力辅助服务，具备技术成熟、调节能力强、经济性好、寿命长等特点。[②]抽水蓄能作为具有启停迅速、工况转变灵活优势的大规模储能电源，能够满足电网调峰填谷、调频调相、黑启动和紧急事故备用的需求，具有显著的节煤效益，能够灵活应对新能源发电的间歇性、随机性和波动性，提升电力系统的灵活调节能力。[③] 2021 年 9 月国家能源局发布《抽水蓄能中长期发展规划（2021—2035 年）》，指明了我国抽水蓄能产业的发展方向。2025 年和 2030 年我国抽水蓄能装机容量分别达到 62GW 以上和 120GW 左右；2035 年形成满足新能源大规模发展需求、技术先进、管理优质、国际竞争力强的抽水蓄能现代化产业。根据中电联规划发展部的《水电及新能源生态环境保护现状及问题调研》报告，截至 2021 年 9 月，我国抽水蓄能装机容量已经达到 33. 2GW，占总装机容量的 1. 4%。在开发利用方面，水电的剩余资源条件相对较差、敏感因素相对较多，移民搬迁、生态环境保护的压力加大。在抽水蓄能发展目标已经明确背景下，减污降碳和生态环境

---

① 参见吴克河等：《面向能源互联网的新一代电力系统运行模式研究》，载《中国电机工程学报》2019 年第 4 期。

② 参见黄汉权等：《抽水蓄能成本补偿机制及成本影响因素研究》，载《价格理论与实践》2022 年第 2 期。

③ 参见任海波等：《“双碳”背景下抽水蓄能电站的发展与展望》，载《内蒙古电力技术》2022 年第 3 期。

治理之间的协调问题越发突出，除了抽水蓄能电站的建设成本外，还需考虑移民搬迁和生态环境保护的间接成本。未来发展智能抽水蓄能电站、海水抽水蓄能电站以及变速抽水蓄能电站仍需要大量资金和技术的投入，提高电网响应和调节能力的抽水蓄能投资建设将推动系统成本的上升。

（2）新型储能投资建设成本。抽水蓄能是电网侧应用最为广泛的电源型储能技术，但受选址要求、建设周期长等方面的限制，部分地区不具备相应的建设条件。新型电力系统中的电网安全防御需要在数百毫秒内快速抑制巨量有功能量对系统的冲击，电网侧迫切需要增加更为灵活、可靠和快速的大规模有功调节资源。因此，电网侧因地制宜发展新型储能成为首选。在供电能力不足的偏远地区，如新疆、内蒙古、西藏等地的电网末端，合理布局电网侧新型储能，可提高供电保障能力。根据2022年1月国家发展改革委、国家能源局发布的《"十四五"新型储能发展实施方案》，在负荷密集接入、大规模新能源汇集、大容量直流馈入、调峰调频困难和电压支撑能力不足的关键电网节点合理布局新型储能，可发挥新型储能的辅助服务价值和灵活调节作用。与电源侧新型储能一样，电网侧发展新型储能同样面临着成本经济性的问题，是否能够作为电网替代性储能设施纳入输配电价回收、如何验证新型储能成本回收机制的合理性和合法性、如何科学管理各类电网侧储能项目，都是将来要解决的重要问题。

（三）需求响应成本

需求响应是电力需求侧管理的重要内容，是指为应对短时的电力供需紧张或可再生能源消纳利用困难等情况，通过市场价格信号或资金补贴等激励机制，引导用户侧主动改变原有电力消费模式的市场参与行为[①]。需求响应能够提高电能精细化和智能化管理水平，为系统增加更多的灵活性可调节资源以实现削峰填谷，促进新能源消纳和电力供需平衡。国家发展改革委、国家能源局在2022年1月发布的《关于完善能源绿色低碳转型体制机制和政策措施的意见》中，提出要通过多种方式挖掘各类需求侧资源并组织其参与需求

---

① 参见耿建等：《负荷侧可调节资源市场交易机制分析与探讨》，载《电网技术》2022年第7期。

响应，支持用户侧储能、电动汽车充电设施、分布式发电等用户侧可调节资源，以及负荷聚合商、虚拟电厂运营商、综合能源服务商等参与电力市场交易和系统运行调节。需求侧的灵活性资源主要包括分布式电源、可中断负荷、负荷侧储能、电动汽车等主体，这些灵活性资源能够通过参与需求响应助力系统调频调峰。在构建新型电力系统的背景下，需求响应是构建新型电力系统的低成本战略路径。[①] 相较于新建的灵活性资源，需求响应大多依靠的是负荷侧已有的资源，成本较低、经济性较好。需求响应带来的新增成本可以从电能替代、储能配置和资源聚合三方面进行分析：

1. 电能替代成本。电能替代是指利用电力能源代替煤、石油、天然气等常规终端化石能源的能源消费方式，通过大规模集中转化提高电能占终端能源消费的比重，减少污染物和碳排放量。[②] 国家发展改革委等十部门在 2022 年 3 月联合发布的《关于进一步推进电能替代的指导意见》中，规定了我国电能替代的主要目标为 2025 年电能占终端能源消费比重达到 30% 左右。在构建新型电力系统的背景下，实施电能替代能够为负荷侧开展需求响应奠定良好基础，对改善能源结构、促进可再生能源消纳、提高能源利用效率、推动能源体制绿色低碳转型、促进我国实现“双碳”目标具有重要意义。随着电能替代电量的增加，电力和电量供应成本也将同步增长，各行各业的减排降碳压力都将通过消纳电能的方式传导至电力行业，电力行业面临着系统成本增加的压力。

2. 储能配置成本。用户侧储能是指在用户内部场地或邻近地带建设的储能设施，是需求响应重要的灵活性资源，能够提供调峰调频、削峰填谷、需求响应、虚拟电厂等电力辅助服务[③]，进而提高电能质量、增加新能源渗透率、响应各种扰动以保障供电的安全稳定性。[④] 用户侧储能既包括社区、园区

---

① 参见赵晓东等：《构建新型电力系统亟待全面推行电力需求响应——基于 11 省市电力需求响应实践的调研》，载《宏观经济管理》2022 年第 6 期。

② 参见阮前途等：《新型电力系统对实现沿海城市双碳目标贡献的探讨》，载《电力系统自动化》2022 年第 14 期。

③ 参见孙伟伟等：《区分工作日和非工作日负荷的用户侧储能多目标优化策略》，载《中国电力》2022 年第 6 期。

④ 参见闫群民等：《分布式储能应用模式及优化配置综述》，载《电力工程技术》2022 年第 2 期。

类的分布式储能，也包括布局在用户侧的储能电站等集中式储能，新型储能是用户侧储能的发展方向。用户侧的储能配置成本是需求响应成本重要的组成部分。用户侧储能的成本主要包括投资成本和运营成本两类：投资成本包括电池成本、设备成本和土地成本；运营成本包括维护成本、检修成本、故障成本和退运处置成本。① 随着用户侧配置储能步伐不断推进，成本问题逐步显现。受土地空间、技术经济性和安全性等因素影响，用户侧配置储能的成本较高、推广难度较大。而分时电价机制和需求响应补偿机制在储能投资成本回收方面仍存短板，未来用户侧疏导储能成本的机制需要进一步完善。

3. 资源聚合成本。随着新型电力系统的建构路径越发明确，负荷侧的发展方向更加清晰，配电端将集聚大量分布式新能源、微电网、负荷聚合商和储能系统，传统单一用能的电力用户将向"产消者"转变，亟须发展面向新型电力系统的负荷资源聚合技术。首先，负荷资源聚合需要通过虚拟电厂技术实现对海量分布式新能源、储能系统、可控负荷、电动汽车等资源的聚合和协调优化，允许灵活资源集群通过自建聚合平台以特殊电厂的身份参与电力系统运行和电力市场化交易，形成负荷与"源网储"之间的合力，让电网成为用户侧可调资源聚合共享的枢纽和平台。其次，配网侧需要发展柔性智能配电网技术，与微电网进行融合，为负荷侧资源聚合联网提供基础技术支持，以适应分布式新能源、储能等主体的发展，满足大规模分布式新能源的就近消纳的需求。再次，用户侧储能要发展共享储能电站，将分布式和集中式的储能资源聚合，实现储能资源的共建、共用、共享。最后，需要形成需求响应分级分类资源库，对可控负荷以及电动汽车的能效进行评估和资源盘点，加强用户侧智能化、电子化服务平台建设。由此可见，为适应负荷侧的新兴主体的关键技术改造和运营维护，资源聚合成本将成为影响电力系统新增成本的重要因素。

（四）储能建设成本

前文已分别分析了电源侧、电网侧、负荷侧储能的成本构成及其由来，

---

① 参见张继元等：《考虑需量管理的用户侧储能优化配置策略研究》，载《电力需求侧管理》2020 年第 5 期。

此处将重点对前文所述储能侧的新增成本进行总结，将分散于各个环节的储能视为一个整体的储能系统进行分析。

1. 储能投资运营成本。新型储能是优质的灵活性调节资源，既能“充电”又能“放电”，具有电源和负荷的双重属性，能够提供适时的电量和必要的辅助服务，提升系统的灵活调节能力。作为新型电力系统的新兴独特主体，储能创造了电力和电量时空平衡的新模式，是保障新型电力系统安全、促进高比例新能源消纳的颠覆性关键技术。随着储能在“源网荷储”各环节的大规模配置，其建设成本将在短期内快速上升，这是储能容量规模增加所必然带来的新增成本。如前文所述，储能的成本主要包括投资成本和运营成本两类。在储能原材料价格暴涨、设备寿命较短和国土空间压力增大的情况下，储能项目的成本竞争力和经济效益问题已成为电力投资时需要考虑的重要因素，决策时需要测算不同储能类型的容量成本、功率成本和运维成本，与配置储能所减少的弃风弃光效益、环境保护和灵活调节效益进行衡量，寻求系统成本最小化的方案。

2. 储能与电力系统交互成本。新型电力系统将依托抽水蓄能、新型储能等多元储能技术体系，以电网为平台和枢纽，对分散独立的电网侧、电源侧和用户侧储能资源进行全网的优化配置，全面释放源—网—荷各个环节的储能潜力。在电源侧为新能源消纳保驾护航；在电网侧为系统安全稳定提供保障；在负荷侧为实现需求响应奠定条件，加速推进储能系统综合建设，可促进源网荷储一体化和各电力系统要素之间的互联互通。储能与电力系统的交互成本主要指储能的利用成本，强调的是储能与电源侧、电网侧、负荷侧互动所需的成本，表现为储能运行模式、技术路径、商业模式的选择成本问题。这种选择成本属于隐性成本，也称机会成本，即生产者所放弃的使用相同的生产要素在其他生产用途中所能获得的最高收入，可以理解为不涉及货币支付但与资源配置效率相关的机会成本。电力行业属于资金技术密集型行业，具有专用性的固定资产投资规模大、额度高，这也导致了电力行业的沉没成本巨大。当前，储能的技术路径和行业标准尚未成熟，集中式储能和分布式储能的商业化路径不够明确，共享储能的模式需要在实践中进一步探索。在储能发展方向多元化的背景下，其中的机会成本不容忽视。储能会增加电力系统的成本已成定论，由于不同的储能发展模式将影响到机会成本的大小，因此系统成本的增幅往往不一。如果选择了一条契合新型电力系统发展需求的储能发展模式，储能的技术经济性和灵活性价值将得到凸显，电力系统实现转型的成本可能相对更低。综上，储能在“源—网—荷”环节的商业化模式与储能的技术路径的选择息息相关，只有经济效益高、成本低、经得起市场考验的“储能＋”的模式才会保留下来，服务于新能源发展和新型电力系统建设。

（五）新增成本之成因

新型电力系统构建是能源体制转型的一部分，能源体制转型是社会转型的一个缩影。社会转型需要创新、需要改革，需要协调新旧体制转型过程中复杂的社会资源、社会利益和社会关系，往往产生一定的转型成本，而电力系统转型的新增成本是这种社会转型成本的一部分。电力系统巨量的新增成本将在特定的分摊规则下层层传导至社会，通过收入的分配与再分配实现由全体社会成员共同负担。因此，尽可能地降低电力系统转型产生的新增成本将有利于社会总体福利的增加。电力系统新增成本产生的原因大致如图3－5所示。

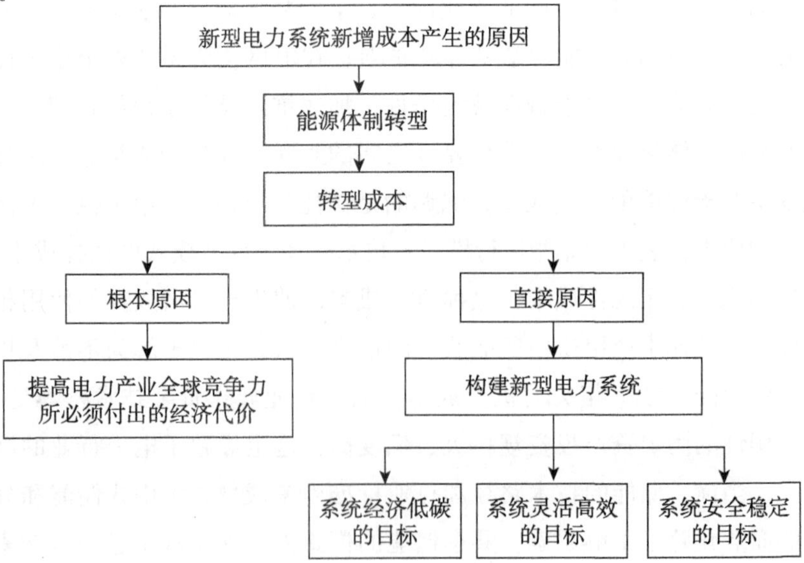

图3－5　新增成本之成因

由图3－5可知，构建新型电力系统新增成本之成因有根本原因和直接原因之分。就根本原因而言，“双碳”战略目标是为了引入外部减排压力，革除电力体制机制积弊，倒逼国内能源产业转型升级的战略抉择，同时也是促进我国社会经济绿色发展和体制机制转型的重要抓手。在当今国际化石能源供应形势严峻、国内能源供应安全问题凸显的背景下，构建新型电力系统成为能源电力行业转变发展方式、进行产业升级的必然选择。不同于常规电力系统，在新型电力系统中“源—网—荷—储”各个环节将实现巨大飞跃，清洁低碳能源的广泛利用、电力运行模式的优化升级、电力生产力和产业竞争力的巨大提升，均会使新增成本增长。电力新增成本作为产业转型升级经济性的重要考量因素，受国情、行情等时势情况，选择不同的发展路径将会产生不同的新增成本。质言之，电力系统新增成本产生的根本原因在于我国主动引入外部减排压力以提高国内产业全球竞争力所必须付出的经济代价，新型电力系统的新增成本是电力领域转型经济代价的体现。

就直接原因而言，电力系统新增成本产生于我国构建经济低碳、灵活高效、安全稳定的新型电力系统的目标。新型电力系统具有成本可控和清洁低碳的特征。为了使传统电力系统的转型过程成本可控，达到清洁低碳的目标，“源—网—荷—储”四个环节的升级改造都将产生新增成本。在电源侧需要实施清洁替代，开发利用新能源以减少化石能源利用比例，实现电力供应的清洁低碳；在电网侧需要优先调度清洁能源，加快输配电网改造，提高新能源的并网、接入和消纳比例；在负荷侧需要实施电能替代，提高终端用能的电气化水平，减少碳排放量；在储能侧需要大力发展新型储能，为新能源消纳提供必要的辅助服务。同时，新型电力系统具有智能友好和灵活高效的特征，为提高新能源的渗透率，电力系统需要加强灵活性资源的建设，提高应对各种突发事故的能力，维持系统平衡稳定。系统灵活调节能力的建设是新增成本产生的一项重要原因，我国已建立辅助服务市场来疏导这部分新增成本。为提高电力系统的灵活性、促进新能源消纳，电源侧需要推动煤电灵活性改造，加快零碳可调节电源等灵活性资源的建设；电网侧需要建设智能柔性电网，大力发展主动智能配电网，加强微电网建设，提高配置资源的能力与效率；负荷侧需要开展需求响应削峰填谷，利用虚拟电厂技术实现灵活性资源整合；储能侧需要大力发展新型储能和抽水蓄能，为电力系统提供更多的灵活调节能力，有效抑制新能源波动对电力系统造成的冲击。在灵活性资源越发稀缺的背景下，为建设灵活高效的电力系统，要灵活性应对电源投资成本、电网改造成本、需求响应成本、储能投资成本等新增成本增长，电力市场交易需建立在各类灵活性资源发展更为充分的基础上，促进资源高效配置，达到系统灵活高效的目标。此外，新型电力系统需要有充裕的备用容量，保障供电的可靠性和安全性，备用容量成本属于新增成本。为建设安全稳定的电力系统，电源侧需要加快建设优质存量煤电机组，开发水电、地热等其他电源作为后备电源；电网侧需要整合系统备用容量的资源，调整备用容量调度机制，提高电网的风险防御能力，建设坚强智能电网；负荷侧需要鼓励发展分布式电源和储能系统，实现自发自用，发用电一体化；储能侧需要加强技术安全标准建设，加快储能安全技术研发，为电力系统提供更优质的辅助服务和容量备用服务。总之，在构建新型电力系统的背景下，电力系统经济低碳、灵活高效、安全稳定的目标是新增成本产生的直接原因。

三、新增成本价格疏导机制中存在的问题及其成因

（一）新增成本价格疏导机制的现存问题

在构建新型电力系统的背景下，“源—网—荷—储”结构性变化导致新增成本不断涌现。由于我国电力市场和电价制度发展不够成熟、主体之间的利益协调规则不够明确等，部分新增成本在传统电价制度下无法得到有效疏导，阻碍了新型电力系统构建和新兴市场主体的形成。“源—网—荷—储”四侧新增成本价格疏导机制存在的主要问题如图 3－6 所示。

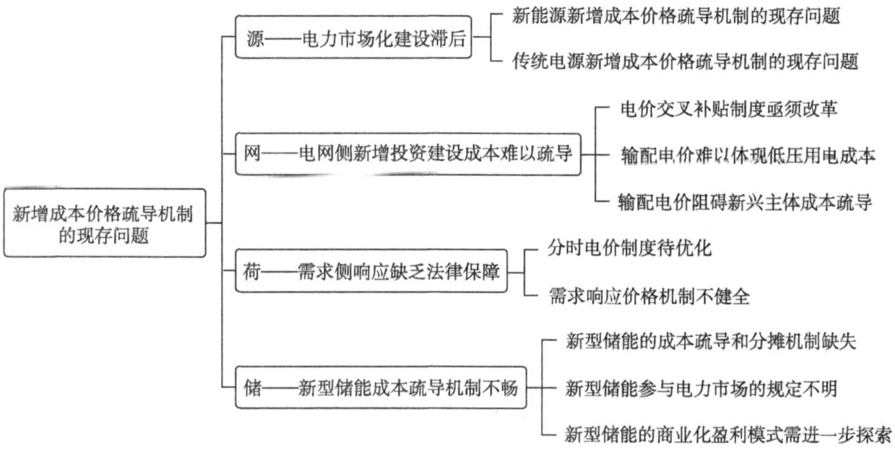

图 3-6 新增成本价格疏导机制的现存问题

由图 3-6 可知，“源—网—荷—储”侧新增成本价格疏导机制存在的主要问题表现在以下几个方面：

1. 电力市场化建设滞后。电力市场化的核心是还原电力的商品属性，我国电力市场仍处于建设发展中，电能量市场、辅助服务市场和容量市场的交易规则、功能体系、衔接机制还不够完善。即使经过“厂网分开、主辅分离”“竞价上网”“管住中间，放开两头”等几轮电力体制改革，电力市场化程度明显增加，但市场运行仍有行政干预和计划经济的特征，电价机制对市场主体的传导作用有限，在资源配置方面存在短板。新型电力系统涉及利益关系的重大调整，我国“源—网—荷—储”四个环节将产生革命性的变化，目前新旧系统转型中的电价机制衔接不畅，历史遗留的电价问题没有解决，为建设新型电力系统新的电价问题不断涌现，有限的价格信号已成为掣肘新增成本疏导的主因。在此，以常规电源和新能源电源为例，分析两类电源面临的新增成本疏导难题。

（1）常规电源新增成本价格疏导机制的现存问题。2019 年 10 月国家发展改革委印发《关于深化燃煤发电上网电价形成机制改革的指导意见》，规定“基准价＋上下浮动”的煤电上网电价实行后，煤电价格联动机制不再执行，即用“能涨能跌”的市场价格机制替代原来“标杆电价＋煤电联动”的政府定价机制，通过煤电基准价的浮动比例疏导发电成本，推动燃煤发电电量全部进入电力市场，开放竞争性环节的电力价格。煤电价格市场化改革后，

2021 年却出现“限电”和煤电中长期市场交易合同重签的现象，煤炭市场价格高涨，煤电企业大面积亏损。为应对这一危机，2021 年 10 月，国家发展改革委印发《关于进一步深化燃煤发电上网电价市场化改革的通知》，将煤电市场价格最高涨幅比例由 10% 调整至 20%，并推动煤电发电量和工商业用户全部进入市场，通过市场化方式化解煤电企业价格倒挂的困境，但仍不足以扭转煤电巨额亏损的局面。① 2022 年 2 月，国家发展改革委又印发《关于进一步完善煤炭市场价格形成机制的通知》，鼓励煤电企业通过市场化方式和中长期合同内容实现煤、电价格传导机制。这实际上是对现有煤电定价机制的纠偏，该通知重申了煤电联动模式的重要性，实践证明市场价格机制与煤电联动模式并不是简单的“二选一”的关系。在电力市场改革的背景下，市场化的价格传导机制如何妥善处理成本疏导问题，传统政府定价的模式与市场定价模式如何定位才是符合我国国情的正确选择，值得深入思考。

实际上，以煤电为主的火电企业全面亏损，不仅有燃料成本上涨的原因，煤电企业还面临以下新增成本的疏导难题。煤电企业参与碳排放权交易后，碳排放成本提升，环境外部性成本内部化使其面临盈利和降碳的双重压力。大规模低边际成本的可再生能源机组替代火电机组，煤电发电小时数和市场价格降低，收益大幅度下降。随着新能源渗透率进一步提升，煤电将向基础保障性和系统调节性电源并重转型，从电能量市场逐渐转向辅助服务市场和容量市场，收益也将从电量收益向电力调节收益转变，现行电价制度在疏导煤电新增成本方面仍存许多问题。首先，目前煤电机组通过辅助服务市场获取的收益有限。在辅助服务市场中，辅助服务主体通过提供有偿辅助服务，维持电力系统安全稳定运行、保证电能质量，同时获取相应收益。煤电机组稳定可靠，是辅助服务的主要提供者，需要进行灵活性改造才能够提供调峰、调频、爬坡、转动惯量等辅助服务，进而疏导灵活性改造的成本并获取辅助服务收益。但目前煤电机组频繁启停的成本和灵活性改造的外部性成本未得到充分回报，辅助服务市场以固定补偿机制为主，缺乏对不同资源辅助服务能力的精细量化评估，市场化和差异化补偿机制不健全，辅助服务补偿无法

---

① 参见姚美娇：《多地推行煤价电价挂钩联动》，载《中国能源报》2021 年 12 月 13 日，第 12 版。

冲抵高额的灵活性改造成本。其次，我国容量补偿机制建设滞后，煤电获益空间有限。容量补偿机制能够保障以煤电为主的火电机组回收固定成本，在电能量市场和辅助服务市场以外获取稳定收入，同时保障电力系统容量具有长期充裕性，是对煤电让渡发电权转变为灵活调节性资源的一项补偿制度①，而目前国家并未出台具体的容量补偿机制建设方案。煤电机组容量补偿的定价和分摊机制不够成熟，缺乏长效的发电容量成本回收机制，煤电机组通过容量市场获取稳定收益还需进一步加强制度保障。

（2）新能源新增成本价格疏导机制的现存问题。风能和太阳能是新型电力系统需要大力发展的两类新能源。新能源参与电力市场是减轻新能源对保障性收购的依赖、促进新能源消纳的新方向，但针对新能源新增成本疏导的电力价格机制仍存在一些问题。首先，风光的上网电价与煤电上网基准价（原为标杆上网电价）挂钩不合理，此种定价方式无法反映新能源的实际运维成本。风光的成本主要是设备成本，不同于煤电受制于燃料成本的特性，两类电源的定价依据各异。由于各地燃煤发电基准价不同，平价上网的新能源项目价格也不同。因此，将当地燃煤发电基准价作为风光项目平价上网的依据，可能导致项目地域间的投资失衡。其次，新能源的市场化定价机制亟须理顺。进入市场后，新能源发电不再享受国家补贴，与传统煤电同台竞价，现货市场的交易价格随行就市。目前由常规电源边际成本决定新能源的价格的定价方式不合理，缺乏新能源彼此竞争发现价格的机制以及度量不同新能源波动性所产生的外部性成本的机制。② 新能源的出力曲线与用户侧的用电曲线并不完全匹配，某些时段的供需不匹配将影响其市场价格和收益。由于发电预测难度较高，新能源进行中长期交易存在较大风险。总体上看，新能源在电能量市场的价格机制还不够成熟，面临着“价”和“量”的双重挑战，是否能够疏导其开发利用带来的新增成本存在不确定性。最后，促进新能源消纳的市场机制不完善。目前已有为平抑新能源波动的辅助服务费用分摊机制，但缺乏以新能源波动差异性为依据的差别化成本分摊机制。由于储能成

---

① 参见刘硕等：《面向高比例可再生能源电力系统的容量补偿机制研究》，载《电网技术》2022年第5期。

② 参见夏清等：《基于分时容量电价的新型电力现货市场设计》，载《电网技术》2022年第5期。

本的疏导机制不明，要求新能源配置储能或购买储能服务的成本难以在市场中进行疏导。风光平价上网后，可再生能源配额制和绿证市场、绿电市场实现对传统补贴模式的取代，但“电证合一”和“电证分离”模式的选择未形成定论，新能源跨省跨区交易存在壁垒，价格机制和绿电权益归属需进一步明确。

2. 电网侧新增投资建设成本难以疏导。以下分别从电价交叉补贴制度、输配电价及其定价模式来考察电网侧新增成本难以疏导的问题：

（1）电价交叉补贴制度亟须改革。电网属于网络型自然垄断环节，输配电价适用政府定价模式，在输配电价改革前，输配电价是政府实现宏观调控的工具，其中往往暗含政策性补贴。[①] 交叉补贴扭曲了电价的真实信号，易使资源错配，有损市场经济效率。[②] 我国电价市场化改革尚在进行中，输配电价呈现出双轨制特征，交叉补贴问题依旧没有解决。电价交叉补贴是指低用电成本的用户执行高电价，高用电成本的用户适用低电价，两者之间存在交叉补贴，出现用电成本与电价倒挂的情形。当前，我国电力用户、区域间仍存在以下几类交叉补贴：一是工商业用户对居民、农业用户的交叉补贴；二是高压用户对低压用户的交叉补贴；三是发达地区用户对欠发达地区用户的交叉补贴。交叉补贴对我国电力市场化改革有所阻碍已经成为共识。不同用户、不同区域间的电价交叉补贴扭曲了电价制度，对居民和农业的交叉补贴严重侵蚀工商业的合理利益，既不利于工商业提升市场竞争力，同时也导致了社会整体福利的损失。因此，只有取消各类电价交叉补贴才能正确核定输配电成本，形成完善的价格体系，促进我国电力市场化改革向纵深发展。

（2）输配电价难以体现低压用电成本。2020 年 1 月国家发展改革委印发修订后的《省级电网输配电价定价办法》规定，省级电网的输配电价主要按照不同电压等级进行传导，即“某一电压等级总准许收入由本电压等级准许收入和上一级电压等级准许收入构成”。在新型电力系统中，分布式新能源、负荷侧储能、微电网等新兴主体将得到发展。以分布式新能源为例，若在某

---

① 参见中电联输配电价调研课题组：《我国输配电价改革若干问题及政策建议》，载《中国电力企业管理》2018 年第 31 期。

② 参见李兴等：《电力市场效率评估与碳市场价格设计——基于电碳市场关联视角下的传导率估计》，载《中国工业经济》2022 年第 1 期。

一时段分布式新能源发电量远高于所在区域电网负荷量，将可能出现低电压等级向高电压等级“输电”的情况。现行输配电价仅考虑电价“高压向低压”输电的单向模式，难以体现新型电力系统下不同用户对输配电资源的占用程度，无法实现输配电价公平分摊至各电压等级的目标。[①] 同样，输配电价简单地以电压等级进行划分，也无法体现电压等级的真实输配成本。低压配电网的投资运营成本高于高压输电网，按照目前分电压等级的输配电价定价模式，输电线路的投资收益与对应的输电量成正比，高压输电费远高于低压配电费。电网企业更愿意投资高压输电网，配电网建设薄弱，输配电价无法反映电压等级的真实输配成本，尤其不利于有源配电网建设成本的疏导。此外，用户侧电能替代将使配电网扩容成本增加，由负荷增长引起的扩容投资需要纳入输配成本，实现输配电价回收，但目前输配电价的疏导机制并未理顺，配电网成本需要更多元的疏导途径。

（3）输配电价定价模式阻碍新兴主体成本疏导。为适应市场化改革，电网必须无歧视地为市场主体提供输配电服务，收取独立的输配电价，将发电侧的价格信号向用户侧传导，减轻市场主体由于信息不对称造成的额外交易成本。[②] 中共中央、国务院 2021 年 9 月印发的《关于完整准确全面贯彻新发展理念做好碳达峰碳中和工作的意见》以及国家发展改革委、国家能源局 2022 年 1 月发布的《关于完善能源绿色低碳转型体制机制和政策措施的意见》等最新中央文件都强调要推进电网体制改革，明确增量配电网等市场新兴主体的市场地位。但输配电价以电压等级分类的定价模式在一定程度上阻碍了新型电力系统中配售电主体的培育，不利于增量配电网、“隔墙售电”分布式发电市场化交易等新兴业态的发展。实际上，这些新兴主体都将对电网的盈利模式造成一定冲击，影响电网企业的核心收益。以增量配电网为例，增量配电网是以工业园区为主的局域电网。作为与省级电网具有同样平等地位的主体，是配电环节引入竞争的关键一环，有利于减少长距离的输配电投资，拓宽新能源就近消纳的渠道，为“源—网—荷—储一体化”搭建桥梁，

① 参见张林等：《适应新型电力系统发展的输配电价体系初探》，载《中国电力企业管理》2021 年第 31 期。

② 参见叶泽：《当前我国输配电价改革成效、问题及对策》，载《价格理论与实践》2016 年第 2 期。

保障局部电力电量的平衡。① 增量配电网的优势显而易见，但也面临着配电价格形成机制缺失以及输配电价的无法有效疏导成本的困境。首先，增量配电网面临亏损。增量配电网属于末端配电环节，按照“电压等级”的输配电价定价模式，增量配电网接入公共电网后只能收取较低的低压配电费，导致其无法收回投资成本。其次，增量配电主体在实践中的定位并不明确。我国并没有统一的政策文件对增量配电网和省级电网基本电费（电力用户固定容量电费）的分摊规则进行明确②，在实践中增量配电网企业往往需要将收取的基本电费上交给电网。由于增量配电网也对部分基础设施进行了投资，理应享有部分基本电费收益，这种只有电网收取基本电费的分摊模式似乎并不合理。最后，电价交叉补贴问题阻碍了增量配电网的发展。交叉补贴问题易导致电网收支不平衡，曾经电网企业输配合一，收支平衡问题可以在电网企业内部进行解决，但增量配电网作为与省级电网具有平等地位的独立主体，应当具有独立的增量配电价格形成机制，若没有厘清其中的交叉补贴，配电价格就会存在扭曲，导致增量配电网企业的成本难以疏导。

3. 需求侧响应缺乏法律保障。分时电价通过峰谷时段的电价差，引导用户将高峰时段用电转移到低谷时段，从而削峰填谷，缓解电力的供需矛盾，促进电力资源的优化配置。分时电价是需求响应的一种价格激励机制，通过提高需求侧资源的灵活性调节能力，促进以新能源为主体的新型电力系统建设。分时电价主要包括市场化分时电价信号和目录分时电价机制两类。用户侧分时电价机制本质上属于计划电价机制，即根据负荷用电特征和市场价格信号对分时电价进行事前的动态调整，进而引导用户的用电行为。国家发展改革委 2021 年 7 月发布的《关于进一步完善分时电价机制的通知》对我国分时电价的优化、执行、实施保障等内容作了具体规定。该通知出台后，分时电价机制的设计方向已经明确，但在具体实施方面还需要进一步细化和调整，各地分时电价机制还存在时段划分不够科学精确、峰谷电价差较小、价格动态调整机制缺乏、尖峰电价机制未健全等一系列问题。这些问题若没有得到

---

① 参见韩逸飞：《新型电力系统：增量配网的“逆袭”之战》，载《中国能源报》2022 年 2 月 21 日，第 21 版。

② 参见赵紫原：《价格机制“卡”住增量配电改革》，载《中国能源报》2020 年 12 月 14 日，第 12 版。

解决，分时电价机制无法发挥经济激励作用，用户侧参与需求响应的积极性将受到影响。在新型电力系统构建的背景下，系统灵活性调节资源需求量大，需求响应等灵活性调节资源的潜力亟须调动和激发。充分调动需求响应资源面临诸多挑战，价格机制便是其中一项难题，现有的需求响应补偿方式大多采用需求侧报量和固定补偿价格的政府补贴模式，需求响应的获利模式单一，难以疏导需求侧资源开发的新增成本。由2021年国家发展改革委发布的《关于进一步完善抽水蓄能价格形成机制的意见》可知，需求响应的补偿费用主要来自尖峰电价收入、政府专项资金等固定资金池，缺乏向其他用户疏导和分摊的价格机制。为充分调动负荷侧需求响应的动力，疏导用户侧电能替代、配置储能等成本，需求响应价格在将来需要进一步市场化，通过市场竞价形成需求响应的价格信号，充分实现“源—网—荷—储”多元互动。此外，需求响应的法律和法规仍不够健全，2017年修订的《电力需求侧管理办法》关于需求侧管理的市场化规则、价格形成机制、法律保障、具体规划等内容规定不够详细，缺少具体实施细则，难以起到较好的引导作用，需求侧响应的成本疏导缺乏法律保障。

4. 新型储能成本疏导机制不畅。我国已对抽水蓄能的价格形成机制进行了规定，即实行两部制电价政策，电量电价以竞争方式确定，容量电价纳入输配电价回收，明确的政策信号为抽水蓄能营造了良好的投资环境。根据国家发展改革委、国家能源局2021年7月印发的《关于加快推动新型储能发展的指导意见》和2022年1月发布的《“十四五”新型储能发展实施方案》的相关规定，发展新型储能成为“双碳”背景下构建新型电力系统的必然选择，明确新型储能的独立市场主体地位，并对新型储能发展规划、建设目标、市场化路径、配套体制机制等一系列问题进行了具体规定。我国储能装机规模位居世界第一，但新型储能发展仍面临建设成本高、盈利前景不明、市场机制不畅等一系列问题，且价格机制远不如抽水蓄能明朗。首先，新型储能的成本疏导和分摊机制缺失。2019年修订的《输配电定价成本监审办法》中明确提到电储能设施不得纳入输配电定价成本回收，影响了新型储能项目的经济性。国家发展改革委、国家能源局在2021年7月印发的《关于加快推动新型储能发展的指导意见》中指出，要科学评估新型储能输变电设施投资替代效益，探索将电网替代性储能设施成本收益纳入输配电价回收。这为新型储能成本的疏导提供了新思路，但目前政策尚未确立新型储能纳入输配电价的边界与条件，也未建立储能作为电网替代性方案所产生的系统性成本与收益的评估方法。① 新型储能暂未实行抽水蓄能的容量电价政策，电源侧配建高成本储能的积极性不高，电网侧储能纳入输配电价回收的定价方法不明，用户侧储能的获利途径单一，新型储能的投资成本回收和收益保障问题均有待明确。其次，新型储能作为独立主体参与电力市场的准入条件、交易规则、结算方式等内容不够明确。储能技术和电力现货市场建设均属于起步阶段，新型储能的灵活性调节功能的发挥空间目前来看较为有限，是否能够稳定获取收益回报存在不确定性，储能设施建而不用的问题频现。② 此外，各地辅助服务市场关于新型储能的政策不一，部分地区的储能与火电机组同台竞价，没有考虑到储能的独特价值，其收益大打折扣。且从现有辅助服务补偿规则来看，未将储能的种类、容量、性能、状态等参数纳入补偿范围，难以实现“按效果付费”的原则。③ 新型储能电能量市场、辅助服务市场的准入机制、电价机制和交易机制以及不同市场间的衔接机制还需要进一步完善，市场主体收益模式、成本分摊规则等核心问题需要逐步解决。最后，新型储能的商业盈利模式需要进一步探索。根据国家发展改革委价格成本调查中心 2022 年 4 月发布的题为《完善储能成本补偿机制　助力构建以新能源为主体的新型电力系统》的报告可知，我国正考虑建立体现储能价值和经济属性的成本补偿机制。但成本补偿机制是对目前对储能灵活性价值补偿的过渡性措施，属于政府定价，并非长远之计，将来还需要进一步实现储能市场化，通过市场化电价体现储能的独特价值、疏导储能的平衡成本，大力发展共享储能、“储能 + 新能源”等新型商业模式。

（二）新增成本价格疏导机制问题之成因

1. 源—网—荷—储的利益协调之因。从 2002 年“厂网分开、竞价上网”

---

① 参见卢奇秀：《新型储能何时实行容量电价受关注》，载《中国能源报》2022 年 4 月 4 日，第 3 版。

② 参见卢奇秀：《新型储能探路“入市”》，载《中国能源报》2022 年 7 月 18 日，第 1 版。

③ 参见刘志成等：《双碳目标下储能参与电力系统辅助服务发展前景》，载《储能科学与技术》2022 年第 2 期。

电力体制改革发展之初，到2015年3月发布的《关于进一步深化电力体制改革的若干意见》对电力市场化改革进行全方位部署，再到2022年1月印发的《关于加快建设全国统一电力市场体系的指导意见》提出建立全国统一电力市场的新要求，我国政策一直以电力市场化改革为导向，通过市场改革突破传统体制机制对电力生产力的束缚，实现对计划体制遗留问题的纠偏。经过多年试点和推广，电力市场和电价制度改革的制度框架已基本搭建完成，煤电价格市场化、输配电价独立等电价问题也有了详细制度安排。但在新型电力系统背景下，主体的利益关系涉及重大调整，新的电价问题不断涌现的原因之一就在于新旧主体的利益平衡规则不够明确（见图3－7），制度安排有待完善。

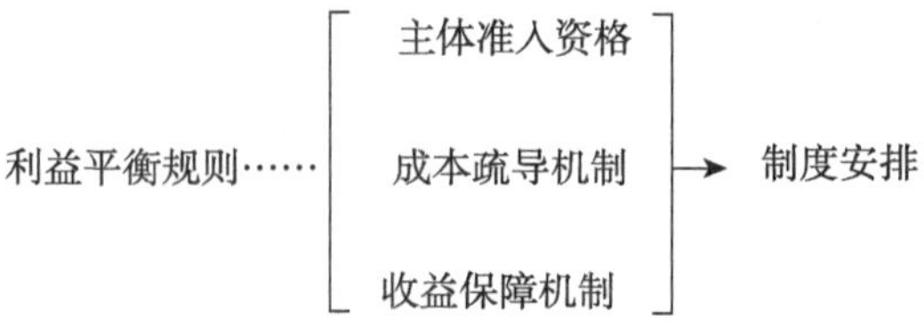

图3－7　新旧主体利益平衡规则

由图3－7可知，利益平衡规则主要涉及主体准入资格、成本疏导机制和收益保障机制三方面。市场主体准入即主体经营资格准入，市场准入制度的本质是立法和行政机关设置的法律政策壁垒。在新型电力系统中，储能、分布式电源、负荷聚合商、虚拟电厂、增量配电网等新兴主体不断涌现，其参与电力市场已成为大势所趋，应尽快明确新兴主体的独立市场地位，理顺新兴主体的价格形成机制，实现与传统主体地位平等、同台竞价，打破法律政策壁垒，为其提供良好的市场公平竞争环境。根据2021年9月中共中央、国务院印发的《关于完整准确全面贯彻新发展理念做好碳达峰碳中和工作的意见》以及国家发展改革委、能源局2021年7月印发的《关于加快推动新型储能发展的指导意见》可知，目前我国在政策中已经明确了储能、分布式电源、增量配电网的独立主体地位，未来还需要在法律层面对其主体资格进行确认，为主体提供稳定的制度预期。

利益主体为建设新型电力系统新增的成本也需要疏导和分摊途径。政府补贴是初期解决成本问题的制度安排，即通过国家财政补贴新增成本，释放明确的政策信号给予投资者信心。政府补贴能缓解燃眉之急，但却是一种不可持续的方式，若未设计合理的补贴退坡机制和主体竞争制度，有可能重现再生能源补贴的弊端，致使国家财政不堪重负、社会总体福利遭受损失。通过电价制度或市场价格机制解决成本疏导难题是符合新型电力系统构建目标的制度安排，即按照“谁受益、谁负担”的原则，将成本因素纳入市场价格，通过市场化电价及时传导主体成本。

新型电力系统构建中，新旧主体在转型过程中面临利益换位，曾经处于优势地位的主体可能被其他主体取代，利益主体的激烈博弈无处不在。立法应通过调整主体的博弈规则，对主体之间利益的进行取舍和平衡，确立新的价值导向。以煤电机组为例，为实现电力系统转型目标，煤电机组将被新能源机组取代，若没有煤电退出路径的收益保障制度安排，煤电机组有可能申报较高的辅助服务价格减少新能源并网①，采取策略性报价来维护自身利益。因此，法律和政策应当加快完善辅助服务市场和容量市场，鼓励煤电提供辅助服务和容量备用服务获取稳定收益。在系统转型过程中，要特别关注不同主体的利益诉求和保障问题，为促进新型电力系统发展扫清体制机制方面的障碍。

除利益平衡规则外，电力市场之间衔接不畅也将影响新增成本的疏导。在当前背景下，现货市场与中长期市场的衔接、电能量市场与辅助服务市场以及容量市场的衔接、省内市场与跨省跨区市场的衔接、绿电市场和绿证市场的衔接都涉及市场主体的定位以及未来我国电力市场改革的路径选择问题。在我国建设各类电力市场初期，应当容许试错，但也要警惕“偏航”，通过法律和政策及时引导市场发展和主体决策，通过电价制度解决成本疏导和收益保障问题。

2. 电力属性及电价制度上的原因。电力是特殊的产品，既具有准公共物品属性，又具有商品属性，两类属性的界分关乎电力定价模式的选择。电力并非纯公共物品，而是具有有限非竞争性和非排他性的准公共物品。在我国《电力法》中，电力也被作为准公共产品看待，条文多体现国家干预和行政管

---

① 安麒等：《高比例可再生能源渗透下的电力市场价值分配机制设计》，载《电力系统自动化》2022 年第 7 期。

制，缺乏市场化法治思维。① 我国在电价的定价方式上采用了双轨制模式，即电力产品同时实施政府定价和市场定价模式。非市场化电力用户沿用政府定价模式，电网企业统购统销，适用目录销售电价；市场化电力用户采用市场定价模式，电网企业仅收取“过网费”，用电价格由市场决定。

电价双轨制看似是符合电力双重属性的制度安排，但由于我国优先发用电计划的存在，双轨制电价往往会产生“双轨制不平衡资金”。不平衡资金是指电力市场运行中产生的没有特定承担主体的盈余或费用②，其出现的根本原因在于优先发电量和优先用电量的不匹配。优先发用电属于政府管制计划，最特殊的就是其“优先性”。根据国家发展改革委、国家能源局 2019 年发布的《关于规范优先发电优先购电计划管理的通知》的规定，优先用电量主要包括农业、居民、重要公共事业和公益性服务的用电量；优先发电量主要包括保障性收购的风电、太阳能发电、核电和大型水电发电、必开机组发电、跨省跨区发电等电量。优先发用电计划延续了计划时期的传统思想，默认优先发电与优先用电先行平衡，执行政府核定的上网电价和目录销售电价。若优先发用电计划实际执行中出现不平衡电量，则由市场主体依照政府定价模式兜底埋单，产生了“双轨制不平衡资金”问题（见图 3－8）。

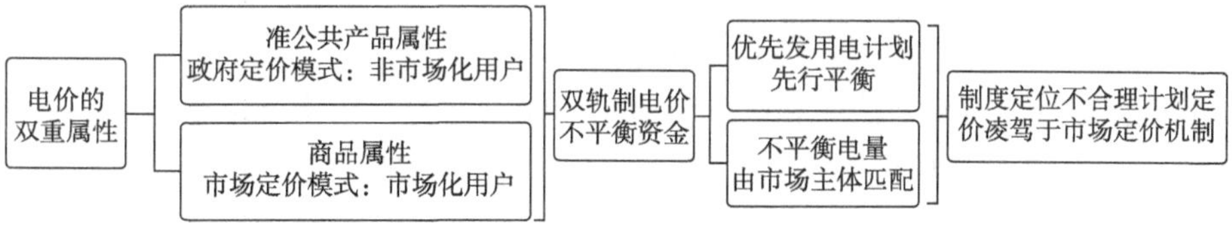

图 3－8　双轨制不平衡资金的产生及其影响

由图 3－8 可知，我国的双轨制电价为优先发用电计划实际上创造了超越市场的主次安排，优先发用电以不平衡的“边界”僭越市场，影响了电力市场的价格和供求关系，导致计划配置机制凌驾于市场配置机制之上。很显然，我国电力体制改革的根本目标是让市场对资源配置起决定作用，而不是计划安排凌驾于市场机制之上，颠倒的主次定位阻碍了我国电力体

① 李艳芳、吴倩：《论我国〈电力法〉的现代化转型》，载《中州学刊》2020 年第 7 期。

② 马莉、曲昊源：《双轨制下电力市场建设的有关思考》，载《中国电力企业管理》2020 年第 25 期。

制改革和电力市场建设，成为我国市场化电价机制迟迟没有理顺的一项重要原因，影响了各主体新增成本的及时疏导。优先发用电计划并非与市场“水火不容”，市场同样能够容纳异质性契约关系。① 当优先发电量和优先用电量实现解耦，通过政府授权的中长期合同等方式主动适应市场时，计划与市场的主次定位将得到纠正，电价市场化改革也将稳步推进，新增成本疏导的问题将迎刃而解。

3. 法律与政策供给不足之因。电力市场化改革的核心是电价制度改革，要推动市场成为配置电力资源的决定性力量，法律和政策发挥着至关重要的作用。电力市场和电价制度改革的路径需要得到法律确认并根据政策细则具体实施，完成以下基本目标（见图3－9）。

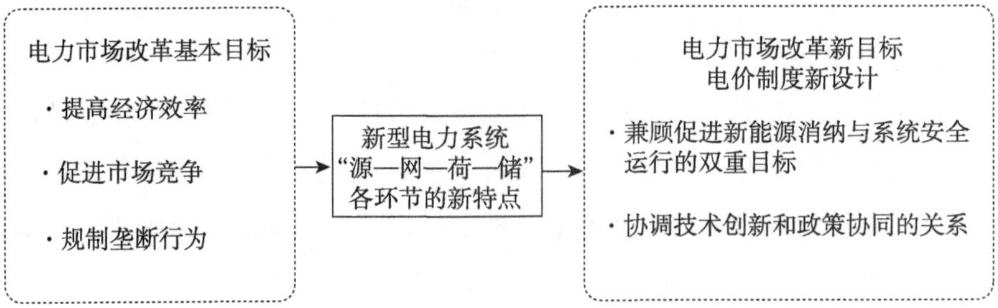

图3－9　电力市场改革新目标与电价制度新设计

由图3－9可知，法律和政策供给对于保障电力市场化改革不可或缺。首先，法律和政策保障的电力市场和电价制度改革能够提高经济效率。市场化改革能够发现价格信号，解决政府定价的滞后性问题，通过市场化电价反映市场供求和企业成本变化，提高买卖双方的交易效率。其次，法律和政策保障的电力市场和电价制度改革能够促进市场竞争。这主要是针对竞争性环节而言，市场主体参与市场竞争实现优胜劣汰，淘汰落后产能，推动电力生产力的革新。最后，法律和政策保障的电力市场和电价制度改革能够规制垄断行为。② 电力市场改革后，如果输配电价单独核定、交易机构能够独立运行，电网企业的市场垄断力将受到规制。

① 参见李艳芳、吴倩：《论我国〈电力法〉的现代化转型》，载《中州学刊》2020年第7期。

② 参见张栋：《论“双碳”目标下中国电力产业的竞争规制》，载《南京工业大学学报（社会科学版）》2022年第2期。

在新型电力系统构建的背景下，“源—网—荷—储”各环节呈现出新的特点，新的制度设计和改革目标成为新一轮电力体制改革的痛点和难点，法律与政策需要制定、修改、补充、解释或废止以回应现实的需求，而目前法律及政策供给不足严重掣肘电力主体新增成本的疏导。一方面，电力市场和电价制度改革需要兼顾促进新能源消纳与系统安全运行的双重目标。新型电力系统最重要的是系统安全问题，当系统能够容纳新能源波动带来的冲击，新能源发电的优势便能凸显，消纳问题将得到根本性解决。为促进新能源消纳，发电侧要提升新能源的电量比重、电网侧要提高接纳新能源的并网能力、负荷侧要提高新能源的消纳能力、储能侧要提供必要的调节能力，由此将会使灵活性电源投资成本、电网改造成本、储能投资成本等系统安全改造成本高涨，电价除了反映电能平衡外，还需更多地反映新能源与系统灵活性资源的平衡。① 现有电价制度仅在辅助服务市场中明确提到系统成本的疏导问题，缺乏对成本疏导的整体制度安排和系统性成本分摊细则，这也是我国新增成本疏导出现困境的重要原因。另一方面，电力市场和电价制度改革要协调技术创新和政策协同的关系。在电力体制改革过程中，技术创新是更为重要的导向性因素，法律往往处于边缘。② 在构建新型电力系统的背景下，新能源的发展需要以技术创新为驱动，颠覆性技术的创新将明确未来新能源的发展路径、匹配新型电力系统的基础需求。为回应新能源发展的制度需求，关于新能源的立法应当以技术创新为导向，通过法律拟制的电力市场和法律规定的电价制度，保障新能源获取可持续性收益。③ 在电力体制改革过程中，行业动态多样，政策成为调整社会关系的主要手段，法律居于次要地位，法律甚至因为过于滞后与现实脱节，以致形同虚设，这将有损法律的权威性。④ 若技术创新与政策法律脱轨，政策法律滞后于现实发展，电力市场将无法容纳新兴业态和新兴主体，电价制度也无法保障新兴主体的可得利益，这将严重阻碍新型

---

① 参见耿建等：《负荷侧可调节资源市场交易机制分析与探讨》，载《电网技术》2022 年第 7 期。

② 参见肖国兴：《论中国能源革命与法律变革的维度》，载《郑州大学学报（哲学社会科学版）》2011 年第 5 期。

③ 参见张璐：《“双碳”目标对我国可再生能源立法的影响及其应对》，载《北方法学》2022 年第 2 期。

④ 参见李艳芳、吴倩：《论我国〈电力法〉的现代化转型》，载《中州学刊》2020 年第 7 期。

电力系统的发展。因此，在电力市场和电价制度改革过程中，技术创新要与政策法律同步推进，这将有助于技术创新的政策法定化，通过法律的平衡性、效率性、规范性来回应技术创新的现实制度需求，运用政策、法律和制度为新增成本的疏导提供保障。

四、完善新增成本价格疏导机制之对策

（一）完善新增成本价格疏导机制之原则与思路

新增成本价格疏导机制是新型电力系统转型的重要经济制度支撑，涉及"源—网—荷—储"各环节的利益协调问题。高昂的系统新增成本需要统筹考量市场与行政两类不同的价格机制，从立法层面构建政策法律保障。完善新增成本的价格疏导机制首先需要遵循一定的原则与思路。法律原则是法律的基础原理和基本出发点，是对法律的目的、精神、价值等所作的纲领性规定，是指导具体法律规则的规范原理和价值准则。价格疏导机制由众多法律规则构成，其立法完善首先要明确必须遵循的基本原则，通过基本原则指引电价具体法律规则的制定，调整电力主体之间的法律关系，在新型电力系统构建背景下推动我国电价制度的完善。本书认为，应通过坚持以下几项原则来完善新增成本价格疏导机制。

1. 公平开放原则。公平开放原则是指电价法律政策应对市场主体一视同仁，竞争性领域的电价由市场决定，自然垄断领域的电价公开透明，电价所传递的价格信号能够为所有市场主体知悉，赋予市场主体获取信息的平等地位以及通过价格机制公平竞争的机会。公平开放原则的基本组成如图 3 – 10 所示。

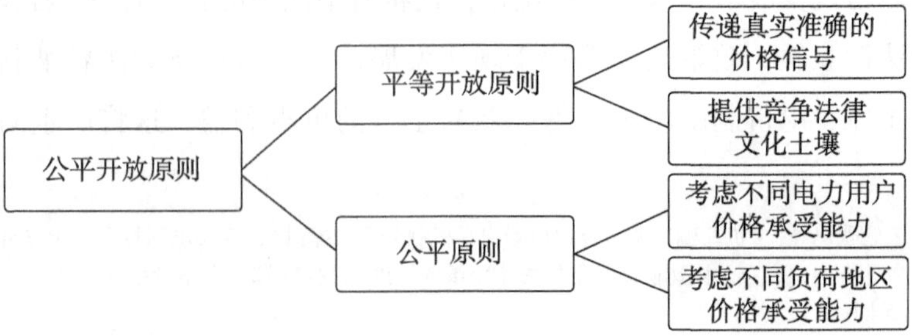

图 3 – 10　公平开放原则的基本组成

当前，我国电力市场仍具有寡头竞争的特性，发电企业具有一定市场势力，能够影响市场价格。[①] 在不完全竞争市场中，市场主体之间常出现信息不完全和信息不对称的情况，虽然双方均对信息掌握程度不完全，但具有市场势力的一方往往具有信息优势，另一方则处于信息劣势地位，在这种情况下，信息不对称可能导致主体逆向选择和道德风险问题，这将严重影响公平交易，导致市场效率降低。在新型电力系统中，市场主体更加多元、利益博弈更加激烈，传统市场主体可能对其所掌握的信息进行垄断以维护自身利益，新兴市场主体由于信息获取成本高、与市场机制衔接不充分等原因在信息获取方中居于劣势地位，往往错失交易机会，无法与传统市场主体实现公平竞争。电网企业的输配电价也有可能存在定价的“灰色地带”，致使市场主体在获取输配电价信息方面不够完全。输配电价肩负着完成国家公共政策目标的重任，若输配电价的定价因素未向市场主体公开，市场主体的经济决策行为将受到影响。因此，价格疏导机制的规则设计应以公平开放为原则，为市场主体传递真实、准确的价格信号，实现电力资源的高效配置，同时为电力市场改革提供竞争法律文化土壤。

在构建新型电力系统背景下，价格疏导机制的设计应特别考虑“公平原则”，即考虑不同电力用户、不同负荷地区对价格的可承受程度，通过特定规则给予优势和弱势主体不同的扶持力度，促进成本的公平负担。例如，我国电价政策要实现对困难和弱势群体的帮助和扶持，在疏导新增成本的同时要考虑弱势群体的价格承受能力，并在电价方面予以政策性优惠和减免，保障最低生活保障家庭、最低生活保障边缘家庭、特困供养人员和特困职工家庭等群体的基本用电需求，提升“获得电力”服务水平，增强人民群众对供电服务的幸福感和安全感。我国部分省份的居民阶梯电价已实行对困难群体的电量优惠政策，如浙江省发展改革委 2020 年 12 月印发的《关于居民阶梯电价“一户多人口”政策执行等有关事项的通知》、江苏省发展改革委 2021 年 2 月印发的《关于完善居民阶梯电价有关问题的通知》等都有关于对困难群体优惠照顾的规定。为促进偏远地区电力发展水平的提高，我国电网企业通

① 参见何姣、叶泽：《电力行业碳成本传导的基本原理及均衡模型》，载《生态经济》2019 年第 9 期。

过“东西帮扶”的模式支援中西部偏远地区的电网建设，由此产生的“公平”扶持费用也应纳入输配电价的定价范围。[①] 这既是电力准公共产品属性的体现，也是符合我国国情的必然选择，体现了电价政策法律应具备的平衡性特征。

2. 共建共享原则。共建共享原则是指在价格疏导机制的引导下，各类主体实现资金、信息、技术、人才等资源要素的自由流动和互联互通，新增成本得以顺利疏导，各项资源聚集形成合力，共建新型电力系统。其基本组成如图 3 – 11 所示。

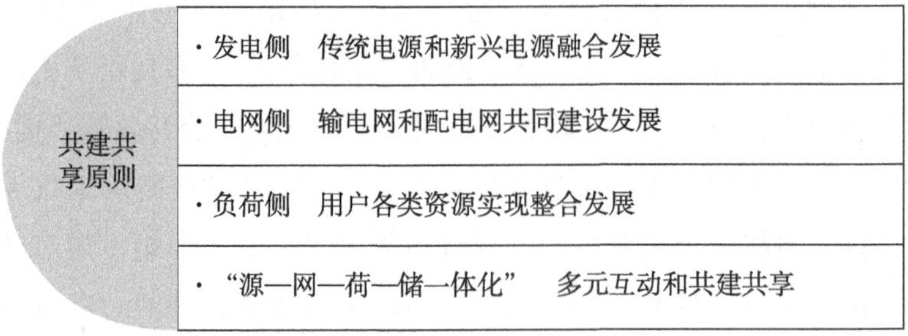

图 3 – 11　共建共享原则的基本组成

由图 3 – 11 可知，共建共享原则既强调共建，又强调共享。在新型电力系统构建中，价格机制具有导向性作用，在促进资源高效共享的同时，能够通过经济手段激发建设新型电力系统的活力，引导主体共建新型电力系统。在发电侧，常规电源和新兴电源应当实现融合发展，取长补短。电力市场中的价格及其配套机制要促进绿色清洁低碳电源的发电比重，同时为传统电源的可持续性转型和退出提供经济保障，形成新旧电源共同发展、共建共享的价格机制。在电网侧，输电网和配电网应当共同建设、共同发展。现有输配电价需要进一步完善，输配电价能够回收电网新增投资输电网的成本，更要为低压增量配电网建设提供相应的成本回收保障机制，强化配电网促进分布式新能源发展的基础作用。此外，要加快建设能源互联网，通过电网的数字化技术整合能源电力主体的信息流，建设数字信息平台为市场的经济决策提

① 参见中电联输配电价调研课题组：《我国输配电价改革若干问题及政策建议》，载《中国电力企业管理》2018 年第 31 期。

供指引和参考。在负荷侧，用户侧分布式电源、储能系统、可调节负荷等资源要实现资源整合，通过虚拟电厂或负荷聚合商服务于新型电力系统建设，利用价格疏导机制为资源聚合主体提供获益渠道。最后，“源—网—荷—储”四侧应以技术创新为驱动力，以市场价格信号为行为导向，以政策和法律为发展保障，以绿色低碳、安全可靠、智能友好、灵活高效的新型电力系统建设为共同目标，促进电力系统的生产模式、产业模式、运营模式的变革，建立开放共享、优势互补、协作共赢的新型电力系统。

3. 受益者补偿原则。受益者补偿原则是指在新型电力系统建设过程中，因享受某类电力服务而得到益处的主体应当通过行政或市场等方式，对提供该项服务的主体以支付金钱、物质或其他非物质利益等方式，弥补其成本支出以及其他相关损失的原则。受益者补偿原则基本组成如图 3 – 12 所示。

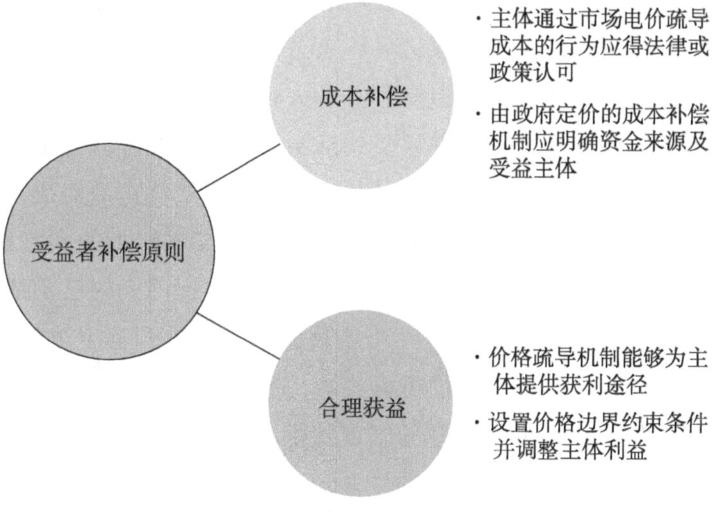

图 3 – 12　受益者补偿原则基本组成

由图 3 – 12 可知，受益者补偿原则在新增成本的价格疏导机制中有成本补偿和合理获益双重内涵。成本补偿原则是指价格疏导机制应考虑主体疏导成本的利益诉求：一方面，相关主体通过市场电价疏导成本的正当行为应当得到法律或政策的认可；另一方面，由政府定价的成本补偿机制应当明确资金来源及受益主体，妥善解决成本疏导的分摊难题。在新型电力系统构建过程中，对电力系统进行改造成本高涨，煤电“三改联动”、电网设施投资、新型储能发展都需要大量资金支持，成本疏导问题亟须解决。电价机制解决成本疏导问题主要有以下四条路径：其一，通过法律政策明确该主体的成本能够纳入电价中回收，如电网企业的投资成本可以纳入输配电价回收；两部制电价实施主体，能够通过容量电价回收固定投资成本、电量电价回收可变成本。其二，通过市场化容量补偿电价回收成本，如山东省现货市场发电机组执行的容量补偿电价，该笔固定费用向用户侧收取，用于补偿市场化机组的固定成本。其三，通过市场化电价传导成本，既可以将成本变动因素纳入报价考虑范围内，又可鼓励主体参与辅助服务市场和容量市场获取收益，疏导成本。其四，通过政策性电价补贴补偿成本，即政府通过行政化补贴对电力主体所付出的成本进行补偿，补贴在初期对成本疏导有一定益处，长远却不可持续。这四种疏导路径能够为制度设计提供导向性参考和指引。

合理获益原则是指电价制度所规定的价格疏导机制能够为主体提供获利途径，通过设置价格的上下限或边界约束条件，调整主体的可得利益和预期收益。市场经济下，主体始终追求利益最大化。在电力这一自然垄断和信息不对称的领域，主体逐利的本性需受到抑制，政府曾经采取价格管制和准入限制等政策手段进行宏观调控，交易双方的“价量”均由政府决定。但在新型电力系统构建中，电力市场化改革发展迅速，煤电转型的利益保障问题，储能、增量配电网、分布式电源等新兴主体的利益保障问题已不能简单依靠补贴等政府宏观调控手段来解决。市场规则如何促进利益主体的公平竞争，电价制度将如何保障利益主体的可得收益，这些问题都需要电价法律以及政策进行回应，做出详细的成本疏导制度安排。因此，价格疏导机制应该突出效率性，通过妥善分配主体的权利义务，实现优化电力资源的目标，确认市场主体具有疏导成本并获取合理收益的权利，同时保障其物质性经济利益，坚持受益者补偿的原则。不可否认，法律调节也存有短板，对于成本疏导和合理获益等利益调和问题，法律规定可能存在缺陷和空白，抑或存在滞后。电价机制由大量法律和政策构成，属于立法领域的范畴，但电价灵活多变，属于市场经济的范畴。在新型电力系统利益关系日趋复杂的背景下，应当通过立法先行完善电价制度。在价格疏导机制的设计方面应通过政策对主体进行激励、约束或补偿，使主体能够自行实施电价制度所规定的内容，即通过灵活的电价自行实现成本回收和获利的目的，体现电价政策法律所应具备的效率性特征。

4. 绿色低碳原则。绿色低碳原则，又称环保原则，如图 3 – 13 所示，主要体现在电源侧和负荷侧。

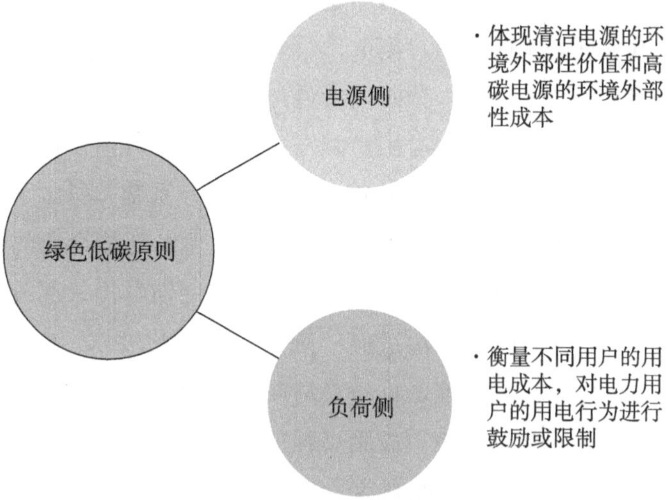

图 3 – 13　绿色低碳原则的基本组成

由图 3 – 13 可知，新增成本价格疏导机制的绿色低碳原则主要体现在电源侧和负荷侧。在电源侧，价格疏导机制应当体现清洁电源的环境外部性价值和高碳电源的环境外部性成本，通过电价制度对不同电源实行差异化的电价政策，从电力生产环节引导不同电源的发展。在负荷侧，价格疏导机制还应当对电力用户的用电行为进行鼓励或限制，衡量不同用户的用电成本，通过用电时间、用电量等因素调控电力价格，引导用户低碳用电、清洁用电，从消费环节实现主体用电的绿色低碳。我国已有电价政策体现了绿色低碳原则，如在发电侧针对燃煤发电机组实行的环保电价政策，对可再生能源发电实行的绿色电力证书制度；在用电侧对高耗能产业实行的阶梯电价、惩罚性电价和差别电价政策，对居民实行的阶梯电价政策，以及对电力用户实行的分时电价政策。当前电价制度在设计过程中在一定程度上考虑到绿色低碳原则，而新增成本的价格疏导机制构建需要进一步发展与市场机制相结合的绿色低碳电价制度。首先，在清洁电源的定价机制方面，要着重考虑清洁电源的稀缺性价值以及对环境的正外部性效益。一方面，通过绿证交易与绿电市场的环境溢价体现清洁电源的环境价值；另一方面，核电、气电等非可再生清洁电源受制于原料成本等因素，电价往往较高，难以与风电、光电实现同台竞价，因此可以采取两部制电价的方式，并通过财政和税收优惠等行政价格措施促进可持续发展。其次，对目录销售电价、阶梯电价与分时电价进行整合。三项电价政策体现了用户侧电价管理逐步精细化的特征，阶梯电价通过用电量调整目录销售电价，分时电价通过用电时间调整目录销售电价，市场化分时电价信号还能进一步对用户侧电价起到动态调整作用。在新型电价制度完善过程中要注重三项电价政策的融合，设计系统、科学、灵活的用户侧电价，引导用户削峰填谷、绿色用电。最后，对高耗能行业的电价进行整合。高耗能行业适用的阶梯电价、惩罚性电价和差别电价的部分功能存在重叠，执行标准也已经过时，无法适应“降碳”的时代要求。[①] 新型电力系统建设背景下，电价法律与政策要重新对高耗能产业适用的电价政策进行整合设计，建立该行业的低碳政策，鼓励高耗能产业自建储能、使用清洁电源以适应价格疏导机制绿色低碳的原则性要求。

（二）完善新增成本价格疏导机制之具体建议

法律是社会利益调整器，通过界定权利义务、规范法律程序、明确法律责任，从而调整社会利益关系。在构建新型电力系统的背景下，主体之间的利益面临再分配，“源网荷储”各环节出现的新增成本，本质上是利益调整和利益平衡后的经济体现，各方主体存在不同的利益诉求，法律作为社会利益的调整器，必须对经济体系平等、自由及市场因素等法律化的商品特性进行制度设计，同时对主体成本疏导的需求作出立法回应，通过法律实现主体权利义务关系的平衡。电力市场化改革的重点是电力市场和电价制度变革，因涉及利益关系调整，改革问题最终都可以直接或间接归为法律问题。当前，调整我国电价关系的主要由法律、法规、规章和规范性文件构成。与价格疏导机制相关的法律主要有《电力法》《可再生能源法》《节约能源法》，这些法律对电价疏导机制进行了宏观和概括性的规定，都将制定电价具体实施办

---

① 参见赵紫原等：《电价新规加速高耗能产业转型》，载《中国能源报》2022年2月28日，第2版。

法的权力授权给了下位法。对电价制度的实施作出详细规定的法规、规章以及规范性文件的时效性和针对性较强，能够较好地顺应时势变化。新型电力系统构建背景下，完善新增成本价格疏导机制需要立足于法律层面，坚持公平开放、共建共享、受益者补偿、绿色低碳的立法原则，兼顾电价法律与政策的平衡性、效率性和规范性特征，坚持电力市场化改革的总体方向，挖掘我国电价法律与政策的“本土资源”，从“源—网—荷—储”四个环节探索建立符合中国国情的新增成本价格疏导机制。

1. 完善以市场为导向的电源价格形成机制。电源价格形成机制是指不同能源发电上网的价格制度安排，其直接关系到电源侧成本的疏导以及各类发电机组的核心利益，是完善价格疏导机制最为关键的一环。受不同电力市场的不同价格规则的影响，电源价格形成机制具有复杂性，可以从图 3 - 14 所示的以下两个方面进行完善。

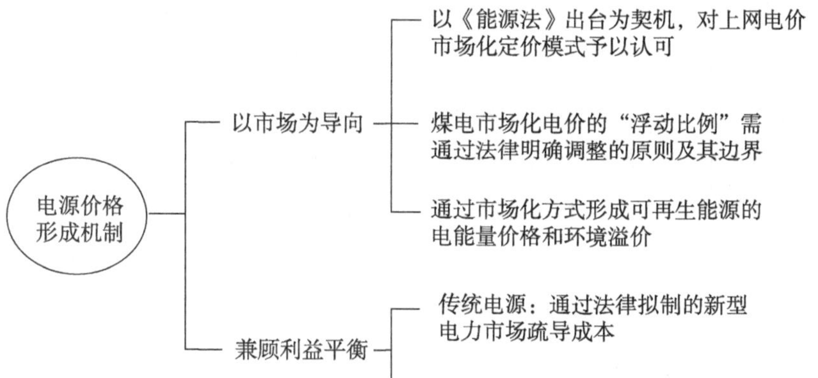

图 3 - 14　完善电源价格形成机制思路

由图 3 - 14 可知，我国电源价格形成机制的完善需坚持以市场为导向，同时兼顾利益平衡。

（1）坚持以市场为导向，通过立法推动电源价格形成机制向市场化方向发展。我国《电力法》第 35 条规定的统一定价原则属于典型的政府定价模式，该表述与我国电价市场化改革方向不符。《电力法》第 37、38 条关于上网电价的规定同样属于传统的政府定价模式，并未体现出任何市场的“影子”。早在2015年3月，中共中央、国务院发布的《关于进一步深化电力体制改革的若干意见》就强调要“形成适应市场要求的电价机制”，但《电力法》从颁布至2018年修正均未对政府核定电价的内容进行修改，存在严重的滞后性，已不能满足实践发展的需要。为促进各类电源的有序发展，可以“能源法”的出台为契机，对电源侧上网电价的市场化定价模式予以认可，并在实践中通过电价法规、政策等文件及时引导市场化电价发展，通过市场化电价及时疏导电源侧的新增成本。首先，煤电市场交易电价的“浮动比例”体现了市场价格所应具有的波动性，但浮动比例的上下限不能简单地人为更改，必须经过科学论证设置边界，通过法律和政策明确上下限设置的考虑因素、调整的条件以及享有调整权的主体。我国可以借鉴英国2013年电力市场改革对于煤炭设置的碳价格下限和排放绩效标准，通过绩效标准引导煤炭电源的投资方向，调整煤电市场化电价推动煤电向支撑和保障性电源转型。[①] 其次，风电、光伏等可再生能源的电价也应当逐步实现市场化，在电能量市场中，通过市场化方式形成电能量价格和环境溢价，两者总和即为其市场化电价。例如，南方区域各电力交易中心2022年1月联合发布的《南方区域绿色电力交易规则（试行）》第25条规定：“绿色电力直接交易价格根据市场主体绿色电力电能量价格和环境溢价的整体价格申报情况通过市场化方式形成。”法律应当设立原则性条款鼓励可再生能源参与绿电市场，保障可再生能源的市场收益权。可再生能源通过市场竞争获取收益，能够逐步减轻对补贴和保障性收购的依赖，缓解风光由于规模骤增而新增的建设、运营和维护成本。此外，气电、核电等清洁电源由于发电成本较高，与风电、光伏相比，短期内价格竞争优势较弱，但其环保价值和辅助服务等外部性效益对于构建新型电力系统十分有益。关于气电、核电的价格疏导机制应当将稀缺性价值纳入定价考量范围内，推动气电、核电的价格逐步实现市场化，并通过容量电费、优先发电等政策手段疏导高昂的原料成本，引导其向灵活性电源转变。

在电价双轨制背景下，我国电价政策法律应当规定优先发用电计划解耦发展，优先发电和优先用电主体不必先行平衡，均可参与市场。通过市场化

① See Michael Grubb & David Newbery, *UK Electricity Market Reform and the Energy Transition: Emerging Lessons*, 39 The Energy Journal 1 (2018).

方式实现优先发用电计划的政策目标，更好地促进以市场为导向的电价制度发展，电力市场主体能够更加高效地传导新增成本给下游市场。双轨制电价向市场化电价的改革方向体现了我国“双轨制立法”的特点，即在电价制度变迁过程中新法和旧法并存的制度安排，这种制度安排能够有效降低立法成本，减轻改革阻力，是当前阶段可采取一项过渡性立法措施。今后应当在转型过程中逐步调整两者的重要性和地位，形成以市场化电价为主、行政化电价为辅的新增成本价格疏导机制。

（2）兼顾利益平衡，建立反映不同电源合理利益诉求的电价传导机制。常规电力系统电源主体单一，利益冲突问题不明显，而新型电力系统中，不同电源同台竞价，矛盾日益凸显。我国现行法律未对不同电源的利益冲突问题作出具体规定，但在最新出台的政策文件中已有考量主体利益的制度设计。在新能源大规模参与电能量市场竞价的情况下，煤电的电量收益下降，无法扭转亏损局面，若要煤电继续发挥保障和备用性作用、留存部分先进环保的煤电机组，电价制度就必须为煤电寻找新的获利渠道。通过法律拟制的容量市场、辅助服务市场促进煤电企业实现收支平衡，通过市场化电价疏导煤电的碳排放成本和灵活性改造的成本，继续发挥煤电的价值，为电力系统转型作出贡献。例如，北欧电力市场的热电联产机组能够在容量市场中报价，若被选中则能够获得备用容量费用。热电联产机组在备用容量市场中标后，必须在平衡市场中报价，若在平衡市场中被选中，可以获得调整边际价格的电能费用。因此，热电联产这一灵活性资源最多能够获得容量费用和电能费用两项收益，确保自身在电能量市场之外的盈利水平。①

我国的主管部门显然也注意到了传统电源与新兴电源的利益博弈问题。在国家发展改革委 2021 年 10 月发布的《关于进一步深化燃煤发电上网电价市场化改革的通知》、国家能源局 2021 年 12 月发布的《电力辅助服务管理办法》以及国家发展改革委、国家能源局 2022 年 1 月发布的《关于加快建设全国统一电力市场体系的指导意见》等有关电价文件中分别提出要建立市场化容量补偿机制、用户参与的电力辅助服务分担共享新机制、发电容量成本回

---

① See Wangensten Ivar, *Power system economics: the Nordic electricity market*, Tapir Academic Press, 2012.

收机制等新的解决思路。我国可以通过地方先行试点、因地制宜的方式探索一套适合全国推广的可行机制，并逐步实现区域资源联合，通过不同区域的电力市场实现区域内电力系统的平衡责任。未来，在“能源法”中可以规定：“国家推动形成体现利益平衡价值的能源价格机制。”同时，授权出台具体的规则确认和保障特定主体的利益，发挥如欧盟内部电力市场立法《欧盟电力条例》所确立的能源价格平衡信号的作用，促进成员国引入市场新机制以实现市场改革，解决能源市场设计中的缺陷，并对可再生能源和低碳目标负责。① 新能源入市后，由于不再享受可再生能源补贴，市场价格将反映其真实电能价值，新能源面临“价量”双重风险。为提高新型电力系统中的新能源渗透比例，新能源电价在制定过程中需要考虑到其环境价值，建立健全绿色电价制度，通过电价法律和政策将其环境价值货币化。该部分电价将用于补偿新能源的环境价值和新增成本，回应新能源发电的利益保障需求。如同英国的可再生能源义务证书机制为可再生能源提供了额外收入，这一激励机制使其能够在市场上更具有竞争力。②

2017年1月，国家发展改革委、财政部、国家能源局出台的《关于试行可再生能源绿色电力证书核发及自愿认购交易制度的通知》（已失效），确立了可再生能源绿色电力证书核发和自愿认购制度。目前我国主要采取绿证市场“电证分离”和绿电市场“电证合一”两种模式，实现可再生能源的环境价值属性。广州电力交易中心等2022年出台的《南方区域绿色电力交易规则（试行）》开展南方区域绿色电力交易机制试点建设，其中第16条规定：“绿色电力交易的标的为附带绿证的风电、光伏等绿色电力发电企业的上网电量……”该试点采取的是“电证合一”的模式，可见绿电市场“电证合一”的模式刚刚试点。考虑到“电证合一”模式下可再生能源的电力和绿证属于交易捆绑，电能量交易直接影响到可再生能源绿色价值的实现，因此现阶段还是应以“电证分离”模式为主、“电证合一”模式为辅。由于新能源接近零的边际成本，采用边际定价法将导致电力系统分时、分区的价格信号差异

---

① See Hancher, Leigh & De Hauteclocque, *Capacity Mechanisms in the EU Energy Markets: Law, Policy, and Economics*, Oxford University Press, 2022.

② ［美］巴里·穆雷：《电力市场经济学：能源成本、交易和排放》，彭文兵、杨俊保译，上海财经大学出版社2013年版，第62页。

性消失，若新能源与灵活性资源同台竞价，灵活性资源的价值将无法得到体现。因此，可以采取由新能源市场主体提供的用电服务根据分时容量市场价格结算、新能源或用户波动产生的剩余电力平衡服务根据灵活性资源现货市场价格结算的方式，构建一种新型的电力现货市场设计。① 国外有研究提出了涵盖电源和储能的平准化全系统度电成本，该评估指标能够衡量可再生能源的间歇性成本以及储能平衡成本，是一项可供借鉴的技术性指标。②

2. 完善促进新能源消纳的输配电价定价机制。输配电价定价机制是指电网企业提供输配电服务的价格制度安排，因其属于自然垄断环节的价格机制，应当遵循政府定价模式。输配电价定价机制与电价结构合理性、市场交易效率、电网投资方向、新能源消纳等问题紧密相关，是电网侧新增成本价格疏导机制不可或缺的一部分。输配电价定价机制可遵循如图 3 – 15 所示的完善路径。

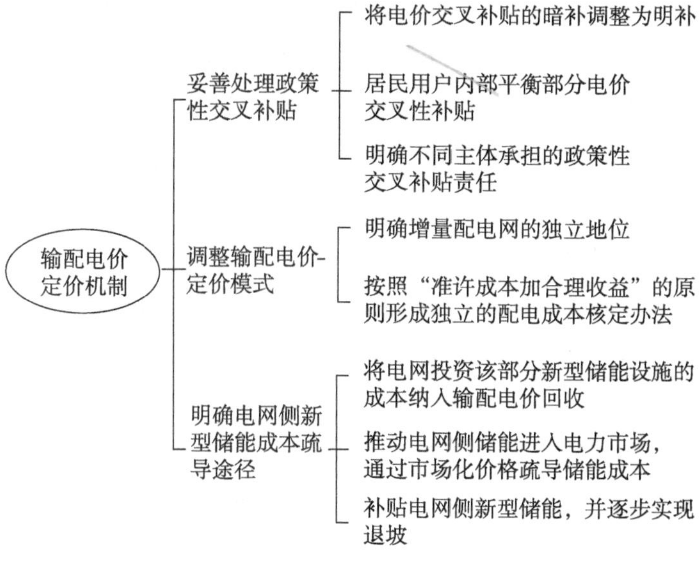

图 3 – 15　输配电价定价机制完善路径

由图 3 – 15 可知，输配电价定价机制可从以下几方面进行完善：

① 夏清等：《基于分时容量电价的新型电力现货市场设计》，载《电网技术》2022 年第 5 期。

② See Robert Idel, *Levelized Full System Costs of Electricity*, 259 Energy 1 (2022).

其一，通过电价法律与政策理顺输配电价结构，妥善处理电价政策性交叉补贴问题。电价政策性交叉补贴扭曲了我国电价的合理结构，严重阻碍了我国电价制度的市场化发展和新增成本的疏导，同时也影响了分布式电源“隔墙售电”、增量配电网等新兴业态的价格机制。在构建新型电力系统的背景下，电价政策与法律亟须对政策性交叉补贴作出新的制度安排，体现输配电价独立核定的价值，同时兼顾输配电价公平负担的政策性目标。国家发展改革委、国家能源局在2022年1月发布的《关于加快建设全国统一电力市场体系的指导意见》中明确提出“推动电网企业输配电业务和购售电业务分开核算，妥善处理政策性交叉补贴”。该指导意见为电价政策性交叉补贴问题改革提供了政策支持，但仍需出台妥善处理政策性交叉补贴的实施细则。

构建新型电力系统背景下，电价交叉性补贴改革可以遵循以下思路：首先，以输配电价改革为契机，将电价交叉补贴的暗补调整为明补①，通过可视化补贴让居民知悉自身用电的真实成本，提高公众的认知度和接受度。同时，通过适当提高居民用电价格、降低工商业用电价格以减少政策性交叉补贴的资金缺口。其次，调整居民阶梯电价的价格，可以考虑提高第二、三档用户的用电价格或缩小第一档阶梯电价的覆盖范围，实现居民用户内部平衡部分电价交叉性补贴。最后，对不同主体承担政策性交叉补贴的责任进行明确。增量配电网与省级电网市场地位平等，应当按照相同的原则和标准承担政策性交叉补贴，明确其承担交叉补贴的具体数额。对于分布式电源“隔墙售电”等新兴业态，可以通过减免政策性交叉补贴的方式促进其发展，理顺输配电结构，顺利疏导系统新增成本。对此，江苏省已经开展了相关试点工作。2020年3月，江苏省发展改革委、国家能源局江苏监管办公室印发《关于积极推进分布式发电市场化交易试点有关工作的通知》，提出“仅执行风电、光伏发电项目接网及消纳所涉及电压等级的配电网输配电价，免交未涉及的上一电压等级的输电费，政策性交叉补贴予以减免”。其具体实践效果，仍待观察。

其二，通过电价法律和政策调整现行输配电价定价模式，为新能源消纳和发展提供电价制度支撑。我国省级电网的输配电价按照不同电压等级进行

① 参见中电联输配电价调研课题组：《我国输配电价改革若干问题及政策建议》，载《中国电力企业管理》2018年第31期。

传导，存在输配电价失真和级差设置不合理的弊端，低压配电网的“过网费”较低且锁定了最高价格空间[①]，难以回收配电设施的投资成本，影响了配电网的投资建设进程。配电网建设滞后将不利于分布式发电市场交易等促进新能源就近消纳的交易模式的发展，无法满足“源—网—荷—储”一体化的要求。因此，为促进新能源消纳水平的提升，输配电价的定价模式亟须通过电价法律政策进一步调整。在构建新型电力系统背景下，应当通过法律和政策明确增量配电网的独立地位，突破现有的利益格局，形成新的输配电价格机制，使各电压等级的输配电价反映真实成本。国家发展改革委在 2017 年 12 月印发的《关于制定地方电网和增量配电网配电价格的指导意见》中规定，对地方政府或其他主体建设运营的地方电网和按照国家发展改革委、国家能源局 2016 年 10 月发布的《有序放开配电网业务管理办法》投资、运营的增量配电网核定独立配电价格，加强配电价格监管，促进配电业务健康发展。因此，地方电网和增量配电网应当核定独立的配电价格。在新的背景下，应当推动输配电价分开核算[②]，按照“准许成本加合理收益”的原则形成独立的配电成本核定办法[③]，完善促进新能源消纳和成本疏导的输配电价定价机制，为新型电力系统“源—网—荷—储”多元互动建立良好的价格制度基础。

其三，明确电网侧新型储能的成本疏导途径。国家发展改革委、国家能源局在 2021 年 7 月印发的《关于加快推动新型储能发展的指导意见》中，明确提出要研究探索替代性储能设施成本收益纳入输配电价回收，表明我国已经在探索电网侧新型储能成本疏导的方案。首先，根据上述指导意见将新型储能的设施作为电网侧的输变电设施，在论证经济性、合理性、可行性和科学性的基础上，将电网投资该部分新型储能设施的成本纳入输配电价回收，由该区域内用户共同负担。这种方式能够让新型储能的新增成本在现有价格机制下得到一定疏导，但需要考虑不同地区经济社会电价的承受能力。可以

---

① 参见王俊豪等：《我国增量配电定价机制探索——基于不对称管制理论的机制设计》，载《山东大学学报（哲学社会科学版）》2021 年第 5 期。

② 参见史丹、冯永晟：《深化能源领域关键环节与市场化改革研究》，载《中国能源》2021 年第 4 期。

③ 参见于娟：《深化电力体制改革　建立以新能源为主体的新型电力系统》，载《中国物价》2021 年第 11 期。

采取两部制电价模式，容量电价按照弥补新型储能固定成本和准许收益的原则核定，由新能源企业分摊一定比例，剩余部分纳入输配电价回收；电量电价按照弥补新型储能充放电等变动成本的原则核定。[①] 其次，推动电网侧储能进入电力市场，通过市场化价格疏导储能成本。随着新型储能的独立市场地位的确立，其可以在电能量市场通过峰谷价差获利、在辅助服务市场和容量市场提供相应服务获利。在完善储能市场价格机制的过程中，通过降低储能的市场准入条件、简化储能的市场交易流程、给予储能政策扶持，缓解新型储能的成本疏导困境，国家发展改革委办公厅、国家能源局综合司在2022年5月发布的《关于进一步推动新型储能参与电力市场和调度运用的通知》中提出："独立储能向电网送电的，相应充电量不承担政府性基金及附加。"最后，对电网侧新型储能进行补贴。目前，我国对新型储能的补贴政策主要包括初装补贴、容量补偿和充放电量补偿，辅助服务市场的政策性补偿机制与市场化交易机制并存。随着储能发展进一步规模化，容量补偿和充放电量补偿应当逐步退坡，初装补贴为主流补贴类型，未市场化的储能品种应当逐步市场化，通过市场化价格疏导相应成本。

3. 完善激活系统调节能力的需求响应价格机制。需求响应价格机制是指负荷侧可调节资源响应电网调度需求而获取相应补偿的价格制度安排。需求侧响应是激活电力系统调节能力的关键性资源，是新型电价制度的重要组成部分。总体上看，需求响应价格机制可以从价格机制和激励手段两个角度完善。一方面，健全分时电价制度激活价格型需求响应的潜力。分时电价政策在我国《电力法》《节约能源法》中均有规定，是我国用户侧长期实行的一项电价政策，对引导用户削峰填谷、错峰用电起到了积极作用，具有良好的法律制度基础。在构建新型电力系统背景下，为适应电力市场化改革、促进新能源消纳、减少电力系统平衡成本，传统分时电价需要以市场化分时电价为信号，突破传统计划定价的思维，应对峰谷时段和峰谷价差进行动态调整，实现分时电价向发电侧的延伸。因此，应激励分时电价政策实施所需的技术条件发展并完善相关技术标准，通过先进智能电网技术测量电力用户的用电信息，从而保障市场化分时电价政策实施的科学性和可行性。同时，建立分

---

① 参见李丰等：《新型储能经济性及价格机制研究》，载《价格理论与实践》2022年第4期。

时电价政策的公众参与制度。分时电价调整时要向适用分时电价的用户说明原因，听取电力用户关于电价调整的建议，体现市场化分时电价制度的公开和透明性。此外，电价立法和政策应当通过分时电价机制，向用户侧传递配建储能和分布式电源等灵活性调节资源的价值导向以及变动成本，促进用户侧整合多项灵活性资源共同发展，激发全社会的能效意识、唤醒需求侧响应的潜力，加快“源—网—荷—储一体化”进程。

另一方面，推动需求响应资源参与电力市场，探索建立以市场为主的需求响应价格补偿机制。国家发展改革委、国家能源局在 2022 年 1 月出台的《关于完善能源绿色低碳转型体制机制和政策措施的意见》中提出，要推动需求响应的市场化建设，形成动态的需求响应资源库。在市场化改革背景下，需求响应等灵活资源参与市场已是大势所趋。首先，明确需求响应的参与主体，除了大型工商业电力用户，对于中小型、分散化的工商业、居民、农业等电力用户，可以通过售电公司或负荷聚合商代理其参与电能量市场或辅助服务市场，明确负荷聚合商的法律地位，所得收益由参与用户平分，代理商收取一定的代理费和决策费，创新“能源托管”的专业服务方式。需求响应等灵活性资源的集群属于能源集群，具有重组互补、灵活双向等特征，电价法律与政策应为需求响应参与市场的制度安排进行明确。其次，明确需求响应的市场价格机制，在初期需求响应的补偿费用可以采取政府定价模式，国家为需求响应用户提供绿色金融政策，给予用户以及投资者价格收益的稳定预期，用户可通过融资租赁、能源管理合同等方式建立固定以及可持续的激励资金来源和回收渠道。① 当需求响应建设运行标准统一，与市场规则充分融合后，需求响应的价格应当实现由市场决定，与其他市场主体同台竞价，疏导用户侧的新增成本。最后，加强需求响应制度与节能管理、碳排放“双控”等政策的制度衔接。例如，那些因参加需求响应而新增的额外电力消费，可以在能耗考核时予以扣减，以减少需求侧用户参与需求响应的行动成本。美国 2022 年颁布的《降低通货膨胀法》（*The Inflation Reduction Act of 2022*）中

---

① See J. Lowitzsch & C. E. Hoicka, et al., *Renewable Energy Communities Under the 2019 European Clean Energy Package – Governance model for the Energy Clusters of the Future?*, 122 Renewable and Sustainable Energy Reviews 1 (2020).

的做法值得借鉴。该法案为电力用户提供了多项税收抵免措施（如住宅清洁能源抵免、符合条件的商用清洁汽车抵免、家庭能源信贷），并简化主体获得关键激励措施的流程。

4. 完善提升系统灵活性的储能价格形成机制。储能价格形成机制是指储能提供电力服务的价格制度安排，电源侧、电网侧、负荷侧的电价制度都需要考虑到储能带来的影响。新型储能作为新型电力系统建设的关键技术支撑，其价格形成机制完善思路如图 3－16 所示。

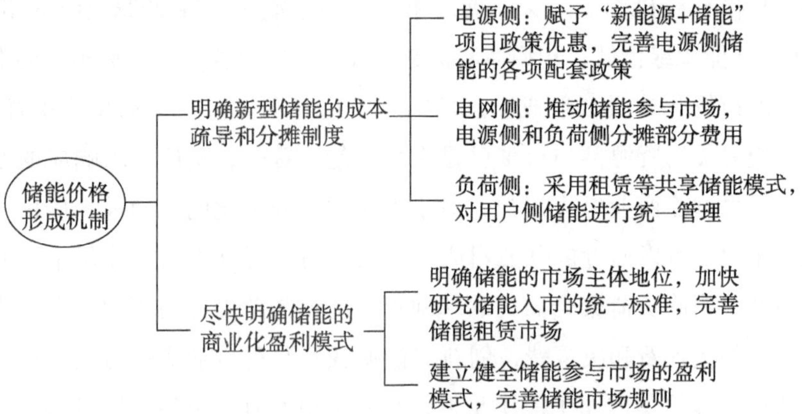

图 3－16　储能价格形成机制完善思路

由图 3－16 可知，完善储能价格形成机制着重从两方面着手：一是完善储能入市的价格制度及配套措施，明确新型储能的成本疏导和分摊制度；二是尽快明确储能的商业化盈利模式。国家发展改革委、国家能源局 2021 年 7 月出台的《关于加快推动新型储能发展的指导意见》以及 2022 年 1 月出台的《“十四五”新型储能发展实施方案》中都明确规定：“建立健全新型储能价格机制，研究合理的成本分摊和疏导机制。”成本疏导问题是现阶段新型储能价格机制亟须解决的重要问题，关乎新型储能的可持续发展。在电源侧，电价法律和政策应当鼓励电源侧配建储能或共享储能，通过赋予“新能源＋储能”项目行政审批、税收等各方面的政策优惠，鼓励电源侧储能入市，完善电源侧储能的各项配套政策克服电源侧储能成本疏导难关。在电网侧，新型储能的成本分摊机制应当遵循“谁受益，谁负担”的原则，新型储能实行容量电价的难度高于抽水蓄能，难以直接适用抽水蓄能的两部制电价制度。电网侧储能连接电源和负荷，应当考虑让发电侧的新能源企业以及部分电力用户分摊部分费用。最好的制度设计就是让电网侧储能参与市场，由需求方进行付费。有研究表明电能储存有增加碳排放的趋势，电网侧应建立储能运行所释放的二氧化碳的监测机制①，均衡考虑成本和效率以选择最佳的储能方式。在负荷侧，用户单独配建储能的成本较高、经济性不强，可以采用租赁等共享储能的模式，由负荷聚合商或售电公司对用户侧储能进行统一管理，参与需求响应或电能量市场获取收益以疏导成本。

新型储能价格向市场化方向发展，明确可行的储能商业化模式不可或缺。明确储能的商业化盈利模式，适应电力市场化改革，创新储能发展的业务模式是未来储能发展的根本方向。除成本疏导问题外，新型储能的盈利模式也需要法律和政策进行明确。首先，明确储能的市场主体地位，为储能提供良好的政策环境，加快研究储能入市的统一标准，储能应与其他市场主体享有平等的市场地位，平等地适用市场化规则，打破政策壁垒。其次，建立健全储能参与现货市场、辅助服务市场的盈利模式。完善储能市场竞价、交易结算、市场调度、偏差考核等方面的规则，建立体现储能灵活性价值的电价机制，提高储能项目的收益和经济性，如山东省对独立储能实施的“容量补偿机制”②。此外，完善储能租赁市场，储能能够通过提供租赁服务获取收益，改善储能盈利模式单一的现状。储能尚存闲置容量时，可有偿出租给辅助服务市场的第三方，实现储能替代输电以缓解输电阻塞的作用。③

五、完善新增成本价格疏导机制的立法思路

本书认为，在构建新型电力系统的背景下，在立法上完善新增成本的价格疏导机制还应从完善电能量市场、辅助服务市场和容量市场上寻找突破。以下提出一些初步的思路，期许抛砖能引玉。

---

① See Andrew J. Pimm & Jan Palczewski, et al., *Using Electricity Storage to Reduce Greenhouse gas Emissions*, 282 Applied Energy 1 (2021).

② 参见张金梦、杨晓冉：《储能首次试水电力现货交易》，载《中国能源报》2022 年 3 月 14 日，第 11 版。

③ See Juan Arteaga & Hamidreza Zareipour et al., *Energy storage as a service: optimal sizing for transmission congestion relief*, 298 Applied Energy 1 (2021).

（一）建立电能量市场价格疏导机制的立法思路

1. 上网电价、输配电价和销售电价方面。我国 1998 年起施行的《价格法》第 19 条第 1 款规定："政府指导价、政府定价的定价权限和具体适用范围，以中央的和地方的定价目录为依据。"国家发展改革委于 2020 年 3 月公布的新版《中央定价目录》规定："通过市场交易的电量价格，由市场形成。燃煤发电电价机制以及核电等尚未通过市场交易形成价格的上网电价，暂由国务院价格主管部门制定，视电力市场化改革进程适时放开由市场形成。尚未通过市场交易形成价格的销售电价暂按现行办法管理，视电力市场化改革进程适时放开由市场形成。居民、农业等优先购电电量的销售电价，由国务院价格主管部门制定定价原则和总体水平，省级价格主管部门制定具体价格水平。"由此可见，在当前阶段，我国的上网电价和销售电价并未完全实现市场化，在电力市场和电力资源聚合技术发展初期，应采取过渡性的立法举措：（1）关于煤电、新能源发电等电源的上网电价应由政府指导价逐步转变成市场调节价，电力用户的销售电价应体现市场化方向，市场化电力用户通过市场价格购电；非市场化电力用户通过分时电价等机制与市场化电价接轨，并均可通过需求响应价格机制对负荷侧灵活性资源的价值进行货币化。现行《电力法》第五章关于上网电价的第 36 至 38 条以及关于销售电价的第 40 和 41 条，应当根据国家发展改革委发布的《中央定价目录》《关于进一步深化燃煤发电上网电价市场化改革的通知》《关于深化燃煤发电上网电价形成机制改革的指导意见》等规范性文件及时吸收改革实践成果，并为下位法制定和实施提供上位法依据和指引。（2）电网侧具有自然垄断性质，输配电价应当实行政府定价。国家发展改革委于 2020 年 1 月印发修订后的《省级电网输配电价定价办法》规定应按照"准许成本加合理收益"方法核定输配电准许收入，再以准许收入为基础核定分电压等级和各类用户输配电价。因此，《电力法》第 39 条的规定已经落后于实践发展，应予及时更新。

2. 储能价格方面。储能的功能与技术路线多样，在源网荷各环节均可分布，目前其价格形成机制仍在实践中探索。国家发展改革委、国家能源局等九部门于 2021 年 10 月印发的《"十四五"可再生能源发展规划》、国家发展改革委与国家能源局于 2022 年 1 月印发的《"十四五"新型储能发展实施方案》、国家发展改革委办公厅与国家能源局综合司于 2022 年 5 月印发的《关于进一步推动新型储能参与电力市场和调度运用的通知》等政策文件均对储能价格机制的发展提出了一些要求。《电力法》应与时俱进，在第五章电价与电费中规定上网电价、输配电价、销售电价之外的储能价格。

（二）建立辅助服务市场和容量市场价格疏导机制的立法思路

除电能量市场外，辅助服务市场和容量市场的价格疏导机制是新型电力系统中应予关注的重点。首先，应遵循地方立法和单行立法先行的模式，为辅助服务市场和容量市场价格疏导机制的立法创造制度基础、实践基础和理论基础。我国各区域可先出台区域内的辅助服务市场和容量市场实施细则，如“南方区域电力辅助服务管理实施细则”“华东电力调峰辅助服务市场运营规则”，对区域内的市场交易规则和价格机制进行规定。其次，各省可相应出台辅助服务市场和容量市场的交易规则、实施细则和运营规则，结合地方发展实际对区域实施细则进行补充、细化和创新。待两类市场发展的地方经验更为成熟时，国务院可以出台实施条例、管理条例、管理办法、管理规定等行政法规，对市场运行的总体框架和具体细则进行规定，提升市场运行效率、保障市场参与者的权益和利益。此外，可以通过能源法、碳中和立法等综合性法律对电力市场价格机制的定价模式和基本原则予以明确，彰显其在新型电力系统中的重要地位。

六、结论与展望

构建新型电力系统的过程是主体利益再分配的过程，需要妥善处理系统转型中新增的各类成本。电力系统新增成本产生的根本原因在于我国主动引入外部减排压力以提高国内产业全球竞争力所必须付出的经济代价，新型电力系统的新增成本就是电力领域转型代价的体现。

电力系统新增成本的疏导离不开市场、离不开价格机制。现行的新增成本价格疏导机制存在电源成本疏导不畅、电网新增投资建设成本疏导困难、需求响应成本疏导缺乏法律保障、新型储能成本疏导机制不明等问题。源网荷储各环节的利益协调失衡、政策法律供给不足以及电价双轨制的影响是制约新增成本疏导的重要原因。

新增成本的疏导问题可以分为两类：一类是成本分摊问题。建设新型电力系统的新增系统成本如何实现在“源—网—荷—储”各个环节的分摊，利益主体新增的成本如何通过价格机制进行疏导。另一类是利益保障问题。新型电力系统构建背景下各类主体如何实现获利和收支平衡，国家财政补贴固然是一种模式，但最终还是需要依靠反映真实成本和供求关系的市场价格机制，以及完善的市场交易规则来实现这一目标。

新型电力系统背景下新增成本价格疏导机制的完善需要立足于法律层面，坚持公平开放、共建共享、受益者补偿和绿色低碳的立法原则。在电源侧，建立体现利益平衡价值的电价传导机制，完善以市场为导向的电源价格形成机制；在电网侧，妥善处理电价交叉补贴，理顺输配电价结构，完善促进新能源消纳的输配电价定价机制；在负荷侧，健全分时电价制度，推动需求响应资源进入市场，完善激活系统调节能力的需求响应价格机制；在储能侧，明确新型储能的成本疏导机制和市场盈利模式，完善提升系统灵活性的储能价格形成机制。

第四章　分时电价机制研究

在构建新型电力系统过程中，随着新能源渗透率的逐渐提高，新能源将逐渐取代传统机组成为系统电能的主要出力者。然而，新能源囿于自身出力的随机性、波动性与间歇性，无法随负荷波动调节，而系统运行需要配备足量的调节资源，否则无法应对新能源和负荷双侧叠加给系统运行带来的冲击。因此，以新能源为主体的新型电力系统将长期面临着供应侧调节能力的持续缺乏问题。与此同时，需求侧出现的电力产消者、可调节负荷、电动汽车、其他分布式储能等大量柔性负荷资源可以通过参与需求响应、辅助服务、新能源交易、中长期市场等诸多方式参与到系统运行中。其中，需求侧响应机制的政策较为成熟，用户准入门槛相对较低，在国内有较好的实践基础。随着新型电力系统中需求侧数字化、智能化水平的大幅提升，需求侧响应必将得到快速的发展，使大量的柔性负荷发挥聚沙成塔的效应，成为新型电力系统灵活调节能力的主要来源之一。[①] 实践证明，分时电价机制作为一种以市场为导向的需求侧响应工具，能以较低的成本显著提高需求侧资源调节能力，可对新型电力系统构建起到重要推动作用。在以新能源为主体的新型电力系统中，电源和负荷之间的关系将重构，传统的“源随荷动”将逐步演化为“荷随源动”或“源荷互动”。分时电价机制将在此演化过程中发挥重要推动作用：一方面可以充分挖掘需求侧资源潜力，满足新能源大规模发展对灵活性资源的需要；另一方面可以有效推动分布式电源、储能以及分布式资源整合商等的发展，促进产业技术创新和商业模式创新。[②] 进一步完善分时电价机

① 参见范帅等：《面向新型电力系统的需求响应机制探讨》，载《电力系统自动化》2022 年第 7 期。

② 参见李文华：《分时电价“零成本”挖掘需求侧资源潜力》，载《中国能源报》2021 年 9 月 6 日，第 21 版。

制，有利于引导用户在电力系统低谷时段多用电，并为抽水蓄能、新型储能发展创造更大空间，这对促进风光等新能源加快发展、有效消纳具有现实意义。特别是在我国当前“计划 + 市场”双轨制运行情况下，除少数参与电力现货市场试点的大用户外，广大用户仍主要采用固定电价。分时电价如果能扩大覆盖面，将使全社会用电主体普遍意识到电力的真实价值，从而改变长期以来形成的粗放式用能观念。从电价分为上网电价和销售电价来看，分时电价机制分为发售两侧分时电价。长期以来，我国上网电价以中长期交易为主，发售电价并未实时连接，上网侧分时电价对于需求侧的电价影响并不太直接。社会层面所讨论的分时电价一般是指销售侧分时电价，毕竟销售侧分时电价以需求侧响应理论为基础，直接与广大负荷用户相关联，实施最早且社会影响广泛。本章首先考察分时电价机制的理论基础及我国当前实践概况，接着讨论分时电价机制对构建新型电力系统的特殊意义并对未来应用场景进行预测，然后探讨当前销售侧分时电价机制存在问题及完善对策，最后提出完善我国分时电价机制的立法思路。

一、分时电价机制之理论基础与国内实践概况

（一）分时电价机制之理论基础

1. 需求侧管理与需求侧响应。需求侧响应衍生于需求侧管理，因此，有必要先了解一下需求侧管理。需求侧管理（Demand Side Management, DSM），又译为需方管理[①]，是指在政府政策法规支持下，采取有效的激励措施，通过电力公司、项目执行者、电力用户等共同协力，提高终端用电效率和优化用电方式，在完成同样用电功能的同时减少电量消耗和电力需求，达到节约能源和保护环境的效果，实现社会效益最优、各方受益、成本最低的电力服务所进行的用电管理活动。需求侧管理的目标，主要集中在电力和电量的改变上。在电力方面，主要是通过采取相关措施降低电网的高峰负荷时段的电力需求或增加电网的低谷时段的电力需求，以较少的新增装机容量达到系统的电力供需平衡；在电量方面，主要是通过采取相关措施节省发电量，

---

① 参见朱成章等:《需求侧管理（DSM）》，中国电力出版社 1999 年版。

在满足同样电力服务的同时节约社会总资源的耗费。需求侧管理发展出包括技术、经济等多方面的措施。技术措施，主要是通过削峰填谷或移峰填谷等负荷控制手段改变用户用电方式、提高终端用电效率；经济措施，主要是通过电价制度、免费安装服务、折让鼓励、借贷优惠、设备租赁鼓励等在经济利益上予以鼓励、引导。①

需求侧响应（Demand Response，DR）是需求侧管理的一种衍生产物，是美国在电力市场改革以后，针对需求侧管理如何在竞争市场中充分发挥作用，提高电网可靠性和系统运行效率而提出的理念。需求侧响应，是指在竞争电力市场进行价格设定和市场出清的过程中用来增加需求侧或者终端电能消费者参与的一种机制。在此机制下，终端用户根据不同时期的电价水平和激励措施主动改变日常用电模式，特别是在电力市场价格高涨或电力系统可靠性受到威胁时降低用电需求。显然，需求侧响应主要是运用价格手段来影响市场中电能需求的时间和水平；需求侧管理则是通过采用价格手段之外的其他更为广泛的一些激励措施来提高终端用户的用电效率，进而实现资源优化配置。需求侧响应可以分为系统导向型（如直接负荷控制、紧急需求侧响应、需求侧投标）和市场导向型（如分时定价、实时电价、关键峰荷电价）需求侧响应两种类型。前者是指系统运营者为了在特定时间段（如用电高峰期）实现系统的稳定可靠运行而向用户提供的一种改变其用电计划的响应方法，后者则完全由市场机制实现，消费者根据市场中的电价做出自己最优的用电选择，以减少在系统特殊时期的用电成本，进而从中受益。当然，完全实行系统导向型或完全实行市场导向型需求侧响应的方法都不可取，如此会导致市场的低效率，应根据市场的具体情况对需求侧响应机制做出恰当的选择。②

2. 分时电价机制。电力电能作为特殊的商品和生产要素，具有时间价值。就供应侧而言，同一机组在不同的时间，因检修、维护、调度、原料供应、电网资源等情况不同，其生产效率与供电水平不同，电力生产的边际成本在不同的时间节点具有差异性。不同的机组，特别是风光等可再生能源，受特

---

① 参见刘秋华等：《电力需求侧管理》，中国电力出版社 2015 年版。

② 参见曾鸣：《电力需求侧响应原理及其在电力市场中的应用》，中国电力出版社 2011 年版。

定时段的天气因素影响较大，其在不同时段所产生的电能质量差异性较大。就需求侧而言，一天 24 小时，同一用户的用电需求及其用电水平在不同时刻差异性也较大。电力市场上供需双方对于电能量的时间标准要求较高，这就体现出电力的时间价值属性。电力电能在物理上又具有不可储存性，必须即发即用，导致时间因素在电力电能的供需上更具有显性价值。“源随荷动”本身就体现了电力生产供应需要满足负荷需求的时间标准。实践中，分时电价机制作为一种市场导向的需求侧响应工具已经得到广泛应用。

分时电价（Time – Of – Use Pricing，TOU），是指一天中 24 小时按不同时段采取不同的电价。现行电价分为上网电价和销售电价，无特别说明时，本章探讨的对象主要为当前执行的销售侧分时电价，即售电公司针对企业和居民等电力用户所实行的分时电价。我国现行《电力法》第 41 条确立了“分时电价”制度。所谓分时电价制度，是指为了体现电能量在生产、供应、消费时间上的价值差异性而制定的在不同时段针对一定范围的用户实行不同电价的一系列规定的总称。分时电价制度，又称分时电价机制，前者主要是从规则制定、执行及其效力的角度来说的，而后者主要是从实现目标的手段、方法、功能等角度来说的，二者内容大致相当，只是角度有所差异而已。当前，分时电价机制主要是由国家发展改革委通过发布规章和行政政策性文件来实现全国性的制度供给，有的省（市、区）也因地制宜出台了适用于本地的地方性分时电价规定。理论上来说，凡是能体现出电力时间价值的电价，都可以称为分时电价，如峰谷分时电价、季节性电价、丰枯电价等。季节性电价、丰枯电价体现出电力生产供应成本在季节上的差异性，一般用在上网电价上。上网电价最终也要传导到销售电价上，因此，完全市场化的销售电价也能体现季节性电价、丰枯电价的特征。峰谷分时电价是从负荷峰谷出现的时间差异来定价的，包括：峰、谷两时段，峰、平、谷三时段或尖、高、谷三时段①，尖、高、平、谷四时段等不同时段划分的电价。峰谷电价把一天 24 小时分为峰、谷两个时段，高峰时段用电电价上浮，低谷时段用电电价下浮，鼓励电力用户调整用电负荷，合理用电，起到削峰填谷的作用；峰平谷电价是把一天 24 小时分为峰、平、谷三个时段，以平时段电价为基础电价，

① 浙江省目前就是采用这种三时段划分法。

高峰时段用电电价上浮，低谷时段用电电价下浮，而且高峰和低谷之间的价差较大，以此鼓励电力用户调整用电负荷，合理用电，起到削峰填谷的作用；尖高平谷电价是在峰平谷电价的基础上，又将高峰时段细分为尖峰和高峰两时段，尖峰时段电价在高峰时段的基础上进一步上浮，以鼓励电力用户调整用电负荷，合理用电，起到移峰的作用。峰谷电价一般是指日内电价，我国当前负荷峰谷也有季节性特征，如相对于春、秋两季，冬、夏两季会出现用电高峰，这也使日内分时电价呈现出季节差异性。

用于需求侧响应的分时电价制度，体现出市场经济学中供需与价格的互动规律。商品的价值决定着价格，同时受供求关系影响。商品满足人们需求的特性体现出商品的使用价值，市场价格体现商品的交易价值，市场交易能够发现商品的价值并给其定价。当商品价格降低时，消费者一般会扩大需求，导致供不应求，此时价格会上涨，价格上涨又会抑制需求，需求受抑制导致供大于求，价格会因此下降。商品的价值中包含时间价值，商品的时间价值上升，则商品的价格也会上升，而商品的时间价值下降，商品的价格也会相应下降。电力商品的时间价值主要体现在电力满足负荷需求的时间上，分时电价实际上就是利用电力商品的价格信号来影响供求关系。当电力负荷处于高峰，电力供不应求时，电价就会上涨，用户会考虑其用电成本或用电质量影响，进而削减电能需求量或将用电时间改在电价便宜的谷点，这样就会减少负荷，达到削峰填谷的效果；当电力负荷处于谷点，电力供大于求时，电价就会下降，用户会扩大电能消费而增加负荷，这样就会起到填谷的效果。峰谷分时电价是对不同的用电时段实施不同的电价，通过发挥价格杠杆作用而缓解峰期用电紧张局面，实现移峰填谷的目的。如此一来，在优化系统负荷，提高电网运行安全性的同时，减少电厂高峰备用的装机容量，节省社会资源；挖掘低谷电力市场，提高电能的社会效益。

（二）当前国内分时电价机制实践概况

当前国内分时电价主要是在销售侧，在此有必要先考察一下国内售电商的类型。销售侧的电价是由售电商遵循国家政策法律而制定的。售电商除了从电力批发市场购买电力再通过电力零售市场销售赚取售电差价外，还可能经营用户个性化套餐服务、节能服务、“互联网+”网络化服务、信息咨询服务等增值业务。当前，我国售电商大致有电网型、电厂型、用户型、独立型四种类型。不同的售电商为了体现其卖点和特色，其经营各有偏向。电网型售电商属于集输配售电为一体的售电公司，其运营模式为“输配售电一体化+供用电服务”，在其经营区内市场份额最大。在国家政策法律的框架下，其制定售电价格会对自身有利。电厂型售电商具有自己的电源，属于发售一体化售电公司，具有可以根据用电负荷来灵活调度安排、降低发电成本的优势，其售电对象以大工业用户为主。电厂型售电商的市场份额虽不算大，但因其具有较低的发电成本而压低销售电价，在售电市场具有较强竞争力。用户型售电商一般为取得售电资质的大型用电企业，如工业园区、能源服务公司、拥有自备电厂的大工业用户、供水热气等公共服务行业等。一般为自身需要购买的电量较大而顺便开展售电业务，或将自身工厂的余热、余气等方式发的电售出以防止资源浪费。用户型售电公司的售电业务一般不是其主业，所占市场份额比较小，售电价格相对灵活。独立型售电商为纯社会资本组建的售电公司，市场竞争意识比较强。该类售电公司是在售电侧放开的政策下逐步发展起来的，通过购售价差和增值服务来获取利润。它们通常可以通过灵活的运营机制和电价机制来获取一定的用户资源，该类售电商的出现促进了各售电商之间的竞争，增强了电力市场活跃度。

我国分时电价制度是以国家发展改革委出台的政策文件为指引，各省市结合本地实际情况制定适用本地的分时电价政策，各地分时电价政策既具有共性也有一定的差异性。我国销售电价结构中包括电量（度电）电价与容量电价，只有电量电价实行分时电价，而容量电价则保持不变。2021 年 7 月，国家发展改革委发布《关于进一步完善分时电价机制的通知》，对完善我国分时电价制度提供了新的政策指引。此前，一些省市已经对分时电价制度作出相应的调整。分时电价制度的内容主要包括执行对象范围、时段与时长划分、电价水平及价差比率等内容。在此，就北京、上海、江苏、浙江等部分省市 2020 年以来实施分时电价制度情况进行统计，具体情况如表 4-1 所示。

表 4－1　部分省市分时电价制度实施概况

<table>
<tr><th></th><th>北京（2020）①</th><th>上海（2020）</th><th>江苏（2021）</th><th>浙江（2021）</th></tr>
<tr><td>执行对象</td><td>非居民生活用电（包括一般工商业、大工业、农业生产三大类用户）</td><td>居民与农业生产都部分执行分时；工商业及其他都执行分时，同时又分为单一制电价和两部制电价</td><td>居民、农业生产及其他非市场交易用户不执行分时电价；大工业以及100千瓦以上普通工业用电执行分时电价；电热锅炉执行分时电价</td><td>除合表居民和非市场用户外，全部执行分时电价，居民生活用电执行峰谷两时段电价；大工业、一般工商业、农业生产等执行尖、峰、谷三时段电价，且大工业峰、谷电价又将7月、8月与其他月份分开</td></tr>
<tr><td rowspan="4">时段时长划分</td><td>高峰（10：00—15：00、18：00—21：00，8小时）</td><td rowspan="2">居民与农业生产执行分时、执行单一制电价的工商业及其他：峰（6：00—22：00，16小时），谷（22：00—06：00，8小时）</td><td rowspan="2">工业用电：峰（8：00—12：00、17：00—21：00，8小时），平（12：00—17：00、21：00—24：00，8小时），谷（0：00—8：00，8小时）</td><td rowspan="2">居民生活：高峰(8：00—22：00，12小时)，低谷（22：00—8：00，12小时）。</td></tr>
<tr><td>平段（7：00—10：00、15：00—18：00、21：00—23：00，8小时）</td></tr>
<tr><td>低谷（23：00—7：00，8小时）</td><td>两部制非夏季：峰（8：00—11：00、18：00—21：00，6小时），平（6：00—8：00、11：00—18：00、21：00—22：00，10小时），谷（22：00—6：00，8小时）</td><td rowspan="2">电热锅炉：平（8：00—24：00，16小时），谷（0：00—8：00，8小时）</td><td rowspan="2">大工业、一般工商业及其他、农业生产：尖（19：00—21：00，2小时）；峰（8：00—11：00、13：00—19：00、21：00—22：00，10小时）；谷（11：00—13：00、22：00—8：00，12小时）</td></tr>
<tr><td>夏季尖峰（7月、8月11：00—13：00和16：00—17：00），3小时</td><td>两部制夏季：峰（8：00—11：00、13：00－15：00、18：00—21：00，8小时），平（6：00—8：00、11：00—13：00、15：00—18：00、21：00－22：00，8小时），谷（22：00—6：00，8小时）</td></tr>
</table>

① 北京市分居民生活用电电价表、城区非居民销售电价表、郊区非居民销售电价表、京经济技术开发区销售电价表，除居民生活用电外，其他都执行峰谷分时电价制度，此处以城区非民销售电价表为据。

续表

<table>
<tr><th></th><th>北京（2020）</th><th>上海（2020）</th><th>江苏（2021）</th><th>浙江（2021）</th></tr>
<tr><td rowspan="3">平均电价水平（元/千瓦时）</td><td>一般工商业：尖峰 1.387，高峰：1.258，平段：0.740，谷段：0.270</td><td>居民：峰 0.757，谷 0.377；农业生产：峰 0.729，谷 0.363；单一制工商业及其他：峰 0.815，谷 0.385</td><td>大工业：峰 0.990，平 0.575，谷 0.240；100 千瓦以上普通工业：峰 1.068，平 0.639，谷 0.289</td><td>居民：峰 0.685，谷 0.421</td></tr>
<tr><td>大工业：尖峰 0.993，高峰：0.910，平段：0.608，谷段：0.316</td><td rowspan="2">两部制大工业：峰 1.042，平 0.668，谷 0.263；一般工商业及其他：峰 0.891，平 0.541，谷 0.237</td><td rowspan="2">服务居民生活的电热锅炉：平 0.543，谷 0.261；一般工商业及其他类别的电热锅炉：平 0.639，谷 0.289</td><td>大工业：尖 0.995，7 月、8 月峰 0.832，其他月峰 0.812，7 月、8 月谷 0.306，其他月谷 0.326</td></tr>
<tr><td>农业生产：尖峰—，高峰：0.912，平段：0.609，谷段：0.321</td><td>一般工商业及其他：尖 1.160，峰 0.863，谷 0.352；农业生产：尖 0.842，峰 0.798，谷 0.341</td></tr>
<tr><td rowspan="3">价差比率（同电压等级）</td><td>一般工商业：5.64</td><td>居民：3.18，农业生产 2.06，单一制工商业 2.14</td><td>大工业：4.32，100 千瓦以上普通工业：3.72</td><td>居民：1.97，大工业：3.44</td></tr>
<tr><td>大工业：3.29</td><td>大工业：4.63</td><td>服务居民生活的电热锅炉：2.08</td><td>一般工商业及其他：3.38</td></tr>
<tr><td>农业生产：2.91</td><td>两部制一般工商业 4.30</td><td>一般工商业及其他类别的电热锅炉：2.231</td><td>农业生产：2.46</td></tr>
</table>

从表 4－1 对部分省市分时电价制度实施概况统计中可知，分时电价一般针对的是市场化用户，居民生活用电、农业生产用电也有被纳入分时电价执行范围，但不像工商业等用电在峰谷时段与电价划分上那么细化。在峰谷时段划分上，有峰、谷两时段，峰、平、谷或尖、峰、谷三时段。浙江省则针对大工业用户将 7 月、8 月与其他月份的峰、谷电价分开，实际上是尖、峰、谷叠加夏季电价。在平均电价水平上，总体上是一般工商业电价 > 大工业电价 > 居民生活和农业生产电价，居民生活和农业生产电价相当，有的地方

（如上海）居民生活电价比农业生产略高，有的地方（如浙江）农业生产比居民生活电价略高。就各地平均峰电水平而言，北京的一般工商业平均电价最高，浙江次之，上海最低；上海两部制电价中的大工业用户电价最高，浙江次之，江苏最低；农业生产用电中，北京最高，浙江次之，上海最低；上海居民生活用电最高，浙江次之。就平均谷电水平而言，上海最低，江苏次之，浙江最高。就峰谷电价差比率而言，北京一般工商业用电价差比最高，上海次之，江苏最低；大工业用电，上海最高，江苏次之，北京最低；居民生活用电，上海最高，江苏次之；浙江最低；农业生产用电，北京最高，浙江次之，上海最低。从以上信息至少可以推断出以下几条结论：一是各地分时电价制度虽主体结构差不多，但具体内容呈现较大差异，体现出不同省市各有自己的特点，说明分时电价中不仅含有时间价值，还含有空间或地域价值；二是我国分时电价只在市场化用户中执行，而非市场化用户并未执行，因此，分时电价制度在需求侧响应方面所起的削峰填谷作用取决于市场化用电量占比，为了进一步发挥分时电价制度的作用，应提高市场化用电量占比；三是在未来构建全国统一电力市场的目标下，有必要缩减各地分时电价制度方面的差异性，即减少那些必需的（如峰谷时段划分上）差异性，消除那些阻碍市场流通的（如执行范围上）差异性。

二、分时电价机制对构建新型电力系统的特殊意义与应用场景预测

（一）分时电价机制对构建新型电力系统的特殊意义

当前实施的销售侧分时电价政策是在常规电力系统中较为稳定的电力生产供应的情况下，因特殊时间段的不同负荷对电力供应造成压力而通过需求侧响应来提供灵活性调节资源以满足供给不足的一种保障手段。在以火力为主的常规电力系统下，电力供应基本上能保持稳定，波动性不大，而用户负荷随机变动性较大，电能量流在电力系统中从电源到电网再到用户呈单一顺向流动，源随荷动是其基本特征。常规电力系统中，电源与电网属于纯粹的电力生产供应方，而用户负荷则属于纯粹的消费方或需求方。在平时阶段，电源发电能满足用户负荷需求，电力系统供需关系呈动态紧平衡状态。但当在特殊时段，电力负荷出现高峰时，会出现电力供不应求的失衡状态。此时，

可以通过两种方式来满足供应：一是追加投资，增加电力供应；二是需求侧改变需求习惯来减轻供应方在特殊时段的供应压力。两相对比，通过需求侧响应减轻供方压力较为经济，此即销售侧分时电价机制产生的物理与经济基础。在新型电力系统下，由于以风光等可再生能源作为主体电源，传统火力电源退居其次，此时电力系统不仅面临着用户负荷侧较大的不稳定性，同时还面临着电源供应侧较大的不稳定性。作为连接负荷侧与电源侧的电网侧因受到两方波动以及大量的电力电子装置的影响，也将面临较大的稳定输送压力。虽然通过对电源侧进行多元化和灵活性改造并引入储能侧，可以在相当程度上增加电源侧供应的稳定性，但是，以高比例可再生能源为主体的新型电力系统下电源侧供应的波动性可能会长期存在。电网侧作为连接电源侧和负荷侧的电力批发商或销售商，不仅需要需求侧进行响应，可能还需要电源侧进行响应，更需要储能侧进行响应。分时电价机制以需求响应为基础，经由市场的方式方法，通过市场发现价格，调动电力系统中源网荷储侧所有灵活性电能量资源来满足供用电的平衡，实现资源的优化配置，达到整体能源系统的稳定、绿色、安全、高效。因此，在未来电力市场化发展充分的情况下，分时电价机制将成为新型电力系统获取所需灵活性资源的重要市场工具。

（二）分时电价机制在新型电力系统中的应用场景预测

新型电力系统中电能流不再像常规电力系统中电能量流从供应侧向需求侧单一顺向流动，而是可以多元可逆向流动。在源网荷储互动的情况下，源网荷储侧都可能成为需求响应中的需方或响应方。在新型电力系统中，电源侧既有稳定的常规电源，又有不稳定的新能源电源；既有集中式的大电源，又有分布式的小电源；既有单一电源，又有多元电源；既有区域内电源，又有区域外电源；既有实体电源，又有虚拟电源；既有纯粹的生产型电源，又有生产消费混合型电源等呈多元化的特征。储能侧的出现，打破了以往源网荷三侧的物理与时空界限，在储能的加持下，源荷侧甚至可以相互转化。电能量流在电力系统中从单一顺向流动转变为多元可逆向流动，电力系统局域差异化明显，总体上源网荷储双向或多向互动为其重要特征。换言之，在新型电力系统中，因电能量流向丰富多样化，当前以需求侧响应为基础的销售侧分时电价制度可能只在电源稳定而负荷不稳定的少数类常规型区域电力系统中能满足电力供需平衡的调节需要，而对于那些电源不稳定且负荷波动较大的多数新型区域电力系统中，当前执行的销售侧分时电价机制则难以满足调节需要。为了满足未来新型电力系统中源网荷储对电力供需平衡的调节需要，需要研究分时电价制度在过网情况下和不过网情况下的多种可能适用场景。

电能流在过网情况下，随着新能源发电技术、气象预测技术、坚强智能电网技术、储能技术、电力通信技术等获得突破，在未来电力算力发展能满足需要时，销售侧分时电价与供应侧分时电价可能会联动起来。以电力调度机构和交易机构为中心，可能会出现上网分时电价、下网分时电价、过网分时电价等新的分时电价应用场景。所谓上网分时电价，是指在对电力负荷进行准确评估预测的基础之上，电网侧对于满足基础负荷之外的电源供给侧所发出的响应需求，一切可能提供电能量的发电、储能资源向电网进行上网竞价，在规定时间段内能提供稳定的电能量供应商报价从低到高依次上网出清。上网分时电价既保证了基础负荷的电价稳定，又能调动供应侧的优质电能量上网来满足峰谷需求。下网分时电价，则是输电商向售电商批发趸售的分时电价，对满足基础负荷之外的电能量向售电商收取分时下网电价，以售电商的报价从高到低优先满足。此时的下网分时电价应与销售侧分时电价相对应。电力调度机构与交易机构需要对于销售侧与供应侧的电价进行提前计算做出最优组合选择。在单向响应的情况下，比较适用上网分时电价和下网分时电价哪一个整体社会效益更优。在双向响应的情况下，计算两侧电价各占多大比例社会总体效益更优，哪一种分时电价或组合社会效益更优即执行之。对于电力供需双方直接交易的情况下，过网分时电价则可能是一种新的分时电价表现形式。如果电力供需双方直接交易，电网向供需一方或双方收取过网费。此时，如果出现网资源的供应紧张，在实行上网或下网分时电价的情况下，电网对于直接交易方也可以收取过网分时电价，否则，所收到的固定过网费难以反映当时电力输送的真实价值。

当电能流不过网的情况下，即存在隔墙售电或独立电力系统等情况时，为了调节供需平衡，分时电价可能会出现一对一、一对多、多对一或多对多的多种应用场景。一对一的分时电价，即一个电源供应方与一个用户负荷方适用分时电价的应用场景。例如，一座光伏电站对一家化工厂供电时，因光伏电站在不同时段的电力生产成本有较大差异，化工厂在不同时段使用电能生产产品的成本也有较大差异时，二者可就适用分时电价进行谈判。光伏电站在有太阳的白天生产成本较低，但是发供电取决于天气状况。如果化工厂的生产时段能与光伏电站的运行节奏保持一致，显然光伏电站的供电成本最低。但此时，兴伏电站的供电也最不稳定，化工厂的生产用电难以有保障。解决方案一般有两种：一是光伏电站配建储能，将有太阳时发的用不完的电给储存起来，在无太阳时还能持续向化工厂供电。此时，因建设储能以及充放电等成本，导致供电价格较高，但在有太阳时供电价格仍较低。二是化工厂进行适度需求响应，尽量将其生产时段与光伏电站的运行时段保持一致，获取较低的供电价格，将那些不能和光伏电站运行时段保持一致的生产时段压缩至最短，虽然此时段由储能供电采用较高的供电价格，但化工厂的总体电费仍比较实惠。这种一对一的应用场景相当于光伏电站为化工厂专门配建，未来这种供用电方式并不会普遍，毕竟一对一的商业成本较高，且难以承受一方出现经营问题的风险。更多的可能是，一对多、多对一或多对多的应用场景。在一对多的应用场景下，可能是供电方单一，用户方多元，也可能是用户方单一，而供电方多元。不管是哪一方单一或多元，双方都需进行合作，通过使用分时电价机制来调整双方的利益关系，将双方总体经济效益达至最优。多对多的情况下，使供需双方有更多的选择，竞争更为充分，分时电价也可将供用电总成本降至最低。这些分时电价是反映电力市场供需交易充分竞争的情况下动态实时电价场景，当然，供需双方同意采用中长期合约电价而不采用分时电价也可能大量存在，毕竟中长期电价相对容易计算，同时对双方也容易产生预期。

三、当前分时电价机制存在的问题及其成因

（一）峰谷时段划分不够精确

实践中，分时电价中的峰谷时段划分主要有两种方法：一种方法是根据负荷曲线变化的实际情况来划分。先对主要负荷进行分类，针对不同类型负荷的持续曲线定性给出高峰时段位置，进而确定负荷曲线上各点分别处于峰、平、谷时段的可能性，以确定各时段在一天 24 小时上的位置和长度。另一种

方法是根据不同时段的电能成本来划分，以电能成本在负荷曲线上的突变特征为依据。但是，这些峰谷时段划分都是依据经验决策，缺乏理论支撑。[①] 当前，分时电价的制定是在确定执行分时电价的用户范围后，先划定峰、谷、平等执行分时电价的时段，再确定执行每个时段的电价水平，这是一种静态的电价诱导机制。由此，分时电价机制显得有些僵硬，难以准确反映各个时段负荷变化实况，电价跟不上需求变化，价格职能难以得到体现。分时电价一经确定时段和价格之后，售电商便无权更改，不能适时调整，该机制的优势可能难以发挥出来，制约其实施效果，也使其实施面临一定的风险。实践中，对于用户来说，可能负荷峰谷实际出现与划定的时段并不同步，而峰谷电价已经执行，导致峰谷分时电价未能起到正调作用，甚至起到反调作用，或起到欠调或过调的效果。因此，要想使分时电价起到削峰填谷或移峰填谷的预期效果，精准预测负荷峰谷出现的时间是一个前提问题，而现行这种凭经验事先确定峰谷时段的方法注定具有先天性不足。

（二）对应调负荷与基础负荷未作区分

峰谷分时电价之目的在于平滑负荷曲线，理论上来说移峰填谷是较好的一种结果。因此，有必要搞清楚峰时段比平时段负荷到底高出多少，谷时段负荷比平时段负荷到底低出多少，需要在峰时段削减多少负荷，需要在谷时段增加多少负荷。峰谷分时电价应特别精准地针对这一部分需要削减或增加的负荷才更为合理。现行分时电价为了操作简便，并未对高出或低出负荷作出区分，而是对所有此时段的负荷按一个标准计算电价。这样可能会产生过调的效果，将负荷转移到谷时段，可能导致谷时段负荷明显上升而使谷时段转变为峰时段。对那些不可中断用户，这种一到峰时就对所有用电量一律计算高峰电价又显得不公平，毕竟此时段中一些基础负荷与平时段的负荷一样，属于基本用能需求，不可中断甚至不可平移，而该部分负荷也是维持用户正常发展的基本保障。因此，峰谷分时电价应对需要削减或增加的峰谷负荷与基础负荷作出区分，只针对那些高出或低于基础负荷部分的应调负荷来收取，而不是针对用户的所有负荷都统一按分时电价来收取。

---

① 参见伍也凡等：《湖南省面向大工业负荷需求侧响应研究》，载《湖南电力》2020 年第 4 期。

（三）分时电价水平按政策制定而不是按稀缺性制定

从理论来说，分时电价的水平要反映出电力生产供应量、供应成本和市场需求状况。尖峰、高峰电价要能明确地体现出电力资源的稀缺性，否则价格信号难以诱导用户改变电力消费行为模式。传统电价管理机制的成功经验形成了巨大的管理惯性和“潜意识”，在各省份推进电力市场建设过程中出现“将电改与降价画等号，把电力市场当作降电价的工具”“人为划定峰谷分时电价比例以及限定价格波动的上下限”“面对越来越复杂的各种改革问题提出还不如回到从前”等想法比比皆是。[①] 因此，历次电价改革都先定下政策基调，即“在保持销售电价总水平基本稳定的基础上”进行，改革后的电价水平不能突破这一基调，也就是说，电价改革只能在存量电价上重新做数学计算。国家发展改革委 2021 年 7 月发布的《关于进一步完善分时电价机制的通知》，仍然延续了这一基调。此次通知文件虽然限定峰谷电价价差原则上不低于4∶1 或 3∶1 的下限，但未设比例上限。实际上，上限还是有的，即要保持电价总水平基本稳定。如果峰谷电价价差比例过高打破了现行电价总水平，这个就不行了。峰谷电价价差过低可能会导致电价引导用户负荷削峰填谷和促进新能源消纳的作用不明显；峰谷电价差比例过高，可能降低谷时段火电机组（燃料成本占发电成本 50% 以上）发电出力意愿，导致谷时段电力供应不足。[②] 最终，峰谷电价的水平能在多大程度上反映出其生产、供应的真实成本并能有效引导用户削峰填谷和消纳新能源，这考验着电价制定者的数学计算能力和政策把握能力。

（四）发售联动不畅导致损益分配不公或激励不相容

全国大部分省份在售电侧实行了峰谷分时电价，部分省份在发电侧也实行了峰谷分时电价。随着电力市场的不断开放和发展，发电侧实行峰谷分时电价已成为一种必然的趋势。但是，售电侧实行分时电价而发电侧未实行分

---

① 参见蒋明亮等：《我国电力市场电价管理机制关键问题分析与建议》，载《广西电业》2022 年第 5 期。

② 参见钟悦等：《分时电价政策分析与完善建议》，载《中国电力企业管理》2022 年第 6 期。

时电价，或发电侧分时电价与售电侧分时电价没有联动，使发电侧和售电侧两端的利益存在不平衡的可能。由于要保证销售电价基本稳定，在销售电价不能随意变动的情况下，部分地区有借发电侧峰谷电价变相压低上网电价的倾向。若不采用发电侧和售电侧分时电价的联动机制，在发电侧市场化和需求侧用户博弈的双重压力之下，只考虑成本而忽略市场和用户响应特性所确定的峰谷分时电价，很容易导致用户反应不足而造成调峰无效，或者用户反应过度而导致峰谷漂移，甚至出现峰谷倒错等现象，势必导致电网企业正常运营收入的不确定性，电网企业也会面临巨大的市场风险。① 另外，在假设售电侧分时电价可以合理反映用户的需求响应规律并能最大限度地起到削峰填谷作用的前提下，用户在各时段用电负荷的改变有可能引起总用电量的下降，导致发电企业及售电收入的降低。如此，售电侧峰谷分时电价的实施虽然在长期内促进了社会能源利用效率的提升，却因为电力系统不同电价在制订方法和功能上的不匹配，而在短期内损害发电企业与售电企业的利益，出现所谓的“激励不相容”现象，降低发电企业和售电企业在现阶段的生产经营的积极性，从而导致分时电价需求侧响应的长期目标难以实现。因此，要使峰谷分时电价的作用产生良性循环，就必须实现发电侧与售电侧峰谷分时电价机制的联动，合理地分配发电、售电实施峰谷时电价过程中的利益和风险，促进分时电价机制的顺利实施。

（五）阶梯电价与分时电价机制缺少融合

阶梯电价是以保障居民生活基本用电，抑制奢侈用电，减少工商业交叉补贴为目标，对居民生活电价进行优化。但对电网而言，阶梯电价并不能有效降低负荷峰谷差，保障电网的安全运行。分时电价能有效降低电网负荷峰谷差，保障电网系统安全稳定运行，平稳负荷曲线为目标，但不能起到鼓励居民节电的作用，甚至在负荷低谷时段出现居民加大用电量，进而造成资源浪费。② 据国家能源局的统计数据，2021 年居民生活用电量为 1.17 万亿千瓦

---

① 参见胡福年等：《市场环境下峰谷分时电价建模原则研究》，载《南京理工大学学报》2007 年第 5 期。

② 参见初保驹等：《新电改背景下阶梯分时电价模型优化研究》，载《价格理论与实践》2020 年第 2 期。

时，占全社会用电总量的14%。2021年全国市场化交易电量3.8万亿千瓦时，占全社会用电总量的45.5%[①]。由此可见，居民生活用电量占市场化交易电量近1/3，如果能发挥好居民生活用电的调节潜力，对于电网削峰填谷或移峰填谷具有重要意义。现在多数地方的峰谷电价在执行范围上排除了居民生活用电，即便是在实施了分时电价的地方，如上海、浙江等地，居民生活分时电价执行范围依旧有限。这些地方的峰时段主要是指白天，谷时段主要是指晚上，而且峰谷电价差也不大。如果是工作日，居民白天在家用电本来就少，这种执行范围有限的居民生活分时电价在需求侧响应上到底能发挥多大作用不无疑问。因此，为了发挥居民生活用电的调节作用，有必要将其纳入分时电价执行范围中来，将阶梯电价与分时电价融合起来，引导居民科学用电，实现电力资源的有效配置。

（六）对低谷时段负荷转移未设阻拦可能导致峰谷倒挂

从现行各省份实施的分时电价制度内容来看，有峰谷时段划分和各对应时段的电价设置，但对于各时段用电总量并无限制。言外之意，用户只要在此时段支付此电价，那么其用电量是没有限制的。用户用电负荷在某时段没有限制正是造成该时段负荷高峰出现的原因之一，峰时高价诱导用户改变电能消费模式，除非用户放弃或减少部分用电，那么，用户转移高峰时段负荷只是暂时缓解了此时段的负荷压力。如果有足够多的负荷从峰时段转移到预设的谷时段，可能使原来的负荷高峰变为负荷低峰，而预期中的谷时段因为低电价的诱导却演变成为一个高峰时段，进而产生负荷峰谷倒挂现象，可谓“按下葫芦翘起瓢”。因此，从峰谷调节的效果上考虑，有必要对负荷转移总量设定阻拦措施防止因电价诱导过度而出现峰谷倒挂现象。

（七）对欠缺弹性的用户未加区分易招致不满

现行分时电价只是对于用户进行粗略分类，一般分为居民生活、农业生产、一般工商业、大工业等，还有的把电热锅炉也单独开列。这种用户分类

---

① 参见侯瑞宁：《国家能源局：去年全国市场化交易电量3.8万亿千瓦时》，载界面新闻2022年7月27日，https：//www.jiemian.com/article/7815440.html。

确有一定的优点，表现为同类用户在电能消费模式上具有一定的可比性或相似性，分类虽简单粗略但便于执行。但是，用户的需求响应程度或用电弹性并没有作为一种分类标准，也就是说，上述同一类型的用户无论客观上有无响应能力，只要纳入分时电价执行范围，就得无差别的执行分时电价。这种不考虑用户用电弹性的分时电价制度，易招致那些欠缺弹性用户的不满。[①] 因为他们觉得政府制定分时电价制度未能考虑他们的实际情况，他们无法转移或削减高峰时段负荷而不得不支付高额电费，如果支付高额电费又缺少传导途径时，这对他们不公平。因此，有必要在现行分类的基础上，进一步将电力消费弹性作为一种分类标准，对欠缺弹性的用户同其他用户加以区分，允许电力消费刚性用户申请排除分时电价执行范围之外。

四、完善分时电价机制之对策

以下关于分时电价机制完善对策探讨主要是以上述销售侧分时电价机制所存在的问题为基础，对发电侧分时电价机制并未涉及多少。

（一）峰谷起止时段以调度机构通知为准，动态执行

实时电价机制显然比分时电价机制更为灵敏，但是，实时电价机制在国内推行尚需时日，当前分时电价机制仍然是次优选择。实行分时电价机制的前提条件是如何精准预测峰、谷、平等负荷出现与结束的时段，当前凭经验事先划定的静态峰谷平时段很难与实际负荷变化情况相匹配。因此，在不能全面推行实时电价机制的情况下，有必要以峰、谷、平时段的动态执行来弥补当前峰、谷、平时段静态划分的不足。峰、谷、平时段动态执行，是指在现行峰、谷、平时段静态划分的基础上，不将峰、谷时段划分固定锁死，这种时段划分只是一个大致的预期时段划分，时段具体起止时间以调度机构实际通知为准。例如，多数地方将上午 8—11 时作为高峰时段并执行高峰时段电价，也就是说，现在的时段划分以小时为基数的。这个时段划分只是一个凭经验预估的高峰时段，负荷高峰能否出现或何时出现、何时结束？实际情况可能与这个事先划定的时段并不一致。负荷高峰可能出现，也可能未出现；

---

① 参见胡永红等：《考虑用户特点的分类峰谷分时电价》，载《企业导报》2010 年第 10 期。

可能提前出现，也可能延迟出现；可能提前结束，也可能延迟结束。根据现行调度机构与交易机构对于电力现货市场交易出清的时段以每 15 分钟更新一次为准，那么，可以考虑将分时电价中高峰时段开始的 8 时作为一个预期开始的时间，即实际开始时间可能提前也可能滞后，最终是否开始以及何时开始，以调度机构提前半个小时通知为准。用户根据这个预期高峰起止时段做好响应预案来应对可能到来的负荷高峰，自行调整用电计划。如果高峰出现，用户可能会启动响应计划，及时削减负荷，避免支付高昂电费；如果高峰未出现，用户可以按其预案正常用电而不必支付高峰电价，这对用户来说也比较公平。同样地，高峰时段结束时间也只是一个大致的预期时间，实际上何时结束，应以调度机构提前半小时通知为准。如果负荷峰谷未出现，就不用执行峰谷电价。这样，可以较大程度地避免现行静态划分的分时电价可能存在的缺陷：负荷峰谷没有按时出现，峰谷电价却按时出现；负荷峰谷尚未结束，峰谷电价已执行结束，诱导用户开始正常用电，导致进一步拉高或拉低负荷。如果电力调度机构能够以电力现货市场出清时长 15 分钟为尺度提前通知负荷峰谷出现与结束的时间，则分时电价会更加接近实时电价削峰填谷的效果。因此，动态执行分时电价需要将调度机构的通知及时通知到各个覆盖范围内的用户，在现代信息社会背景下，这一通知并不难实现。

（二）对应调负荷与基础负荷作出区分

执行分时电价的主要目的在于移峰填谷或削峰填谷以平滑负荷曲线，但并非鼓励用户将所有负荷都从峰时转移到谷时，只需转移凸出或下凹部分的负荷即可。那么，应该搞清楚多大的峰要移或削，多深的谷需要填。用电如同分蛋糕，负荷高峰时刻意味着分蛋糕的人多了，在蛋糕大小一定的情况下，每个人分的蛋糕就会减少。但是，以公平起见，每个人还是应该分得一些蛋糕。不妨把这部分应该分得的蛋糕份额称为基础负荷，也就是说，每个用户基于其用能权的平等性，即便是负荷高峰时刻也有一定量的负荷应该得到平等满足。基础负荷可以以实际用电负荷取其一定比例来计算，如高峰时段的基础负荷占比 80%，那么，取其实际负荷的 80% 作为基础负荷；也可以其历史用电记录，以其在一定期限内相同时段的平均负荷为参照值，按一定的比例取其基础负荷。在负荷高峰时段，电力供不应求，难以满足所有用户的全部用电需求。同样，以公平起见，除非经特别申请和批准，所有用户都应承担削减一部分负荷的义务，这部分负荷，不妨称为应调负荷。对这部分应调负荷用户如不愿削减，对其应执行差别化的分时电价，引导其削减应调负荷。因此，有必要对用户负荷作出区分，将负荷分为基础负荷与应调负荷，如图4－1所示。

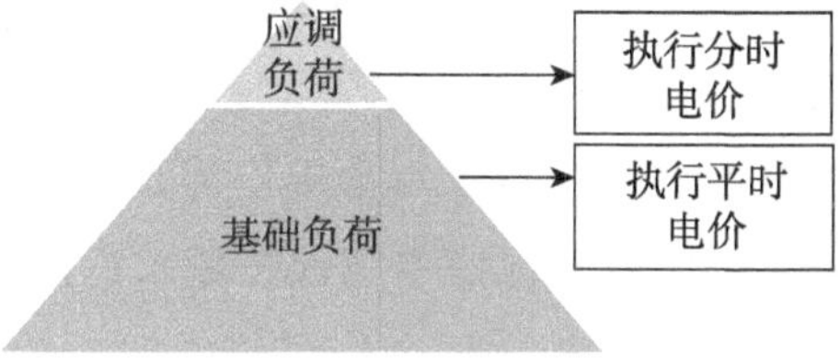

图4－1 用户负荷分类

从图4－1可以看出，在将某一用户全部负荷分为基础负荷与应调负荷后，如果全网负荷高峰未能出现，则用户不需要参与需求响应，分时电价无须执行，此时用户全部负荷仍执行平时电价。如果负荷高峰出现，则用户的基础负荷应予保障且按平时段电价收取电费，用户只需要对于应调负荷进行调节。用户可以选择是否参与需求响应，如果用户不参与需求响应，这部分应调负荷就应按高峰电价支付电费。这样，用户参与响应并非基于全部负荷，需求响应并非要求全部负荷都参与，防止出现过调现象。应当指出的是，用户的基础负荷与应调负荷并非固定比例，可以根据移峰填谷的需要在峰平谷负荷的不同时段对该比例作灵活调整。一般来说，负荷高峰时段，也是多数用户用电拥挤时段，可以将基本负荷占比提高到80%以上，应调负荷占比降到20%以下，具体比例可以根据分时电价实施后的调峰效果进行动态调整。同样，在预期的谷时段负荷低谷并未出现时，无须执行分时电价。当负荷低谷出现后，多数用户处于休息时段，为了提升调节效果，可以将基础负荷占比降到50%或更低，应调负荷占比提高到50%或更高。分时电价只针对应调负荷部分执行，而对于基础负荷部分则按平价收取。也就是说，用户在谷时段用电并非自然全部享受谷时电价，只有出现负荷低谷，且用户用电超出基础负荷时才对超出基础负荷的应调负荷部分享受谷时电价。分时电价并非鼓励用户全部转移自己的负荷，用户负荷也不用全部支付分时电价，如此一来，既能保持电价的基本稳定，又能较为精准地调节峰谷负荷。

（三）制定区间分时电价并动态执行

分时电价主要以表征供求关系的价格信号来引导用户改变消费习惯，以调节负荷峰曲线使之更加平滑，减少供电压力。现行分时电价水平能在多大程度上起到影响用户改变消费习惯的作用，值得怀疑。虽然，用户也清楚电价在负荷峰谷时段有涨有降，但是，是否参与需求响应，用户也会算一笔经济账。毕竟，改变用电习惯并非对于每个用户都是经济划算的交易。用户要计算改变用电习惯需要付出的全部成本与保持原来的用电习惯而需支付额外高电费哪个更为划算。改变用电习惯除了重新安排工作计划所产生的直接费用，也可能会产生一些间接损失，这就需要使额外的高电费足够高才能激励用户有动力启动需求响应。因此，分时电价应根据削峰填谷的实际需要来制定电价，即电价水平要能反映电力供应的稀缺性。在削峰填谷所需电力电能总量一定的情况下，需求响应实际上造就了一种辅助服务市场，分时电价水平应由市场供求关系来确定。现行主要按政策制定的分时电价，具有明显的行政色彩，难以准确反映负荷峰谷时段电力供应的短期边际成本。在将用户负荷分为基础负荷与应调负荷后，分时电价并非针对用户的全部负荷。由于基础负荷电价起着压舱石的作用，电价总水平能够保持基本稳定，而此时针对应调负荷部分的分时电价再受到人为限制，分时电价可能难以起到预期的调节效果。因此，有必要放开分时电价的上下限，毕竟应调负荷总量相对于总体负荷而言占比有限，相对较高或较低的分时电价对电价总体水平冲击有限。分时电价无须像现在这样制定一个固定的数值，而是设置一定范围的区间数值。例如，针对不同类型用户在不同电压等级下的高峰电价设置为3—30元/千瓦时的区间电价，到底峰时电价取什么数值，可以每15分钟或30分钟作为报价时段进行动态执行。同样地，谷时段电价也可以设置一个区间电价，如0.1—1.4元/千瓦时，具体执行电价根据响应需求进行动态调整。在对用户负荷进行基础负荷与应调负荷区分的情况下，应调负荷部分的峰时高价区间与谷时低价区间会对用户响应产生心理引导效果。用户会对参与响应的得失进行计算和衡量，一旦用户发现参与响应得大于失，就会选择参与响应；相反，如果用户发现不参与响应得大于失，就会选择放弃参与响应。如此，区间电价再加上较短时间尺度上的动态报价，使分时电价具有动态执行特征，可以随着不同时段电力电能调节需要及时作出调整，能够较为精准地实现削峰或移峰、填谷的调节作用。

（四）实行发售联动分时电价

现行分时电价是售电侧按照用电量的高峰和低谷时段进行时间段的划分，并根据时段的不同实行不同的电价标准。该方法对于供售电企业来说具有较强的操作性，比较符合供售电侧的利益，但如何与发电侧联动的问题并没有得到很好的解决。售电侧的削峰填谷可带动发电侧降低发电成本，而发电成本的降低又能引起上网电价和售电电价的下降，从而允许售电侧进一步削峰填谷；当发电成本下降到一定程度，发电成本较高的机组会首先受到“峰谷分时电价实施前后利润不降”这一约束条件的限制，从而终止削峰填谷。在将用户负荷分为基础负荷与应调负荷之后，基础负荷在用电高峰时段在总负荷中的高占比，能够稳定整体电价水平，这对于保障发售侧双方的利益都具有重要意义。针对应调负荷收取高电费，实际上既鼓励用户侧开展移峰或削峰需求响应，又鼓励发电侧多发电或储能参与调峰辅助服务。此时，发电侧针对应调高峰负荷所多发的电能量应比基础负荷在单位电能量上有更高的收益，这部分收益不能只有销售侧分时电价机制下由售电商所独享。因此，在调度机构发现负荷高峰可能出现后，应提前 15 分钟或 30 分钟通知发电侧或储能侧将开展调峰阶段的辅助服务市场出清，届时应调负荷部分的上网与销售电价将按调峰辅助服务需求状况进行动态调整。在竞价上网的情况下，装机容量不够充足时，发电高成本机组可能有机会参与调峰，使之能回收一定的装机成本。当然，装机容量充足时，高成本机组可能无机会参与调峰，即便有机会参与调峰，但其利润可能有所下降，如此，也能从整体上提高发电效率。在负荷处于谷时，由于基础负荷收取平段电价而并非全部负荷收取谷时电价，有利于保障发售两侧的利益。对于应调负荷收取谷时低电价，那些发电成本高的机组自然就会退出，而那些发电成本低的机组此时仍有机会继续提供电能，如此，也有利于发电效率的提高。发售两侧实行分时电价联动，既有利于保障发电商、售电商的利益，又有利于激发发电商多发电并提高发电效率，还能为电网所需辅助服务提供价格信号引导，实现电网供应稳定。

（五）实行居民阶梯分时电价

阶梯电价有利于抑制居民奢侈用电，但并不一定有助于削峰填谷，谷时低电价还可能助推居民谷时浪费用电。在很多地方，分时电价执行范围中并不包括居民生活用电。在负荷高峰季节，居民生活用电也常与工商业负荷高峰相同步，更加助长了电力供应紧张。因此，有必要将居民生活用电也纳入分时电价中来，实行特殊的阶梯分时电价。现行居民阶梯电价中，生活用电大致分为三档：一档用电为平价，二档用电价格略高，三档用电则为高价，电价呈累进增加。以浙江省居民（“一户一表”）生活用电阶梯电价为例，如表4－2所示。

表4－2　浙江省居民（“一户一表”）生活用电阶梯电价表

用电类型	电压等级		电度电价
居民生活用电	不满1千伏“一户一表”居民用户	年用电2760千瓦时及以下部分	0.5380元
		年用电2761—4800千瓦时部分	0.5880元
		年用电4801千瓦时及以上部分	0.8380元

从表4－2可以看出，浙江省居民生活用电一档用电和二档用电价格差距不大，三档电价有较大提高。为了保障居民生活用电电价水平总体平稳，同时又能起到调峰填谷的效果，对居民生活用电采用阶梯分时电价有多种方案可供选择。方案一：负荷高峰季节执行分时电价、负荷平季执行阶梯电价。一般电网负荷高峰出现在冬、夏两季，此时迫切需要用户参与调峰。因此，有必要对居民生活用电在冬季和夏季分别执行与工商业用户相当的峰谷分时电价，而在春、秋两季执行现行的阶梯电价。相应地，阶梯电价的每档对应电量应在现行数值上按一定比例予以削减。居民生活用电在冬、夏两季实行分时电价时，该居民户有历史用电数据的，可以接近一年冬季和夏季平均日用电历史数据核定其日均基础负荷；居民户无历史用电数据的，可以参照近一年冬季和夏季本地居民生活户均日用电负荷加以核定。日均基础负荷确定后，居民可以将其日均基础负荷在峰、平、谷时段按一定的比例进行分配以便于计算其该时段的基础电价，居民未加分配的，系统自动进行平均分配。基础负荷的电价按平段电价收取，各时段超出基础负荷部分的则为应调负荷，

分别收取峰谷分时电价。方案二：先执行阶梯电价，超出部分执行分时电价。为了保障居民生活用电电价水平总体平稳，开始时可以暂时将居民二档用电4800度以内部分作为基础用电负荷，这部分用电不实行分时电价。随着电价改革的推进，以后可以逐渐只将一档内的用电作为基础用电负荷。对于基础用电负荷，每户居民必须在年前半个月或一个月内将这部分用电分解到下一年的具体月份中，并在以后每月开始前一周对下一月的日负荷进行分解，作为其下一月的每日基础负荷，并据此计算其基础负荷电费。如果居民未加分解，售电公司可以把这个用电指标平均分解到12个月和365日当中，即每月400度每日13度。对基础负荷用电部分不执行分时电价，只对于超出基础负荷部分执行分时电价，如此，可以保障绝大多数家庭户用电电费不会有太大变动。居民分时电价中的时段可以只作峰谷两时段划分，便于居民分配用电负荷和计算电费。居民在上一月末对负荷进行分配时，可以将这13度电分解到峰谷时段中去，作为基础负荷用电。例如，居民用电峰时段为早8时至晚22时，谷时段为晚23时至第二天早8时。居民可以根据自己的用电情况对于自己在峰谷时段用电进行分配，如果日用电不超过13度，即使不分配对这部分用电费用的变化影响不大；如果超出13度比较多，可以计算如何分配更加节省电费。如果居民未加分配，系统自动按24小时平均分配；如果居民用户当日用电未超出自己所分配的基础负荷用电指标或平均分配的基础负荷用电指标，该居民户就不用执行分时电价；如果居民用户在峰谷时段超出其基础用电指标，则对超出部分作为应调负荷计算峰谷分时电价；对于未超出基础用电指标部分，应按阶梯电价中对应的档次来计算电费。同样地，如果居民用户超出基础用电指标，达到第三档阶梯用电量时，对于超出基础用电部分应作为应调负荷全部执行峰谷分时电价。方案三：全部先执行分时电价，年度结算时，对于基础负荷部分计算阶梯电价，多退少补。该方案先确定日均基础负荷，并按一定比例在峰谷时段进行分配。居民生活用电先执行分时电价，在年度结算时，对基础负荷部分执行阶梯电价，对于总价差额部分多退少补。这里仅列出三种方案供选择参考，还有其他方案值得探讨，但无论以上哪一种方案，居民日均基础负荷都是一个重要数据，需要妥善予以核定。

（六）对低谷时段负荷过量转移采取阻拦措施

前述关于基础负荷与应调负荷的划分，在一定程度上能起到稳定电价的效果，防止用户将全部高峰负荷转移至低谷时段，毕竟低谷时段也有一定比例的基础负荷。但是，这只是对于单个用户而言，如果有众多用户看中低谷时段基础负荷的低占比和低电价，那么，可能会有足够多用户将高峰时段应调负荷转移至低谷时段，进而出现峰谷倒挂的现象。当然，实践中这种现象出现的可能性有多大，尚不得而知。为了堵住这一可能存在的漏洞，可以采取阻拦措施阻止低谷时段负荷过量转移。当调度机构发现有足够多的用户转移负荷可能引起峰谷倒挂时，可以提前 15 分钟或 30 分钟通知交易中心采取相应的负荷转移拦截措施。一般情况下，售电商可以提高谷时段的电价，毕竟谷时段的电价是一个区间电价，可以动态进行较大上下浮动。在特殊情况下，经报批临时提高谷时段的基础负荷占比，比如，由原来的 50% 提高到 60% 或 70%，毕竟谷时段电价再高也不会高至平时段电价。当用户觉得提高电价仍有利可图时，售电商可以临时提高基础负荷占比加以阻拦。

（七）分时电价制定应考虑用户的响应程度

根据用户对电价的需求响应程度或改变其用电方式的客观难易度，将用户分为富弹性用户、一般弹性用户和欠弹性用户三类。富弹性用户，是指能比较容易地改变其用电方式，参与需求响应成本较低而收益较大，这类用户乐于参加需求响应，毕竟需求响应能给其带来较大的电费惠益；一般弹性用户，是指能够参与需求响应，但参与需求响应的私人收益不大，其参与意愿不高；欠弹性用户，是指客观上难以参与需求响应，或参加需求响应成本过高，明显得不偿失。峰谷分时电价的实施重在充分调动富弹性用户和一般弹性用户参加需求响应的积极性，引导其改变用电方式，达到平滑负荷曲线，提高系统稳定性的目的。同时注意，分时电价的实施不对欠弹性用户和一般弹性用户的电费水平带来太大影响，毕竟欠弹性用户的刚性用电方式无论是否执行分时电价都难以改变，一般弹性用户改变其用电方式的潜力也有限。因此，原则上对欠弹性用户和一般弹性用户执行分时电价不能给其带来太大电价负担，防止他们对于供电企业产生不满。[①] 在实施分时电价机制时，那些欠弹性用户经申请审核后可以考虑将其排除在分时电价执行范围之外；对于一般弹性用户，可以考虑提高其峰时基础负荷占比，将峰时占比由 80% 提高到 90% 以上，谷时占比由 50% 降到 40%，使其移峰填谷后的总电费能基本持平。

五、完善分时电价机制的立法思路

早在 1984 年，为了缓解当时福建电网、华北电网的高峰负荷压力，我国在两个经营区分别试行销售侧分时电价政策，第二年这一政策又在其他地区试点成功，随后国务院批准在全国范围内推行。在立法上，我国早在 1995 年颁布《电力法》时就确认了实行分时电价制度。因此，现在对于分时电价制度进行完善，无非是结合当前构建新型电力系统的需要通过适当的立法形式对于分时电价制度加以更新、细化。

从前述考察可以看出，我国当前的分时电价机制主要有以下几个特点：一是以满足以火电为主体的常规电力系统调峰调谷需要为主要目的；二是电力市场化并不充分，存在半行政半市场的特征；三是市场化的电力交易以中长期交易为主，现货交易为辅；四是以销售侧分时电价为主要内容，上网侧分时电价基本缺失。毋庸置疑，未来在我国全国统一电力市场基本建成以及电价主要由市场形成之后，满足新型电力系统构建所需要的分时电价机制将与当前实施的销售侧分时电价机制在种类、范围和内容上都将有天壤之别。因此，对于分时电价机制的完善，仍应以行政性政策为先导，毕竟新型电力系统构建与全国统一电力市场的形成都不是短期内一蹴而就的，需要在实践中逐步探索完成。政策工具的出台与施行具有灵活性、及时性、针对性等优势，能够精准实现"一事一议"，比较契合这种实践变化不居的特点。待时机成熟后，再通过立法对那些被证明成熟的、稳定的、有效的、体现共性规律的政策工具加以确认和固定。

可以预见，今后较长的一段时期内，我国分时电价机制仍以出台行政性政策规则为主导。国家发展改革委根据各地在推进电力市场化以及构建新型

---

① 参见胡永红等：《考虑用户特点的分类峰谷分时电价》，载《企业导报》2010 年第 10 期。

电力系统的实际需要，出台关于分时电价机制的指导性政策，各地根据本地需要再制定适用于本地的执行性或变通性政策规则。随着时间推移和实践演进，其中，有些政策规则可能过时而被废弃，有些政策规则可能需要进一步的更新和完善，有些政策规则可能需要进一步建立起来。待全国统一电力市场以及新型电力系统基本建成，分时电价机制在各地也基本稳定下来时，立法程序应适时启动。

首先，地方性立法应先行。新型电力系统的具体架构在全国各地会呈现多样化，分时电价机制在各地也具有相当大的地方特色，因此，条件成熟时有关分时电价机制的地方性立法应予先行。因涉及价格方面的立法，此类地方立法应由具有地方立法权的地方人民政府颁布的地方政府规章为主。当然，也可以由省级政府颁布政府规章，以统一本省范围内的分时电价机制。为了提高立法层级，也可以由享有地方立法权的地方人大常委会来颁布适用本地的地方性法规。

其次，全国性立法也应适时推进。一方面，各地实施的分时电价制度虽能切合本地需要，也会出现与其他地方实施的分时电价制度发生冲突，这种冲突需要更高层级主体出台统一性或协调性规则来加以解决。另一方面，在全国统一电力市场建成的情况下，各地实施的本地分时电价制度或形成制度性地方保护，或形成政策洼地产生不公平竞争，与全国电力市场的统一开放和自由公平竞争原则相背离。因此，有必要建立全国性的分时电价制度，着重解决跨区域、共同性、整体性的统一规则或协调规则的供给问题，同时授权地方立法机构根据需要在不与全国性立法相冲突的情况下开展地方性立法。那么，此种情况下，根据《电力法》第41条之规定，这种全国性的立法应由国务院来完成。当然，国务院所出台的分时电价行政法规，也主要由国家发展改革委来主导完成。

六、结论与展望

分时电价机制是一种通过市场发现电能量的时间价值，进而通过价格信号引导供求关系以配置资源的有效手段。当前实施的销售侧分时电价机制主要用来移峰填谷，具有削减投资、保障电力系统稳定运行、增加整体经济效益的红利。虽然如此，当前的分时电价机制受制于电力市场化程度，存在峰谷时段划分粗糙、应调负荷与基础负荷不分、分时区间不能动态执行、发售缺少联动、居民阶梯电价未能分时、低谷时段负荷转移缺少限制、忽视用户响应程度等问题，仍需进一步做出针对性的完善。在未来全国统一电力市场形成之后，以新能源为主体的新型电力系统对于灵活性资源的巨量需求将使分时电价机制的价值更为凸显。由于新型电力系统在电能量流向与当前常规电力系统存在巨大差异，再加上储能侧的出现，使源网荷储之间的界线得以打破。可以预见，以新型电力系统为物理基础，在电力充分市场化的情况下，彼时之分时电价机制将与当前之差异非常明显，分时电价机制的应用场景与具体内容也会发生显著变化。因此，对于分时电价机制的完善应紧密结合新型电力系统构建的需要以及电力市场化进程在实践中逐步探索实现，而及时出台行政性政策将成为首选。由于新型电力系统架构样态具有区域多样化的特点，地方性立法在条件成熟时应适时启动，而全国性立法在条件成熟时也应由国务院适时启动。

第五章　碳—能—电协同融合市场体系构建研究

2010 年 9 月，在国务院发布的《关于加快培育和发展战略性新兴产业的决定》中，我国首提碳市场建设。在 2011 年 3 月公布的《国民经济和社会发展第十二个五年规划纲要》中，明确提出逐步建立碳排放交易市场。随后，北京、上海、天津、重庆、湖北、广东、深圳、福建等地相继开展了碳排放权试点交易。2021 年 7 月，全国碳市场以电力行业为基础正式启动。2015 年 9 月，中共中央、国务院印发《生态文明体制改革总体方案》，首提推行用能权交易制度，其中提到建立用能权交易系统、测量与核准体系。2016 年 7 月，国家发展改革委印发《用能权有偿使用和交易制度试点方案》明确了在浙江省、福建省、河南省、四川省开展用能权有偿使用和交易制度试点工作。用能权有偿使用和交易制度（用能权市场）是充分发挥市场配置资源的决定性作用，激发市场主体活力，推动能源要素向优质项目、企业、产业流动和集聚的市场机制。2021 年 9 月，国家发展改革委印发《完善能源消费强度和总量双控制度方案》，提出完善政策措施，发挥市场配置能源资源的决定性作用，推动用能权有偿使用和交易。2021 年年底，国务院印发《“十四五”节能减排综合工作方案》，提出深化用能权有偿使用和交易试点，加强用能权交易与碳排放权交易的统筹衔接的政策导向。2022 年 1 月，国家发展改革委、国家能源局印发《关于加快建设全国统一电力市场体系的指导意见》，要求做好绿色电力交易与绿证交易、碳排放权交易的有效衔接。2022 年 3 月，中共中央、国务院印发《关于加快建设全国统一大市场的意见》，提出推进排污权、用能权市场化交易的任务。因此，碳—能—电市场融合协调发展已成为我国“十四五”时期进一步推进能源环境领域市场化改革之重要任务。2021

年年底，国网浙江省电力有限公司提出“贯通‘电力—能源—碳排放’链条，全面推进能源电力绿色低碳发展”的思路，并将“拓展碳—能—电协同市场体系”纳入公司的重点工作任务之中。因此，研究碳—能—电协同融合市场体系建设对于浙江省构建以新能源为主体的新型电力系统省级示范区，率先实现“双碳”战略目标具有现实意义。本章通过对比分析碳市场、用能权市场、电力市场的基本原理，理论联系实践考察我国碳—电市场、碳—能市场、电—能市场协同融合中存在的突出问题，并针对这些问题提出构建碳—能—电协同融合市场体系的具体框架建议，并对政府和企业提出因应策略。

一、碳市场、用能权市场与电力市场之基本原理

（一）碳市场之基本原理

1. 碳市场是人为创建的以控制二氧化碳排放为目标的市场

人类直接或间接向地球大气环境中排放温室气体被认为是导致当前气候变化的主要原因。大气环境因具有全球“公地”的属性，世界各国经济主体（主要是指企业）向大气环境排放温室气体的行为具有经济学上的负外部性问题，进而导致“公地悲剧”。当前，国际社会应对气候变化的政策工具大致包括价格型和非价格型（或规制干预型）两类机制，其中，价格型机制主要是指碳市场和碳税。碳市场是在对碳排放进行确权的前提下，强调各类经济主体均对气候变化负有责任，同时都追求经济上最优，因此建立一种以行为或责任导向为主，设计一种让责任主体具有内生减排激励的市场交易机制。而碳税则是通过对燃煤、石油、天然气等化石燃料产品，按其碳含量的比例征税来实现减少化石燃料消耗和二氧化碳排放的一种税收机制。碳市场遵循科斯的产权交易理念。① 碳市场主要分为基于项目的碳市场②和基于配额的碳市场，本章所讨论的主要是指基于配额的碳市场。基于配额的碳市场的核心思

---

① 参见冯永晟、周亚敏：《“双碳”目标下的碳市场与电力市场建设》，载《财经智库》2021 年第 4 期。

② 基于项目的碳市场，一般指《京都议定书》中制定的“清洁发展机制”（Clean Development Mechanism，CDM）和“联合履行机制”（Joint Implementation，JI）。其运作基础是发达国家可通过提供资金和技术的方式，与其他国家开展项目合作，项目所产生的减排量可用以履行投资国家的减排义务。其中 CDM 是发达国家和发展中国家的合作机制，JI 是发达国家之间的合作机制。

想是建立一个碳排放总量控制下的交易市场，政府通过引入总量控制与交易机制（Cap and Trade），使控排企业受到碳排放限额约束。换言之，碳市场就是在一定的期限内国家碳排放总量确定的情况下，各经济主体基于一定的规则被政府管理部门授予一定数量碳的排放权，据此开展经济活动并向大气环境中排放碳。当其碳排放指标有富余或不足时，各经济主体可以在国家指定的交易机构进行买卖碳排放指标的市场机制。因此，碳市场大致有三部曲：碳排放总量控制、碳排放权（配额）分配及碳排放权交易。为了达到控制某时间段内二氧化碳等温室气体排放的目的，政府可以根据社会经济的承受限度，逐渐减少温室气体的允许排放总量。在这一点上，政府对于温室气体排放的控制比采用征收碳税的手段更具有确定性。从企业的视角来看，企业在以免费或付费的方式获得碳排放配额后，在一定的期限内其经济活动向大气环境中排放受控温室气体的数量，如果超过该配额，需要到碳市场上购买其所需的配额或进行碳抵消。我国政府还允许引入抵消机制，企业可购买国家核证自愿碳减排量（CCER）以冲抵相应的配额。为了保障碳市场运行中碳排放数据的准确性和可靠性，政府管理部门同时需要构建一套完整的监测、报告和核查体系（MRV）。在履约期结束后，企业的实际碳排放量不能超过其持有的排放配额，否则超指标或无指标排放受控温室气体将会受到政府管理部门的处罚。如此，企业的碳排放行为就产生了成本。当然，企业也有动力减少碳排放，因为富余的碳排放指标可以拿到市场上销售获利。在碳市场上销售的单位碳排放配额的价格，即为碳价。碳价是一个动态的数据，毕竟真正的市场是实时动态运行的。由此可见，所谓碳市场，就是一种环境经济政策工具，是通过市场化的方式解决环境问题，即通过发挥市场在资源配置中的决定性作用，在交易过程形成合理碳价并向企业传导，促使其淘汰落后产能或加大研发投资。碳市场就如同一定时期内蛋糕大小（碳排放量）一定的情况下（且逐年变小）在特定群体间（参与行业、企业）分蛋糕（排放指标），以市场的方式提高分蛋糕效率的情形。碳市场的实践也为碳税政策的设计提供参考，覆盖难以被碳市场纳入的行业和小微企业，避免产生碳泄漏问题。[①]

① 参见张希良等：《中国特色全国碳市场设计理论与实践》，载《管理世界》2021 年第 8 期。

2. 碳市场的基本框架

发展碳市场要特别关注其中的核心要素，根据其核心要素构建的基本框架如图5－1所示。

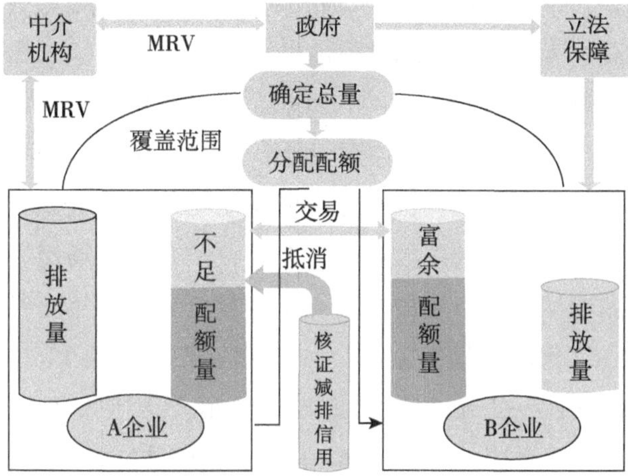

图5－1　碳市场基本框架

从图5－1可以看出，碳市场由以下四大核心要素组成：供需关系；监测、报告和核查体系（MRV体系）；碳市场交易机制；企业履约监督机制。

一是供需关系，包括配额总量、覆盖范围、配额获得等方面。（1）配额总量，即一定时期内的碳排放总量。发展碳市场的目的是控制温室气体的排放量，每个国家碳排放总量与该国在国际气候谈判或条约中所承诺的减排量相对应。政府在履行国际碳排放减排义务时，通常根据其碳减排目标设定在一定期限内全国碳排放总量指标，以此确保碳排放权的“稀缺性”，这是碳市场建构的前提基础。碳排放总量决定了碳市场上配额的供给，进而影响配额的价格。市场遵循“物以稀为贵”的原理，一般情况下，配额总量越多则碳价越低，总量越少则碳价越高。配额总量设定的方法通常有两种：分别是“自上而下法”和“自下而上法”。“自上而下法”的优势是可以根据国家减排目标调节碳市场体系的松紧度，“自下而上法”的优势是考虑了企业的具体情况，但需要有高质量的分行业数据做支撑。作为世界上最大的发展中国家，我国现阶段只有国家自主减排承诺，并未承担强制性的碳减排义务。中央政府在确定一定期限内的碳排放总量指标后，在各个省级行政区域间进行分解，再由各省级政府逐层分解，并与企业历史排放数据相结合将碳排放指标以某种方式配置给各排放企业。因此，我国当前遵循“循序渐进、适度从紧”的原则，将以上两种方法结合起来设定碳排放总量，既考虑了满足温室气体减排目标的需要，又考虑了我国企业的承受能力。当然，随着国家低碳战略和减排目标的调整，未来碳排放总量指标也会随之调整。（2）覆盖范围。碳市场的覆盖范围通常有三个指标：纳入行业、纳入气体和纳入标准。纳入碳市场交易的行业越多、受控温室气体类型越多、排放的受控温室气体数量越小，其覆盖范围也就越宽。覆盖范围越宽表明参与主体和排放源越多，碳市场的减排潜力越大，减排成本的差异性也越明显，整个碳市场交易体系的减排成本也就越低。我国纳入碳市场的是重点碳排放企业，即年度温室气体排放量达到2.6万吨二氧化碳当量的企业。生态环境部2022年12月发布的《全国碳排放权交易市场第一个履约周期报告》显示全国碳市场第一个履约周期(2019—2020年度)，发电行业的2162家重点排放单位成为全国碳市场的控排主体，年度覆盖二氧化碳排放量约为45亿吨。碳市场的覆盖范围并非越宽越好，因为覆盖范围越宽，对排放的监测、报告和核查的要求也越高，管理成本也越高，同时碳市场的监管难度也会越大。（3）排放配额的获得。企业获得排放配额的方式决定了其参与碳市场交易的成本。企业获得排放配额有免费和有偿两种方式。政府免费向企业发放排放配额的方法，常见的有历史排放量法、历史排放强度法和能效基准线法。历史排放量法是根据企业自身历史排放情况发放配额；历史排放强度法则要求企业年度碳排放强度比自己的历史碳排放强度有所降低；能效基准线法是以行业的能效基准线来确定企业配额分配，通常能效越高的企业可以获得越多的免费配额。对政府来说，不管企业以哪一种方式免费获得排放配额，如何掌握企业获取所依据的真实数据至为关键。企业有偿获得碳排放配额，是指通过购买而获得配额，包括竞拍或交易谈判等方式。碳市场交易更适用于有偿获得配额的方式，但在碳市场运行初期会面临企业较大的阻力。因此，碳市场运行初期参与企业一般会被允许以免费方式获得配额，随着市场日趋成熟有偿获取配额的比例也会增加。我国碳排放权的初始分配大致分为两步走：第一步是由中央政府在综合考虑各地经济发展、历史碳排放量、未来预测排放量和各部门排放标准等因素后将二氧化碳排放额分配到各省级地方政府；第二步是地方政府根据各地实际，初期以免费分配为主、拍卖方式为辅的混合分配方式，中长期增加拍卖分配的比例，长期发展下以实施完全拍卖分配的方式分配给各企业。①

二是MRV体系。监测，是指采取一系列技术和管理措施，测量、获取、分析、记录能源、物料等数据，是准确计算企业碳排放的基础；报告，是指企业将碳排放相关监测数据进行处理、整合、分析，并按照统一的报告格式向主管部门提交碳排放结果；核查，是指第三方独立机构通过文件审核和现场走访等方式对企业的碳排放信息报告进行核实，出具核查报告，确保数据相对真实可靠。可监测、可报告、可核查是国际社会对温室气体排放和减排监测的基本要求。MRV体系也是碳核算体系，是发展碳市场的基石，体现了发展碳市场中控排企业、政府和第三方中介主体之间的协同关系，也表明通过碳市场的方法控制碳排放存在明显的信用风险。不同于有形物料的消耗，众多企业向大气环境中排放二氧化碳等温室气体，不容易被精准测量出来，MRV体系就是用来保障碳排放能被精准测量的一套程序性制度。

三是碳市场交易机制。碳市场交易机制涵盖交易主体、交易对象和交易方式等内容。碳市场的交易主体包括控排企业和投资者。控排企业因为存在碳排放配额的富余或不足，为了履约或变现具有买卖碳排放配额的动机，是碳市场的基本交易主体。投资者，包括机构和个人，以营利为目的，在创造市场流动性方面则发挥着重要作用。与传统证券等金融市场相比，碳市场准入门槛较高，且流动性偏低、风险较高，因此参与碳市场的个人较少。交易对象即碳交易产品，可以分为现货和衍生品。现货交易，即传统的商品交易模式，此处“货”指碳配额/碳排放权。配额有有效期限制，超过有效期的商品就会被下架，从而失去价值。衍生品是从现货派生而来，包括期货、期权等，其价值由现货的价格和交割日期决定。交易方式分为场内交易（包括公开交易、挂牌交易）和场外交易（包括协议转让、大宗交易）两种类型。前者，是指交易双方通过交易所的交易系统进行买卖申报、完成交易和结算的交易方式，后者是指交易双方自行协商就交易达成一致后向交易所进行申报并完成交易、结算的交易方式。

---

① 参见秦昌才：《碳排放：理论、价格与机制设计》，经济科学出版社2013年版，第130－131页。

四是企业履约监督机制。针对政府而言，控排企业有两方面履约义务：其一是企业需按时提交合乎要求的监测计划和排放报告；其二是企业需按时清缴年度碳配额。政府及其授权的第三方中介机构对企业的履约情况进行监督核查，并做出最后履约结论。由此可知，政府对企业的履约情况进行监督需要有完善的法律规范提供支撑。在企业清缴碳配额时，有的政府允许通过碳抵消来进行清缴，即控排企业可以通过购买项目级的核证减排信用（如CCER）来抵扣其排放量，以令该企业排入大气环境中的碳量与配额相符。

（二）用能权市场的基本原理

2015年，党的十八届五中全会提出实行能源消耗总量和强度“双控”行动。推行能源“双控”行动，旨在解决资源约束趋紧、环境污染严重的问题，节约能源资源，从源头上减少污染物和温室气体排放，倒逼经济发展方式转变，提高我国经济发展绿色水平。用能权市场就是为了落实国家能源“双控”政策，在充分借鉴碳排放权交易市场的基础上，推进绿色发展的一项制度创新，旨在推进资源要素的市场化改革，充分发挥市场在资源配置中的决定性作用。[①] 用能权市场就是在一定的期限内国家用能总量确定的情况下，各用能主体基于一定的规则被政府管理部门授予一定数量用能权（用能配额指标），各用能主体据此开展用能活动，当用能主体用能指标有富余或不足时，可以在国家指定的交易机构进行买卖该指标的市场机制。用能权交易流程大体上可分为确权、交易和清缴三个步骤，具体可分为：用能企业提交用能权监测计划；主管部门给企业预发放用能权；用能权交易；企业提交用能情况报告；第三方机构对企业的用能情况进行核查；主管部门根据核查结果发放最终用能权；用能权清缴。用能权市场与碳市场基本上遵循同样的原理，也是一个典型的政府创设的市场。就交易阶段而言，用能权市场与碳市场一样，分为初始分配的一级市场和市场交易的二级市场。一级市场层面本质上是代表社会公共利益的政府与用能主体进行交易，将具有公共财产属性的能源消费指标转化为作为私人财产属性的用能权，保证分配公平是这一阶段的主要任务；二级市场层面则主要是用能主体之间根据成本收益原则对用能权进行交易，

---

① 参见孙维：《用能权交易的几点思考》，载《浙江经济》2018年第14期。

主要任务在于通过降低交易成本，不断提高交易效率。从两者的关系来看，一级市场为“存量交易”；而二级市场以“增量交易”为主。一级市场对用能权的初始分配是否公平合理直接关系到二级市场上交易主体的交易活力。[①] 由此可见，用能权市场的创建就是为了提高能源利用效率，减少能源消耗总量，进而减少污染物和温室气体的排放，达到节约能源资源、保护环境和减缓气候变化的多重目的。用能权交易就是通过市场化手段实现用能权的高效配置，优胜劣汰，更快更好地实现“双控”目标。

（三）用能权市场与碳市场之间的关系

用能权市场与碳市场在理论上具有高度的相似性，二者的融合协同显然需要以双方之间的异同点为基础。

用能权市场与碳市场具有不少相同点。首先，二者创建目的具有交叉点。用能权市场的创建是为了提高能源使用效率，节约能源资源，保护环境，碳市场是为了减排温室气体，保护环境。因此，就减少排放，保护环境而言，二者创建目的相交叉，具有共同性。其次，二者都是人为创设的市场。用能权是人为控制用能总量，而碳排放权是人为控制碳排放总量，分别创设用能指标和碳排放指标的“稀缺性”，允许进行市场交易以调剂指标余缺，提高资源配置效率，都遵循着科斯关于产权交易的经济学原理。二者在指标设计、监测体系、交易机制、履约机制等方面具有趋同性，二者的基本框架大致相当。再次，二者覆盖范围大致相当，二者都重点指向化石能源利用企业。当前，化石能源占我国总体能源利用量的八成以上，化石能源利用企业是用能权市场的主体企业，而化石能源利用所排放二氧化碳占我国整个碳排放的八成，化石能源利用企业显然也是碳市场中的重点覆盖对象。最后，碳排放权市场与用能权市场具有相通性。二者规制的重点对象都是化石能源利用行为，燃烧不同的化石能源产生的能量可以换算成标准煤，而标准煤的燃烧利用所产生的碳排放也能在技术上给测量出来。因此，将用能权换算成碳排放权在一定的条件下也是可能的，二者相互换算用于履约也是可能的。

用能权市场与碳市场差异也比较明显。

---

① 参见王清军：《我国排污权初始分配的问题与对策》，载《法学评论》2012 年第 1 期。

首先，二者创建的目的不同。建立用能权制度主要目的是规制企业用能行为，结合能源总量控制促进节能减排。对于企业来说，用能权制度直接管企业能源消费，相对于碳排放控制而言属于前端管理，且一般不对能源品种区别对待。碳排放权制度则直接规制企业的碳排放行为，属于末端管理，对能源消费的规制作用既涉及能源消费量又涉及能源结构。① 就控制企业用能与碳排放行为而言，碳排放权制度直接指向企业的碳排放行为，间接指向企业的用能行为，而用能权制度直接指向企业的用能行为，间接指向企业的排放行为（包括碳排放行为）。用能权制度着眼于节能，属于能效经济制度；而碳排放权制度着眼于气候治理，属于低碳经济制度。目前，主要减少碳排放的方式可见表 5－1。

表 5－1　碳减排方式及单位 GDP 能耗变化表

碳减排方式	单位 GDP 能耗变化
节能	降低
新能源替代	不变
低碳能源替代	不变
碳捕集利用	升高
工业制程	升高

由表 5－1 可知，在保持当前以化石能源为主体的能源结构不变的情况下，企业节能，除了能耗降低也意味着碳减排；在能耗不变的情况下，企业采用无碳或低碳能源替代，也可降低碳排放；企业开展碳捕集利用或通过工业制程（化学反应）减排，单位能耗的碳排放量可能降低至零，但是企业生产的总能耗可能增加。以上五种减排方式中，通过节能或改变能源结构实现碳减排的比例可达八成。因此，就现有能源结构而言节能就相当于减碳。基于此，就规制碳排放而言，用能权市场从属于碳市场。

其次，碳市场下的碳核算与用能权市场下的节能量核算关注点不同。碳市场下，企业的碳排放核算关注的是企业的实际碳排放量，而不重点关注企

① 参见裴庆冰：《我国用能权交易与其他资源环境权益交易制度比较研究》，载《工业经济论坛》2017 年第 2 期。

业降低碳排放的方式。在用能权市场下，对企业节能量的核算仅局限于“因用能系统的能源利用效率提高而形成的年能源节约量，不包括扩大生产能力、调整产品结构等途径产生的节能效果”。因此，两者的核算范围不尽一致。最后，二者除了存在以上不同之外，还存在有无抵消机制、监管机构主体等方面的不同。

（四）电力市场之基本原理

市场包括市场主体、交易对象、交易类型、价格形成机制等方面，电力市场也不例外。由于电能不可储存，电力生产与消费必须实现动态平衡，电网作为连接电源与负荷之间的桥梁，成为实现这个平衡的关键环节。电网的运行是通过调度机构实时调节发电与用电的动态平衡；市场的运行通过交易机构协调售电与购电在交易时段的平衡，且购售电平衡以电网的稳定为前提。以电力电量实现平衡为基础的电力市场基本框架如图 5－2 所示。

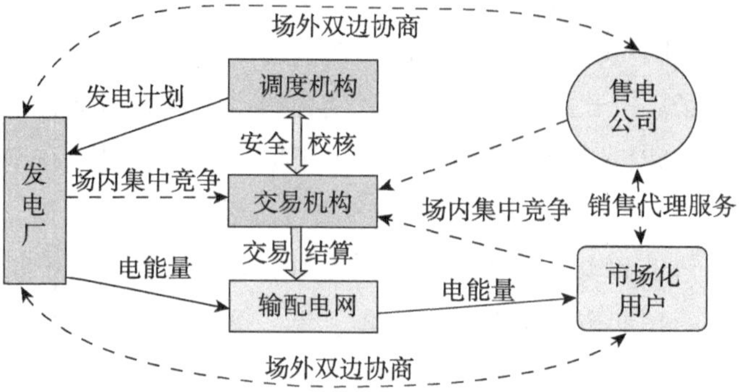

图 5－2　电力市场基本框架

由图 5－2 可知，电能量从电厂到用户的基本路径是，市场化电力用户通过交易机构与发电厂进行场内集中竞价购售电量，交易机构将交易成功的用电计划交于调度机构进行安全校核，调度机构在安全校核后对发电厂发出发电计划，而交易机构跟输电网进行交易结算，发电厂发的电能量接上电网，然后经输配电网输配送给用户。

根据不同的标准，电力市场可作不同的划分，其中所指也有所差异。传统上，电力系统由电源和电网组成，用户被视为独立于电力系统之外。由此，就电能量的去向而言，电力市场可以分为内部市场和外部市场。所谓内部市场，就是电能量在电力系统内部移动的交易；外部市场就是电能量从电力系统流向外部用户的交易。厂网分开后，从源网荷的角度来看，内部市场对应源网之间的电能量交易，即发电厂发的电要接上电网而存在于电厂与电网之间的购售电交易；外部市场对应着网荷或源荷之间的电能量交易，主要是网荷之间的购售电交易。虽然存在内部市场与外部市场，电力市场其实仍然是一个市场，电网向电厂购电并非自己使用，而是最终输配给用户使用，因此内部市场也可以称为批发市场。之所以存在内外两个市场，是因为就电价而言，存在内部市场的上网电价和外部市场的下网或零售电价。当然，当用户与电厂在场外达成直接购售电协议，然后支付过网费后由电网输配送至用户，此时对用户来说就只有一种电价了。

根据电能量产品达成交易合约后交割的时间长短，电力市场可以分为现货市场和中长期市场。现货市场是指一手交钱，一手交货的市场，或者说成交后即时或在较短的时间内进行交割的市场，交易的目的主要是实现产品的转移、交割。时间尺度为小时或实时、在日前及日以内进行的交易，一般认为属于现货市场。中长期市场，也称远期合约市场，是指交易双方约定在未来的某一确定时间，以确定的价格买卖一定数量的电能量，在未来某一日期交割结算的市场。2015 年 11 月，国家发展改革委、国家能源局印发的《关于推进电力市场建设的实施意见》指出：我国电力市场主要由中长期市场和现货市场构成。中长期市场主要开展多年、年、季、月、周等日以上电能量交易和可中断负荷、调压等辅助服务交易。现货市场主要开展日前、日内、实时电能量交易和备用、调频等辅助服务交易。条件成熟时，探索开展容量市场、电力期货和衍生品等交易。实际上，我国当前采用市场定价的电力交易既有一定比例的现货市场，更多的还是中长期市场。我国电力市场的建设目标是建立以中长期交易为主、现货交易为补充的市场化电力电量平衡机制；建立以中长期交易规避风险，以现货市场发现价格，交易品种齐全、功能完善的电力市场。

根据交易对象或交易产品的不同，电力市场分为能量市场、容量市场、辅助服务市场和输电权市场。图 5－2 中的电力市场基本框架图是指能量市场的基本架构。容量市场是指为了鼓励发电厂扩大机组建设，使电力系统在面对高峰负荷时有足够多的发电容量，通过市场的方法使可靠发电机组能够获得补偿其发电容量建设成本与收益的一种经济激励机制。容量市场主要是用来解决供给不足的问题，因此，2015 年 11 月印发的《关于推进电力市场建设的实施意见》提出："长期发电容量存在短缺风险的地区，可探索建设容量市场。"从供给侧的角度来说，容量市场主要为补偿发电企业的容量建设成本与收益，而从需求侧响应的角度来说，容量市场也可以补偿负荷商的响应成本与收益。当前，我国容量电价仍然采用的是政府定价，尚待进入市场化。为了保障电力系统的安全稳定运行，除正常电能生产、输送、使用外，系统还需要参与者提供一次调频、自动发电控制、调峰、无功调节、备用等方面的服务，即辅助服务。这些辅助服务需要成本，为了鼓励电力系统参与者提供稳定的辅助服务而通过市场的方法对这些辅助服务成本予以补偿。2021 年 12 月，国家能源局发布《电力辅助服务管理办法》，全方位深化了辅助服务机制。我国当前正在建设的以新能源为主体的新型电力系统对辅助服务的需求更大，而辅助服务市场化建设仍处于探索阶段。电网输电是有容量限制的，否则，可能会发生阻塞。因此，为规避电网阻塞带来的价格风险就出现了输电权市场。输电权，即市场参与者所拥有的跨区域输电容量权利。在输电权市场中，电网运营商通过拍卖或竞价的方式向有需要的市场参与者提供一定的输电权。只有获取了一定的输电权的市场参与者，才能在跨区域电能交易中跨区域输送一定量的电能。因此，输电权在国外被设计为一种重要的电能交易产品，尤其是在日前和日内交易市场中。当前，我国的输电权市场尚未建立起来。

电能量作为一种常见的二次能源，电力市场属于用能权市场的实物产品市场。用能权市场交割的对象是用能指标并非具体的能源品种，用能指标再关联到具体的能源品种，用电指标交易针对的就是电能量。

二、碳—能—电市场协同融合之必要性与可行性

（一）碳—能—电市场协同融合之必要性

1. 碳—能—电市场融合可以提高市场整体运行效率。碳—能—电市场协同融合是指碳、能、电双方或三方市场本着共同的目标发展成为相互贯通协

调互补的市场。市场经济的第一目标就是效率，即通过市场配置资源来降低通过行政手段配置资源的成本。除此之外，发展碳、能、电市场还有一个共同目标——绿色发展。碳市场为了减排温室气体，即绿色发展；能用权市场是为了节能增效，作为低碳路径的一种，节能增效也是一种绿色发展目标；而电力市场，特别是构建以新能源为主体的新型电力系统为目标的电力市场建设，本身也以绿色发展为目标。鉴于碳、能、电三类市场具有共同的目标，三类市场有必要进行协调融合发展以提高整体运行效率。首先，在碳电市场协同融合上，作为碳市场主体部分的我国二级碳市场基本上已经实现了市场化，而电力市场却仍处在计划与市场并存在的阶段，二者发展不同步，二者未能协调融合发展导致电价与碳价之间难以相互传导。其次，在电力市场与用能权市场协同融合上，用能权市场发展较晚且以节能为导向未考虑能源结构调整，用能总量控制在一定程度上会限制绿色电力市场的发展。最后，在碳市场与用能权市场协同融合上，因碳核算与节能量核算遵循不尽相同的规则，二者在履约机制上未能实现相互贯通，会给同时纳入两个市场的主体增添不必要的履约成本。同时被纳入碳市场和用能权市场下的重点排放企业需要根据要求的范围和技术规范等报告其碳排放和年度能源利用状况，由第三方机构或主管部门对报告状况进行审查，但两个报告体系的口径以及核查的要求均不一致，因而导致了同一个企业在两个体系下所报送的数据存在较大差异。①

2. 碳—能—电市场协同融合对于可再生能源发展具有激励作用。在碳排放总量控制下，现行碳市场对于火电机组的减排空间有限。随着零碳或低碳的可再生能源发电技术的成熟与运用，在碳市场与电力市场协调融合发展的情况下，碳价经电价传导后，碳市场会压低电力市场中火电机组的出力占比，如此会激励可再生能源电力的发展。用能权市场注重节能减排，碳市场鼓励发展绿色能源，在碳市场与用能权市场协调融合发展的情况下，将绿色能源消费排除在用能总量控制之外，将有利于绿色可再生能源的发展。同样，在用能权市场与电力市场协同融合发展的情况下，将绿色电力消费排除在用能

---

① 参见段茂盛：《全国碳排放权交易体系与节能和可再生能源政策的协调》，载《环境经济研究》2018 年第 2 期。

总量控制之外，也会激励绿色可再生能源的发展与发电结构调整。①

3. 碳—能—电市场融合协同可以取得多元效益。既然碳—能—电市场具有共同的发展目标和共同的市场主体，是否三者可以并入一个市场呢？显然，客观上难以做到。因为电力市场主要是关于二次能源——电能交易的市场，现在还无法做到全面的电能替代，有不少其他行业仍在使用一次能源。所以，当前用能权市场无法和电力市场合二为一。同理，碳市场和电力市场也难以合二为一，碳市场除了针对火力发电企业，还有其他行业中使用一次能源的企业，在未能全面实现电能替代的情况下，碳市场难以和电力市场合二为一。碳市场的目标是减碳，用能权市场的目标是节能减排，二者在减排目标上虽然有交叉，但是，用能权市场中的节能目标是第一位的，这一目标很难在碳市场中全面实现，碳市场也无法和用能权市场合二为一。因此，除非实现了全面的电能替代，在各自追求不同目标的情况下，碳—能—电三大市场仍有各自存在的必要。同时，三者覆盖主体范围并不完全一致，功能定位不完全一致但又存在交叉，因此，若不能统筹兼顾，一家企业同时被纳入两个交易系统，可能造成重复管理或双重奖惩。"碳—能—电"市场协同融合发展的本质在于，将促进减少碳排放、提高能效与清洁能源发电三个关键目标统筹规划、统一设计，通过市场协同融合发展机制确保三个目标同步达成。"碳—能—电"市场融合协同发展不仅能够实现碳减排、提高能效、促进能源清洁转型的核心效益，还可通过有效引导清洁发电投资、节能减排技术研发以及市场联合协同，创造经济、社会、环境等多元效益。"碳—电"市场融合协同发展机制在发达国家已有所体现。以美国加利福尼亚州碳市场和电力市场为例，其发电企业碳配额需要从碳市场购买，并通过电力市场传递至电价，如发电企业采取减排措施，则可以显著提高其在电力市场中的竞争力。输配电企业本身没有碳排放，可以将其获得的免费配额全部出售，其收入将在售电时作为补贴返还用户。此举既让加利福尼亚州的发电企业将参与碳市场的额外成本进行了传递，又没有给电力用户带来额外负担。② 用能权市场是我国所

---

① 参见郑守忠：《用能权交易与碳排放权交易的协同与应用》，载《中国电力企业管理》2020 年第 16 期。

② 参见于泽田等：《"电—碳"联合市场的多元效益》，载 https：//view. inews. qq. com/k/20220215A08RAW00？web_ channel = wap&openApp = false。

独创，其如何与碳市场和电力市场融合协调发展，有必要结合我国国情因地制宜推进实践。

（二）碳—能—电市场协同融合之可行性

1. 碳—能—电市场具有共同的目标——绿色发展。作为市场本身，都追求效率和公平，碳—能—电三类市场之所以能够融合发展，还有一个重要的基础条件就是三者有着共同的目标——绿色发展。发展碳市场必须控制温室气体排放，而当前温室气体排放主要来源于化石能源的燃烧，则碳市场规制的重点就是化石能源的燃烧。减少化石能源燃烧、采用低碳或零碳能源替代，都能减少碳排放，都符合碳市场发展的目标。通过将电力市场与碳市场进行关联，可以使碳市场通过价格传导机制为电价附加碳成本，从而对电力市场的碳排放形成管制，以更加高效地实现“双碳”目标。[①] 减少化石能源燃烧的一个重要途径就是节能增效，而节能增效则是用能权市场发展目标。因此，用能权市场与碳市场是相通的，是可以融合的。当前，为了实现“双碳”战略目标，国家提出构建以新能源为主体的新型电力系统，新型电力系统中包括电力市场建设。这就意味着未来的电力市场将以新能源电力交易为主体，发展新能源减少化石能源燃烧，是电力市场和碳市场的共同目标，因此，二者可以融合设计、协调发展。用能权市场对于用能提出总量控制目标，鼓励火电厂节能减排，在当前仍以火电为主体的电力市场，可以控制火电机组的出力，同时，将可再生能源电力消费排除在用能总量之外可鼓励再生能源的发展，有利于构建新能源为主体的新型电力系统。因此，用能权市场与电力市场发展的趋势是相符合的，二者也可融合设计、协调发展。由此可见，碳—能—电三类市场可以在绿色发展目标的统领下进行融合设计、协调发展。

2. 碳—能—电市场具有共同市场主体——火力发电企业。碳—能—电三类市场之所以能够融合发展，另一个重要的基础条件就是三者有着共同的主体——火力发电企业。据国家统计局发布的数据，2021 年火力发电量占全国发电量比重超过 71%，火力发电仍是我国电力市场的骨干主体。根据生态环境部发布的《关于印发〈2019—2020 年全国碳排放权交易配额总量设定与分

① 参见李兴等：《电力市场效率评估与碳市场价格设计》，载《中国工业经济》2022 年第 1 期。

配实施方案（发电行业）〉〈纳入2019—2020年全国碳排放权交易配额管理的重点排放单位名单〉并做好发电行业配额预分配工作的通知》，纳入2019—2020年全国碳排放权交易配额管理的发电行业重点排放单位共计2225家[①]，虽然也有其他行业重点排放单位被纳入，但该市场主体仍是以火力发电企业为主。从现行浙江、河南试点省份来看，纳入用能权市场交易的企业以新增“两高”企业为主，因为近年来国家严控新增火电项目上马。虽然从浙江和河南的用能权市场来看，火电企业少见纳入，但是从四川、福建的试点来看，一定规模的火电企业都已经被纳入用能权市场。所以，未来随着用能权市场的进一步发展，火电企业纳入用能权市场交易将成为一个必然趋势。从被纳入碳—能市场的企业来看，火电企业既是碳排放大户，又是耗能大户，在未来以新能源为主体的电力市场中，效率较低的火电企业是碳—能—电市场共同规制的对象。因此，碳—能—电市场协同融合发展既有必要性，也有可行性。

三、碳—能—电市场协同融合中存在的突出问题

（一）碳—电市场协同融合中存在的突出问题

1. 电价在传导碳价上存在障碍。由于我国碳市场发展较晚，市场机制中的各项参数还没有完全发挥规制与调节作用，而电力市场的市场化改革还不彻底，电价仍然不能完全反映供需关系，总体上表现为碳市场中碳价对工业电价与居民电价的传导率较低。[②] 目前，全国碳市场已经建成，碳市场遵循着市场化，而电力市场并未如此，导致碳市场作用受限。电力市场建设的不完善将制约碳市场引导发电企业和电力用户行为转变的作用，碳市场的建设并发挥作用绝非仅仅取决于碳市场的自身设计。电力市场顶层设计不完善、双轨过渡特征突出、地区改革差异等问题也制约着碳市场的有效运行。碳价对电价的影响，不同于其他要素价格对电价的影响。电力企业在面临碳价时既会通过投入产出、采取减排技术调整消化一部分，也会向用户传导一部分。

---

① 生态环境部：《关于印发〈2019－2020年全国碳排放权交易配额总量设定与分配实施方案（发电行业）〉〈纳入2019－2020年全国碳排放权交易配额管理的重点排放单位名单〉并做好发电行业配额预分配工作的通知》，载生态环境部官网，https：//www. mee. gov. cn/xxgk2018/xxgk/xxgk03/202012/t20201230_ 815546. html。

② 参见李兴等：《电力市场效率评估与碳市场价格设计》，载《中国工业经济》2022年第1期。

碳市场形成的碳价需要通过电价向下传导，而电价对碳成本传导存在障碍说明碳市场与电力市场缺少协同融合。电力市场缺乏一种合理体现碳成本的定价机制。计划电与市场电并存且衔接不畅，碳价进入电价面临着双轨传导的局面。总体上，碳价会压缩计划电的利润。实际上，碳市场的运行在一定程度上削弱了优先发电制度存在的必要性，因为碳市场的直接效果就是改变清洁电源与高碳排放电源的成本对比关系。优先用电用户则可能不会面临碳成本传导，进而不会因碳市场出现而优化用电行为的局面。在碳市场运行之后，电力实际减排的责任将更多地落在市场化用户头上，引发市场化用户的不满，进而形成对碳市场运行的压力。①

2. 风光产业发出的 CCER 在碳市场上供过于求。从碳市场履约的抵消机制来看，碳市场允许在规定时间、规定区域内的 CCERs 项目产生的减排量用于抵消该地区履约企业的碳排放配额。由于风电、光伏发电是 CCERs 项目的主要组成部分，这种抵消机制在早期刺激了风电、光伏行业的发展。由于近年来我国风电、光伏产业的爆发性增长，这些项目产生的减排量早已远远超过了市场的需求。②

3. 碳市场对电力行业形成挑战。碳市场对发电企业可能会产生三方面的影响：一是影响发电成本，发电企业实施碳减排，参加碳交易必然会增加成本，包括碳成本、技术成本和管理成本；二是影响发电行为，未来随着除公益性和调节性之外的发电计划逐步放开，发电企业可以根据自身情况和市场状况安排生产，则火电企业碳排放配额分配数量和方式，将直接影响其发电行为；三是影响发电投资结构，碳市场将促进发电企业调整其投资结构，倾向于可再生能源发电、高效低煤耗机组的引进和研发、碳捕获技术研发和应用等方面的投资。碳市场对电网企业也可能产生影响：一是电源结构和电力供需格局将发生变化，对电网规划布局等产生影响；二是推动可再生能源的

① 参见冯永晟、周亚敏：《“双碳”目标下的碳市场与电力市场建设》，载《财经智库》2021 年第 4 期。

② 参见冯升波等：《碳市场对可再生能源发电行业的影响》，载《宏观经济管理》2019 年第 11 期。

快速发展，对电网调度运行、交易组织提出更高要求。[①] 电力企业需未雨绸缪，积极应对碳市场带来的挑战，做好企业碳管理，变不利为有利。

4. 电价管制会降低碳市场的减排效果。政府管制的电价政策将使发电企业无法将碳成本通过提高电价的方式向下游终端用户传导，从而增加了发电企业进入碳市场的风险，同时也使碳市场减排的效果无法充分发挥出来。[②]

（二）碳—能市场协同融合中存在的突出问题

1. 用能总量和碳排放总量及覆盖范围并未统筹协调制定。当前，碳排放权市场交易是生态环境部主管，负责构建政策框架和制度设计，省级生态环境部门具体执行。用能权市场交易是在国家发展改革委指导下，由省级发展改革部门负责，功能设计由省级发展改革部门开展。不同部门间的资源和信息并未完全实现共享，缺乏系统性统筹协调。主管部门各异及职责分工不同也造成了沟通协调障碍，给碳—能市场协同融合增加困难。[③] 用能权市场和碳市场有各自的目标定位，又分属不同的政府部门主管，在对用能总量控制与碳排放总量控制之间协同融合上缺少联合科学研究。由于碳排放权和用能权的权利设置与指标分配都以总量控制为基础，允许用能权与碳排放权相互转化意味着权利指标的供给数量将超出总量控制目标。建立二者转化机制需要对碳排放总量控制目标和能源消费量总量控制目标进行调整，剔除碳排放权和用能权指标相互重复的部分。[④] 根据2020年12月发布的《碳排放权交易管理办法（试行）》的规定，全国碳市场纳入覆盖行业中年度温室气体排放量达到2.6万吨二氧化碳当量的企业。在用能权市场覆盖范围上，浙江省明确规定了将单位工业增加值能耗高于0.6吨标准煤/万元的新增用能量纳入试点范围外，其他试点地区以行业划分，将行业内达到一定用能规模（每年能源消耗均达到或超过5000吨标准煤）的重点用能单位纳入用能权市场范围。因

---

① 参见冯升波等：《碳市场对可再生能源发电行业的影响》，载《宏观经济管理》2019年第11期。

② 参见何姣、叶泽：《电力行业碳成本传导的基本原理及均衡模型》，载《生态经济》2019年第9期。

③ 参见高红：《用能权和碳排放权交易协同机制研究》，载《中国能源》2021年第8期。

④ 参见陈志峰：《我国用能权交易制度研究》，华东政法大学2020年博士学位论文。

此，两大主管部门基于各自的市场目标定位确定各自的总量控制目标及其覆盖范围，其各自运行所产生的效能及其对于各自所覆盖行业的影响需要预先进行推演和计算，避免给社会经济造成过重负担。节能减排，绿色发展，都需要讲求科学，统筹协调推进，避免各自为政，减少内部耗散。

2. 两市场在交易模式、配额分配方式存在不一致的问题。碳市场因发展较早，目前发展较为成熟，碳交易所与常规的证券交易所的交易模式类似，包括挂牌交易以及协议转让。根据2020年12月发布的《碳排放权交易管理办法（试行）》的规定，生态环境部根据国家温室气体排放控制要求，综合考虑经济增长、产业结构调整、能源结构优化、大气污染物排放协同控制等因素，制定碳排放配额总量确定与分配方案。区域碳市场的配额分配综合采用了历史排放总量、历史排放强度、基准线法等不同分配方法。在全国碳市场层面上，按照目前最新公布的配额分配方案，发电行业根据燃料种类和装机规模分别确定不同的基准线对履约企业的初始配额进行分配，并免费发放给企业。用能权市场目前尚处于试点阶段，用能权交易覆盖范围正在扩大，除试点省份外，河北、山东、江西等多地也主动尝试。从各地实践来看，用能权市场覆盖范围及用能指标分配方法并不一致。福建、河南、四川均是采取存量交易模式，选取一定行业范围内的重点用能单位为试点，目前均采用免费分配初始用能权方式，能耗超出年度配额指标的纳入企业通过从用能权市场购买指标进行履约。浙江省在试点初始阶段以增量交易为主，避免了初始配额分配松紧不当产生的问题。由此可见，目前用能权市场还停留在省内交易试点阶段，更不必说省间或全国统一市场交易。因此，用能权市场需要更大、更快地发展才有可能实现与碳市场的协调融合发展。

3. 两者在履约与交易方式等方面存在明显差异。碳市场制定了较为明确的履约及交易细则，设定了协议转让、单向竞价或者其他符合规定的方式。用能权市场交易处于试点阶段，各地区的交易制度尚未完善。福建、河南等试点地区明确交易主体为用能单位，并规定了用能单位每年应在一定的时间内，足额缴纳与上一年度用能量等额的用能权指标来履行清缴义务的履约机制。另外，用能权计入期也过短。节能技术的提高与产业升级是一个缓慢的过程，节约能源和提高能源效率也不是一蹴而就的，难以在短时间内有成效。若富余的用能权指标在一年内就清零，将打击企业投入资金与技术进行节能降耗的积极性。现阶段国内企业发展和管理成熟度差异较大，企业正确收集、整理和存储碳数据的能力也参差不齐，收集的碳数据往往缺乏一致性、完整性和有效性。由于存在履约监管上的漏洞，此前一些公司和第三方机构被发现伪造排放数据问题。

（三）电—能市场协同融合中存在的突出问题

当前，电—能市场融合发展中也存在突出问题。由于被纳入用能权市场的电力企业其本身具有特殊性，即一方面是用能权市场中的用能主体，另一方面是电力市场中的供能主体。这种供用能主体的合一性必要会导致电力企业将能源“双控”成本作为企业合理或准许成本以提升电价的方式向外部进行转移。本来，能源“双控”的目的是提高效率，降低成本，而电力企业开展能源“双控”似乎是在提高效率（实际上没有）的同时又升高了成本。由此，如果电力企业能较为顺畅的转移“双控”成本，那么电力企业可能缺少动力来提高效率，毕竟电力企业可以在用能权市场上购买到用能指标用以履约，而这种采购用能指标的成本又可以转移给电力用户。这就产生了一个电力企业节能减排悖论：当电力企业的能源“双控”成本能够通过购买额外用能指标向外转移，那么用能权市场对于规制电力企业开展能源“双控”就会失灵。因此，这就要求电力市场能够开展充分竞争，减少政府定价，减少计划电份额，让生产效率高、价格更低的绿色电力在竞价中胜出并得以优先调度出清，进而使电力市场上对于电力企业开展能源“双控”的这部分成本难以进行传导。然而，当前用能权市场与电力市场仍然不健全，再加上电力企业存在垄断支配地位，电力企业的“双控”成本仍存在向外转移的情形。因此，电—能市场协同融合就需要解决电力企业的这种供用结合的特殊性而可能导致的市场失灵问题。

另外，对于非电力企业的用能单位，其生产消耗的化石能源达到一定量时就面临“双控”任务。在大力推行电能替代的目标下，非电力企业将把电力作为主体或唯一能源。在电力市场化的场景下，企业用多少电就购多少电，随行就市，自由交易。然而，在用能权市场规制下，企业超过用能指标就不能再自由购买，需要取得用能指标才能购买，或在超指标购买后面临罚款。这就会一方面抑制企业的一部分用电需求，导致电力市场活跃度下降；另一方面企业可能采取压缩产能导致其产品供不应求，特别是那些涉及重要民生领域的产品涨价，从而导致社会总体福利水平降低。因此，在电—能市场协同融合背景下，既要考虑用能权市场可能对于电力市场活跃度的消极影响，又要考虑对于民生福利水平的可能冲击。

四、碳—能—电协同融合市场体系之构建

（一）构建碳—能—电协同融合市场体系的基本框架

既然碳—能—电三类市场都有绿色低碳发展的目标，又都聚焦于能源利用，那么贯通三者并使之协同融合发展的线索当属碳信息流与价值流。这种基于碳信息流和价值流的碳—能—电市场协同融合的基本框架如图 5 - 3 所示。

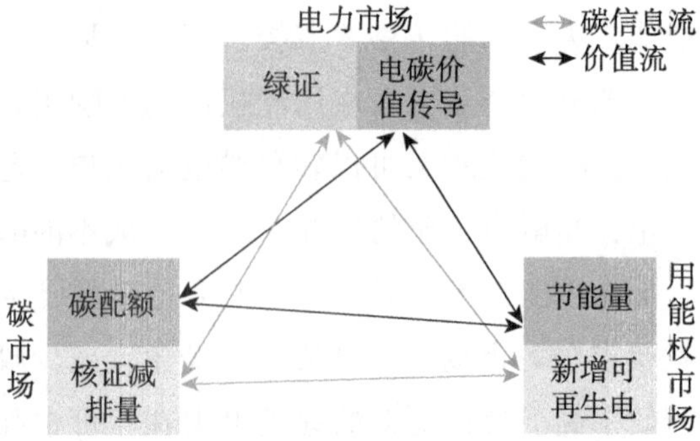

图 5 - 3 碳—能—电市场融合的基本框架

从图 5 - 3 可以看出，在电力市场中存在新能源绿色电力和非绿色电力（传统火电、水电和核电等），新能源绿色电力在上网时被核发绿色电力证书（以下简称绿证）。绿证上除了标明绿色电力的度数，还同时标注了相当于减二氧化碳、二氧化硫、氮氧化物的千克数，因此，绿证上的减碳量可以用于碳市场的履约。在碳市场运行后，因碳配额交易而产生碳价，电力市场上的非绿色电力在交易时电价可以传导碳价。电价升高会激励企业的节能行为，用能权市场上的节能量也会增加。同时节能量增加，意味着碳市场上可销售的碳配额增加。节能量增加，电力消费下降，反过来也会拉低电价。碳市场上基于项目所产生的核证减排量，可以对接于电力市场上的绿证，即绿证可

以用于碳市场履约，核证减排量也可以转换为绿证用于电力市场销售。同时，绿证也可以作为用能权市场新增可再生能源使用的凭证。如此，通过碳信息与价值在碳—能—电市场上流动传导使碳—能—电市场得以协同融合起来。在碳—电协同融合发展的情况下，电力市场需要进一步发展完善，逐步压缩计划电的占比，同时在计划电价中计入相应的碳成本。随着碳市场与用能权市场规制作用的发挥，相对稳定的高碳火电将逐步退场，而低碳电力场景下电力的供应安全问题则变得突出起来。为解决该问题，一个重要途径是对部分燃煤电厂进行灵活性改造，提高其系统调节能力，以满足不同季节、月或周的需求变化。提供系统灵活性资源的火电机组的运行成本难以从出售电量得到补偿，这就需要完善对火电机组的补偿机制：出售调峰权、对于参与调峰的机组补偿服务费用、容量补偿机制等。① 如此，碳价通过电价的有效传导，再加上绿证对新能源电力的加持作用，会激励新能源电力的大发展，逐渐使电力市场得以脱碳。随着能源系统的基本脱碳以及电能替代的发展，国家在达到碳中和目标后，社会经济体系实现了完全低碳化，届时碳市场也就完成了其历史使命。

就碳排放而言，企业使用的能源无非是高碳和低碳能源。高碳能源就是传统的化石能源，而低碳能源是指可再生能源和核能。燃烧不同品种的单位化石能源对应不同的碳排放量，据此可计算用能权市场上因节约化石能源所达成的减碳量，企业可以此用于碳市场履约。企业在正常生产经营的情况下，因技术革新或加强管理节约能源而减排的碳量在碳市场上应有所标记，以此用于履约时它的价值应高于那些因注销、停产或减产而出售的碳配额的价值。毕竟，企业为这部分减碳量增加了投资。同时，企业从事正常的生产经营，产生了经济正外部性，如企业向国家缴纳营业税或增值税，这与那些因注销、停产或减产而出售的碳配额的价值不可等同，相较而言其未产生经济正外部性。因此，这部分未经正常生产经营环节而节省下来的碳配额的价值相对于那些因提高效率且经过正常生产经营而产生的减碳量价值应有所降低。换言之，碳市场上交易的减碳量应标注其确切的原始来源，不同来源的减碳量，

① 参见王帮灿等：《基于电碳联动的火电企业补偿机制研究》，载《电测与仪表》2019 年第 20 期。

其价格应有所差异，否则有违价值决定价格的规律。

相对于碳市场与电力市场，用能权市场不仅有能源消耗的总量目标，还有能源消耗的强度目标。在当前以火电为主体的情况下，国家提出控制能源消耗的总量目标，确实有利于通过节能达到减排。企业节能量增加，在产值不变的情况下，其能耗强度也会降低。既然用能权市场上的节能量可以直接用于碳市场的履约，碳市场上的碳配额或核证减排量也能用于用能权市场履约。对于特定品种的化石能源，碳排放量可以反向还原成化石能源量用于用能权市场履约；对于基于项目所产生的核证碳减排量也可还原成标准煤量用于用能权市场履约。2022 年 8 月，国家发展改革委、国家统计局、国家能源局发布《关于进一步做好新增可再生能源消费不纳入能源消费总量控制有关工作的通知》，规定新增可再生能源电力消费量不纳入能源消费总量控制。依此政策，企业使用新能源突破 2020 年可再生能源电力消费量基数，以后逐年增加的可再生能源电力消耗不计入企业用能总量，但仍要考核其能耗强度。换言之，在能耗强度能满足履约要求的情况下，企业新增使用可再生能源电力消费量不计入用能权市场履约指标。但是，企业在电力市场上购买可再生能源电力如果同时购买绿证，也可以将绿证用于碳市场上履约。随着能源系统的基本脱碳与电能替代的发展，通过节能来达到减排的效果将非常有限。在能源使用效率一定的情况下，用能总量越大，说明其产值越大，由此而产生的社会财富越多，国家没有必要通过控制能源消耗总量来抑制社会财富的增加。因此，在能源供应充裕的情况下，用能总量控制目标是否有必要保留届时值得反思。特别是为了防止用能权市场对于电力市场可能产生消极影响以及冲击民生福利水平，对于那些生产民生福利产品的企业超过绿色电力用能指标的，可以免予处罚。当前，用能权市场正从地方尝试向全国推开，国家层面应尽快做好顶层设计，确定交易品种、分配方案、初始价格、奖惩措施等。各地方政府也应因地制宜，根据本省资源禀赋提出相应的配套政策。同时，还应完善能源消费统计体系，制定能源消费总量核算标准。

加强电力市场、绿证市场、碳市场的协同融合。碳排放权和绿证交易有助于再生能源消纳成本分摊的社会化，鼓励用能主体自主优化用电结构或用能方式。在可再生消纳权重责任制度保障下和以配额制为基础的碳排放市场机制中，需统筹碳排放权的配额分配机制以及绿证分配机制，根据市场主体能源转型的进度逐步收紧碳排放额度，稳健提高可再生能源消纳量和绿证的市场竞争力。推动建立碳市场、绿证市场、可再生能源消纳市场的互认体系，合理简化电力市场、绿证市场、碳市场、可再生能源消纳市场的交互流程，形成电价信号并传递至“源储荷”环节，鼓励社会主动参与绿电使用。在考虑可再生消纳权重的电—碳—绿证市场架构下，能量市场为用户提供电力供应，电力用户参与辅助服务市场及其他市场。在各类电力用户中，超额消纳责任主体可向超额消纳量市场售卖消纳量，未满足消纳义务的责任主体可购买消纳量；可再生能源发电商通过生产可再生能源电力相应折算的绿色证书来抵消未满足消纳的部分。传统能源发电商、电力用户均受碳排放权的约束，可在碳交易市场上购买 CCER 或以绿证抵消超额排放量；CCER 和绿证可按一定的基准实现互认。由此，电力市场、绿证市场、碳市场、超额消纳量市场才能够实现互联互通。①

（二）加强碳—能—电市场主管部门之间的协调

当前，我国碳—能—电市场分别由不同的政府部门主管。根据 2020 年 12 月发布的《碳排放权交易管理办法（试行）》，全国碳市场运行主要由生态环境部门管理；从福建、浙江、河南、四川等用能权市场试点省份的实践来看，浙江、河南、四川三省的用能权市场由发展改革部门主管，福建的用能权市场则由工业与信息化部门主管；而我国电力市场主要由国家发展改革部门主管。由此可见，碳—能—电三类市场总体上分别由政府生态环境部门和发展改革部门来主管。客观而言，这种市场分属不同的部门主管局面容易造成市场之间的分割与相互间不融合。这就需要国务院生态环境部与国家发展改革委在碳—能—电市场发展与规则之间的协同融合问题上加强沟通与协调，而不是各自为政。当前，我国碳市场对电力市场的传导率远低于国外，一方面说明中国电力市场目前的价格机制设计仍由政府部门主导，不能反映市场的真实供需情况；另一方面也说明我国碳市场发展仍不够成熟，对碳排放的定价不能形成有效规制。因此，政府部门要深化电力市场改革，同时完善碳市

---

① 参见成润婷等：《面向高比例可再生能源消纳的电力市场建设及研究进展》，载《中国工程科学》2023 年第 2 期。

场的市场机制建设。[①] 在全国碳市场已经建成的情况下，国家发展改革委要清晰界定电力市场中政府调控与市场机制的作用边界，积极推进电力市场化建设与发展，畅通碳价、节能成本以及电价之间相互传导的途径，要让市场对资源配置起决定性作用。同时，生态环境部与国家发展改革委也要协调好绿证在碳市场上交易对接问题。在碳能市场支撑融合上，生态环境部与国家发展改革委应就碳配额与用能总量设置、碳核算与用能量核算、MRV 机构委托及运行程序、履约互认衔接及其限制等问题加强协调沟通，完善相关规则促进两市场间目标协同、市场融合运行，减少市场运行成本，便利企业履约。对于既被纳入用能权市场又被纳入碳市场的用能单位，应建立联合履约机制，即允许用能单位或排放单位在满足一定条件的情况下使用用能权指标、核定用能权、碳排放配额或核证减排量履约。[②] 为此，两大主管部门在对 MRV 制度顶层设计时力争做到机制协同、信息沟通、资源共享、核查互认。总之，构建碳—能—电协同融合市场体系需要由各自市场的主管机构在政策目标、价格机制、认证管理、市场数据、配套机制[③]等方面加强协调沟通，进行有效整合衔接。

（三）构建碳—能—电协同融合市场体系的立法对策建议

本书认为，我国构建碳—能—电协同融合市场体系需要在各自市场立法架构完善的基础上来考虑三者的协同融合问题，因此，从立法上可以分以下两步走。

第一步，建立健全促进碳、能、电市场发展的部委规章级别的全国性的制度体系。随着大部制改革的完成，在生态环境部的主导下，我国碳排放权交易相关的法律制度框架逐步完善起来。2020 年 12 月，生态环境部发布《碳排放权交易管理办法（试行）》，并自 2021 年 2 月 1 日起开始实施。2021 年 5 月，生态环境部发布《碳排放权登记管理规则（试行）》《碳排放权交易管理规则（试行）》《碳排放权结算管理规则（试行）》，并自发布之日开始实施。由此标志着我国已经建立了相对完整的碳排放权交易部委规章级的全国性的

---

① 参见李兴等：《电力市场效率评估与碳市场价格设计》，载《中国工业经济》2022 年第 1 期。

② 参见孙维：《用能权交易的几点思考》，载《浙江经济》2018 年第 14 期。

③ 参见杨玉强等：《碳市场与电力市场协同运行关键问题研究》，载《浙江电力》2023 年第 5 期。

制度体系。自2016年用能权交易开展试点至今已有数年时间，各地虽然取得了一定的初步成果，但是我国用能权交易市场存在立法层次偏低、用能权市场运行规则偏于粗糙、用能权交易市场监管机制尚未理顺等诸多不足。因此，就用能权交易法律制度框架的完善而言，应总结好地方立法实践经验，以打造多元化交易主体和提升交易灵活性为方向，完善用能权交易市场运行规则以及双支柱监管体制为基础的用能权交易市场监管规则①，及时由国家发展改革委通过发布办法、规则等行政规章，建立起全国统一的较为完善的用能权交易部委规章级的制度体系。我国电力市场化其实并不缺乏法律依据，全国人大常委会早在1995年就通过了《电力法》，为电能商品的生产、输送和供给等电力商品及服务的交易与价格问题提供法律依据。国家发展改革委也多次出台相关的文件来推进电力市场化建设，时至今日，电力市场化仍未能完全实现，仍然存在政府定价范围过宽、市场公平竞争不足、全国统一电力市场尚未形成等问题，而且在已经市场化领域普遍存在现货市场建设不足、新能源参与现货交易规则供给不足、成本传导机制不顺畅等问题。因此，国家发展改革委、国家能源局等应按各自权限，及时修改或出台行政规章以完善相关的规则供给，进一步推进我国电力市场化进程，努力建成全国统一的电力大市场并完善相关的市场规则。

第二步，出台相关法律，为碳—能—电协同融合市场建设提供法律保障。节约能源和环境保护都是我国宪法确定的基本国策，可以预言碳排放权交易和用能权交易市场在我国社会主义市场经济体制下也将长期存在。当前，可作为电力市场建设基础依据的全国性法律有《电力法》，能为用能权市场建设提供间接依据的全国性法律有《节约能源法》，能为碳排权市场建设提供间接依据的全国性法律有《可再生能源法》《环境保护法》。显然，从法律体系构建的角度来看，《电力法》《节约能源法》《可再生能源法》都从属于未来的“能源法”，而能为碳排放权交易提供直接法律依据的应是“应对气候变化法”。随着我国高比例可再生能源的发展以及新型电力系统建设的推进，“双碳”战略目标的实现必须有“应对气候变化法”作为保障。早在2009年，全

① 参见陈志峰：《论碳中和背景下我国用能权交易市场规则之完善》，载《北方法学》2022年第2期。

国人民代表大会常务委员会《关于积极应对气候变化的决议》就将加强应对气候变化的相关立法作为形成和完善中国特色社会主义法律体系的一项重要任务，纳入立法工作议程，而能源法也列入十三届全国人大常委会立法规划之中。因此，在未来出台“能源法”与“应对气候变化法”时，应考虑将碳—能—电协同融合市场建设作为保障我国实现“双碳”战略目标的一个重要机制来对待。在能源法总则中宣布国家注重运用市场机制促进节约能源和低碳环保。在应对气候变化法总则中宣布国家注重运用市场机制促进减少碳排放，并授权国务院制定能源利用领域市场机制协同融合的综合性行政法规。由此可见，碳—能—电协同融合市场体系建设的全国统一性的法律规范尚属于远景规划，当下之急，仍是出台政策促进三大市场体系建设及规则的进一步完善，并努力推动能源法与应对气候变化法的早日颁布。

五、结论与展望

用能权交易和碳排放权交易市场都属于政策型产物，碳—能—电三类市场协同融合发展需要进行统筹顶层设计，三类市场各自运行具有功能互补性。当前主要问题是三类市场各自发展不够成熟，尤其是电力市场和用能权市场需要进一步的发展和完善。在各市场充分发展的基础上，可基于能源利用所包含的碳信息流和市场联接的价值流将碳—能—电三类市场给贯通融合起来。让每一市场中的碳信息能在其他两市场中和其自身的碳信息一样能够发挥相同的功能与作用。同时，碳信息所代表的价值也能在三类市场中顺利贯通传导。如此，碳—能—电三类市场就在碳信息流和价值流双双贯通的基础上得以协同融合起来，形成一个合力降碳的市场体系。碳—能—电市场当前未能有效融合，另一原因就是三类市场各自归属不同的政府主管部门，在市场建设之初未能统筹设计，在监管时又各自为政，因此，加强三类市场主管部门之间的协同工作是扫除人为障碍的关键。未来在三类市场各自充分发展的基础上将形成协同融合的市场体系，该市场体系的良好运行会加速我国能源领域的脱碳进程，必然会对促进我国各类市场融合贯通起着一定的示范意义。

一般来说，化石燃料消耗越多碳排放越大，电力企业在多耗能的同时必然会多排放，因此化石燃料消耗量和碳排放量之间具有相互换算的关系，两者实际上测算的是同一个指标。为了更好地适应碳—能—电市场的协调融合发展，电力企业，尤其是电网企业应该开展全面、精准的碳盘查。电网企业可以利用电源侧和电网侧数据，搭建碳排放管理平台，为电力企业碳资产管理提供决策支持。与之相对应，电力企业应成立以碳资产管理部门作为核心的碳管理平台，统一领导、组织、规划、指导和监管下属区域公司和基层公司开展碳资管理工作。同时，电力企业应积极研究在线连续监测系统在获取企业碳排放数据中的应用；加大大规模低成本碳捕集、封存与利用技术研发、示范与储备等，研究拓展二氧化碳利用方式和规模。电网企业还应拓展企业低碳技术服务、碳排放核查等服务市场，利用电能能耗数据优势和连接供电侧和用电侧的平台优势，为客户提供全产业链、差异化、一体化的低碳业务综合服务。[①] 碳市场将提高电力企业生产成本，由于国内电价仍然在管制范围内，电力企业的碳成本在目前阶段难以通过市场化价格机制转移到下游的用电企业。随着国家重点加速推进电力市场建设以及电力市场化进程，电力企业价格和成本信息报送制度的建立可以进一步促进电价的联动机制，引入良性竞争，发挥碳市场对电力行业节能减排的积极促进作用。[②]

对于多数电力企业而言，主要的消耗能源为化石燃料，国家政策和地方有关碳、能市场的政策对其影响巨大。电力企业应时刻关注国家最新动向，深入研究把握国家对能源和电力行业发展方向的要求，并结合企业实际情况分析政策制度，加强顶层设计和发展规划。同时要深入研究碳排放权交易、用能权交易机制实施的各种可能情形及其对电力企业的潜在影响，关注两种机制纳入企业免费配额发放方法、配额缩紧力度、配额拍卖制度、交易方式以及抵消机制等一系列对电力企业有影响的政策细节，研究制定相应的发展策略，以应对电力企业在新政策下面临的新形势。由于节能与减排具有协同效应，对电力企业而言，用能权交易和碳市场存在较大的重叠，会增加电力企业交易、管理和减排成本，但是两个市场均具有非常大的关联性，通过市场内在机制使二者能够互为补充，则两个市场可以共生共存并协同达到更好的节能减排效果。因此，电力企业应紧密跟踪两种机制的政策发展趋势并深

---

① 参见薛贵元等：《“双碳”目标下碳市场与电力市场协同发展机制分析》，载《电力科学与工程》2022 年第 7 期。

② 参见何崇悟等：《碳成本传递原理、影响因素及对中国碳市场的启示——以电力部门为例》，载《气候变化研究进展》2015 年第 3 期。

入研究，建立健全用能权及碳排放管理体系，强化能源数据精细化管理，加强能源大数据的应用和能力建设，积极参与用能权和碳排放权交易市场，促进企业节能减排。[①]

① 参见郑守忠：《用能权交易与碳排放权交易的协同与应用》，载《中国电力企业管理》2020年第16期。

第六章　储能参与市场之配套政策研究

一、储能概述

（一）储能及其属性

1. 储能。储能，顾名思义，就是把能量暂时给储存起来，等需要时再释放出来使用。面向电力系统的储能又有狭义储能和广义储能之分。狭义储能是指将电能转化为其他形式的能量进行长期存储，必要时再将能量转化为电能使用的储能方式；广义储能是指仅将电能转化为其他形式的能量存储，之后不转化为电能而利用的储能方式。[①] 由此可见，狭义储能设备可以在不同时间尺度上实现电能的输入和输出调控，可有效改善电力系统的运行特性，满足电力系统的功率和能量平衡需求。[②] 2018 年，美国联邦能源管理委员会颁布的第 841 号法案将储能定义为："拥有从电网吸收能量和随后向电网反送能量能力的设备。"[③] 前面第二章中提到电能量不易储藏，并非电能绝对不能存储，只是目前人工储存的电能量相对于人们所生产和使用的电能总量而言显得微不足道。

2. 储能的属性。总体上来说，多数储能就是一种充放电设施或设备。作为充电设备来用时，其实质上就是一种负荷，需要上网或连接发电厂来获取电能量；作为放电设备或设施来用时，它可以向电网或负荷提供电能量。此时，它也可以被作为发电厂来对待，但它并不是严格意义上的发电厂，因为

---

① 参见姜海洋等：《面向高比例可再生能源电力系统的季节性储能综述与展望》，载《电力系统自动化》2020 年第 19 期。

② 参见谢小荣等：《新型电力系统中储能应用功能的综述与展望》，载《中国电机工程学报》2023 年第 1 期。

③ 陈启鑫等：《储能参与电力市场机制：现状与展望》，载《电力系统自动化》2021 年第 16 期。

它并不为生产电能量而建造，只是将储存的电能量对外放送。因此，储能自身具有电源和负荷的双重属性，即电能量的时移者。电力系统中的储能单元可以简单地类比为大型的“充电宝”。不同技术形式的储能在能量密度、功率密度、响应时间、储能效率、设备寿命、技术成熟度、经济性、安全性和环保性等方面各有其自身的特点，表现出该类技术形式储能的物理或社会经济特性。储能参与电力市场不仅取决于电力系统自身的调节需求，而且取决于特定技术形式电储能的自身物理或社会经济特性，当然也取决于电力市场准入储能的路径与规则等条件。

（二）储能分类

储能按照不同的标准，可以作不同的分类。以下从储能常见分类标准来考察其主要类型：

1. 以储能在电力系统中应用角色为标准。从储能在电力系统中的应用角色来看，储能可以分为电源侧储能、电网侧储能和用户侧储能。电源侧储能，通过“可再生能源＋储能”的发展模式在电源侧集中式配备储能，可以平抑可再生能源的波动，增加可再生的消纳能力，有效解决当下弃风弃光和减碳目标。电网侧配备储能，通过建设“变电站＋储能”、电动汽车充电桩一体化储能等，使储能与配电网合作，储能可参与电网的调峰、调频、谐波等电力辅助服务，能够有效增加配电网的供电可靠性，同时也可以延缓配电网相关投资，暂缓配电网的更新换代。用户侧储能，通过“大工业用户＋储能”对于大工业用户配备储能，可以使大工业用户参与需求侧响应，实现削峰填谷、降低企业用电成本等，提高电网运行的经济效益。

2. 以能量储存形式为标准。储能可分为电储能、热储能和氢储能三大类。电储能，目的是储电，适用于充放电短周期内的就地使用。电储能又可进一步划分为：电化学储能、电磁储能和机械储能。电化学储能包括：锂离子电池、铅蓄电池、钠硫电池、液流电池；电磁储能包括：超级电容、超导存储等；机械储能包括：水力发电、抽水蓄能、固体重力储能、飞轮储能、压缩空气储能。热储能包括：熔融盐储能和储冷。氢储能是利用电力和氢能的互变性而发展起来的，既可以储电，又可以储氢及其衍生物（如氨、甲醇）。氢既可由可再生能源，如水能、风能、太阳能、生物质和地热能制取；也可由不可再生能源，如煤、天然气和核能制取。

3. 以能量形态为标准。储能可分为气态储能（空气压缩、氢能）、液态储能（抽水蓄能、光热液油）、固态储能（电池、电容）等。

4. 以发展时间为标准。从储能发展时间远近来看，储能分为传统储能和新型储能。所谓传统储能主要是指发展时间较为久远，技术较为成熟的储能，如抽水蓄能等。传统储能之外的储能即为新型储能，以化学储能为主，也包含一些物理储能。

5. 以技术成熟度为标准。根据大致储/放能时间和功率范围，储能可分为成熟技术储能和待成熟技术储能。① 目前，只有抽水蓄能、传统压缩空气储能技术、铅蓄电池技术被认为是成熟技术储能。

（三）储能的重要角色

储能科技发展的主要源于解决能源领域的“不可能三角问题”——绿色、安全、经济。解决能源“不可能三角问题”主要有四种技术方案，即先进能源网络技术、需求方响应技术、灵活产能技术和储能技术，其中，储能是四种方案中最为重要的一种。② 2017 年，国家发展改革委、财政部、科学技术部、工业和信息化部和国家能源局联合发布的《关于促进储能技术与产业发展的指导意见》，将储能在能源系统中的角色定位描述为：“储能是智能电网、可再生能源高占比能源系统、‘互联网 +’智慧能源的重要组成部分和关键支撑技术。储能能够为电网运行提供调峰、调频、备用、黑启动、需求响应支撑等多种服务，是提升传统电力系统灵活性、经济性和安全性的重要手段；储能能够显著提高风、光等可再生能源的消纳水平，支撑分布式电力及微网，是推动主体能源由化石能源向可再生能源更替的关键技术；储能能够促进能源生产消费开放共享和灵活交易、实现多能协同，是构建能源互联网，推动电力体制改革和促进能源新业态发展的核心基础。”2021 年，国家发展改革委和国家能源局在其联合发布的《关于加快推动新型储能发展的指导意见》中

---

① 也有人将储能技术分为成熟技术、已发展了的技术、正在发展的技术。参见丁玉龙等主编：《储能技术及应用》，化学工业出版社 2018 年版，第 3 页。

② 参见丁玉龙等主编：《储能技术及应用》，化学工业出版社 2018 年版，第 2 页。

又指出："抽水蓄能和新型储能是支撑新型电力系统的重要技术和基础装备，对推动能源绿色转型、应对极端事件、保障能源安全、促进能源高质量发展、支撑应对气候变化目标实现具有重要意义。"能量储存克服了能量运用的时间、空间限制，对于新型电力系统构建以及国民经济的发展而言具有十分重要的意义，具体如下。

1. 削峰填谷，促进可再生能源消纳。电力系统中，用户负荷在昼夜、季节波动较大。电力负荷曲线会出现峰谷差，导致电力供不应求或供过于求的现象时有发生。储能的运用，可以在供过于求时将电能量储存起来，在供不应求时将能量释放出来供用户使用。如此，储能可以有效地消纳可再生能源电力，发挥削峰填谷的作用，平滑负荷曲线，大大提高发电设备的利用率，从而提高电力系统的整体运行效率，降低供电成本。储能在提供削峰填谷服务时，对于不同主体有不同的表现形式。例如，对电网而言表现为缓解调峰压力，对新能源而言表现为存储超发电量，对用户而言表现为错峰用电。①

2. 改善电能质量，提高电网稳定性。借助于电力电子变流技术，储能可以在电网侧实现高效有功功率调节和无功控制，快速平衡系统中由于各种原因产生的不平衡功率，进行频率调整，可解决风光出力随机性和波动性带来的频率不稳难题。同时，储能还能补偿负荷波动，减轻电网受到的扰动冲击，提高系统运行稳定性，改善用户电能质量。

3. 改善电网特性，满足可再生能源并网需要。储能装置具有转换效率高且动作快速的特点，能够与系统独立进行有功、无功的交换，将储能设备与先进的电能转换和控制技术相结合，可以实现对电网的快速控制，改善电网的静态和动态特性，满足可再生能源系统的需要。

4. 其他作用。除了智能电网，储能还是可再生能源接入、分布式发电、微电网以及电动汽车发展中必不可少的支撑技术。

对于电力系统而言，发展储能的重要性还可以分别从功率价值、容量价值和能量价值来考察。功率价值，即储能可以帮助实现电力系统实时功率平衡。例如，储能在电源侧实现新能源出力平衡，在电网侧实现电网安全功率

---

① 参见陈启鑫等：《储能参与电力市场机制：现状与展望》，载《电力系统自动化》2021年第16期。

支撑、调频、应对安全事故，在用户侧实现电能质量管理等。容量价值，即提高电力系统容量系数。例如，储能改善新能源电站的容量可信度，在电网侧发挥容量备用、阻塞管理的作用，在用户侧进行容量费管理等。能量价值，即储能可实现能量吞吐和转移。例如，储能在电源侧提高新能源消纳能力，在电网侧削峰填谷，在用户侧开展需求响应赚取电费差等。另外，储能可以通过积极响应而增强电网安全性和提升电能质量，通过充放电减少线路尖峰潮流而延缓输电投资，实际上起到输电资产的作用。①

（四）储能技术发展概况

1. 储能技术。截至2021年，我国主要储能技术研发取得较大进展，从技术成熟度上大致可以分为三类：基本成熟、集成示范为主、关键技术研发为主。基本成熟的技术，主要包括抽水蓄能、铅酸电池和热储能三类，当前研发的重点在于如何进一步改进性能。以集成示范为主的技术，主要包括锂离子电池、液流电池、压缩空气储能和飞轮储能等，当前研发的重点为如何突破从集成示范到产业化应用的特定关键技术，其中，锂离子电池技术是最接近技术成熟和产业链完整的技术。以关键技术研发为主的技术，主要包括钠离子电池、超级电容器、超导储能等，当前研究的重点在于如何突破材料、单体、模块的关键技术，实现从实验室技术到集成示范的转变。② 储能技术通常以能量密度、功率密度、响应时间、储能效率、设备寿命、技术成熟度、经济性、安全性和环保性等参数来衡量其特征。

2. 储能产业发展概况。储能产业链从上游至下游为设备提供商、储能系统集成商、储能系统安装商和终端用户。首先由设备提供商提供储能电池系统（BMS）、能量管理系统（EMS）、储能变流器（PCS）以及其他软硬件系统构成，随后由集成商对储能系统的设备进行选型，再经过外购或自行生产后匹配集成给下游安装商，最后由安装商进行施工并交付给终端用户。终端用户则又可分为发电侧、电网侧和用户侧，其中用户侧储能则又可分为户用

---

① 参见陈启鑫等：《储能参与电力市场机制：现状与展望》，载《电力系统自动化》2021年第16期。

② 陈海生等：《2021年中国储能技术研究进展》，载《储能科学与技术》2022年第3期。

储能和工商业储能。

近年来，许多国家大力发展可再生能源，为了应对其间歇性、波动性问题，各国不约而同将发展储能作为解决问题的重要手段。国际上，主要储能应用国家通过提供补贴和投资税收减免等优惠措施支持储能发展。随着技术进步与产能扩张，风光发电成本及锂电池的制造成本显著下降，储能行业正朝着“新能源＋储能”平价的方向快速前进。与此同时，储能的定位日益清晰，欧美等发达国家和中国已具备规模化发展储能行业的条件。全球储能行业由商业化初期进入规模化发展阶段。据中关村储能产业技术联盟统计，中美欧为全球新型储能主要市场。2021 年中美欧新型储能新增装机分别为 2. 5GW/3. 5GW/2. 3GW，占比分别为 24%、34%、22%，合计占比在 80% 左右。在众多储能技术路线中，抽水蓄能仍是全球部署最多的储能方式，装机规模占比高达 86% 以上。电化学储能紧随其后，当前全球储能技术的开发主要集中在电化学储能领域。从应用场景来看，储能应用最多的是参与调频，其次是参与能量时移。随着锂电池成本的快速下降，未来 15 年固定式储能领域应用最多的仍将是锂电池，而液流电池、钠硫电池等技术则有望在长时储能应用中取得突破。我国新型储能行业整体处于从研发示范向商业化初期过渡的阶段，并逐步形成产业化体系。截至 2022 年年底，中国已投运电力储能项目累计装机规模超过 59GW。[①]

二、储能参与市场的障碍分析

储能参与市场是指储能运营商通过某种方式（如公平交易）在电力市场上获得其参与电力系统灵活调节的价值实现。市场参与问题可以从市场主体、交易对象、交易规则等几个角度来研究。因此，储能参与市场的障碍可以从四个主要方面加以考察：一是储能技术自身的局限性（卖方）；二是电力系统中对储能的需求复杂多样性（买方）；三是储能在电力系统中参与调节的应用受限性（交易对象）；四是储能在电力市场实现其调节价值的途径受限性（市场规则）。以下就从这四个方面对储能参与市场的障碍进行考察分析。

---

① 参见立鼎产业研究中心：《2022 年全球储能产业发展现状、装机规模、装机结构及相关政策分析》，载立鼎产业研究网 2023 年 3 月 30 日，http：//www. leadingir. com/。

（一）储能技术优缺共存

根据技术原理不同，储能技术可分为物理和化学两种形式。物理形式储能涵盖三种主要技术：机械储能、热储能和电磁储能。机械储能又包括：抽水储能、飞轮储能、压缩空气储能等。热储能主要为熔盐储能；电磁储能包括超级电容器、超导储能。化学形式储能主要有电池储能和氢储能。电池储能主要有：锂离子电池、铅蓄电池、钠硫电池、液流电池等储能技术，而氢能储能主要是指电解水制氢。任何储能形式都存在无法回避的四大问题，即技术是否简易可行问题、转换效率产生的能耗问题、储能产业链的经济代价问题及环境影响问题。[①] 当前，面向电力系统研发的各种储能技术，既有优点，也有缺点，呈利弊混杂的局面。以下分传统储能和新型储能两个方面来考察储能存在的局限性。

1. 传统储能。最有代表性的传统储能是抽水蓄能，在各种形式的储能当中，抽水蓄能目前也是运用最多的一种储能形式。就长时储能而言，通常指连续运行（放电）在 4 小时以上，循环使用，寿命期不低于 20 年的储能，放眼全球，目前最具实践价值的储能技术非抽水蓄能莫属。[②] 抽水蓄能以其设备寿命长、储能规模大、转换效率高、技术成熟、运行条件简便、清洁环保等特点，成为目前电力系统中最成熟、最实用的大规模储能方式。抽水蓄能电站启停时间相较于传统火电而言较短、调节速度快、具有双倍调节能力等优点，在新型电力系统中发挥调峰、填谷、调频、调相、快速跟踪负荷、事故备用、无功调节等作用，可提高系统供电质量。[③] 但是，抽水蓄能电站建设需要有距离较近且较大高度差[④]的上下水库组成，其电站建设受地质、地理条件制约比较大，而且其建设成本高、投资回报周期长，难以普遍布局。抽水蓄能的响应时间是分钟级的，不能满足新型电力系统对于时间响应快速的要求。[⑤] 由于响应速度较慢、受地理条件约束等问题，抽水蓄能难以满足新型电

① 参见蔡绍宽：《新型电力系统下的储能解决方案探讨》，载《南方能源建设》2022 年第 S1 期。
② 参见周建平等：《新型电力系统中“水储能”定位与发展前景》，载《能源》2022 年第 4 期。
③ 参见周建平等：《新型电力系统中水电的作用及发展规划研究》，载《水力发电学报》。
④ 水库高度差决定抽水蓄能电站的能量密度。
⑤ 参见李立浧：《透明电网赋能新型电力系统建设》，载《中国电力企业管理》2022 年第 1 期。

力系统对功率—能量平衡的多样化需求。[①]

2. 新型储能。新型储能是指抽水蓄能等传统储能之外的储能。因应用领域广泛，灵活调节能力强，能有效应对新型电力系统中“三高”问题，发展新型储能受到国家特别重视。储能与抽水蓄能一样同属于机械储能的压缩空气储能技术具有储能容量大、周期长、系统效率高、运行寿命长、投资小等优点，被认为是最具有广阔发展前景的大规模储能技术之一。[②] 它通过压缩空气储存多余的电能，在需要时，将高压空气释放通过膨胀机做功发电。虽然压缩空气储能系统适合建造大型电站，工作时间长，使用寿命长，建造成本和运行成本均比较低。但是，压缩空气储能系统不是一项独立的技术，它必须同燃气轮机电站配套使用，而且传统的压缩空气储能系统仍然依赖燃烧化石燃料提供热源，且大型系统需要特定的地理条件建造，难以小型化应用。[③] 虽然飞轮储能具有功率密度较高、充放电次数高、工作环境要求低、无污染等特点，但缺点是能量密度不高、自放电率高、释放能量持续时间较短[④]，只在短时高频领域具有较好的应用前景。

热储能主要为熔盐储能。熔盐储能作为一种中高温传热蓄热方法，因具有储能密度高、稳定性好等优点，广泛应用于太阳能光热系统、调峰调频、绿电消纳等新能源领域。但目前对熔盐储能系统中的核心部件如储罐、熔盐电加热器、熔盐换热器等设备的研究普遍基于太阳能热发电技术的需求开展，针对其他应用场景的研究尚不够充分。[⑤]

超级电容器是一种重要的功率型储能器件，具有功率密度高、循环寿命长、工作温度范围广、无须维护、充放电速度快、环境友好等优点，在智能电网、轨道交通、新能源汽车、工业装备以及消费类电子产品等领域具有重要的应用市场。但是，超级电容器的额定电压低、能量密度低，导致其所能储存的能量比较有限，相比于蓄电池存在很大的差距，这是阻碍超级电容器

① 参见蔡绍宽：《新型电力系统下的储能解决方案探讨》，载《南方能源建设》2022 年第 S1 期。

② 参见陈海生等：《2021 年中国储能技术研究进展》，载《储能科学与技术》2022 年第 3 期。

③ 参见张新敬等：《压缩空气储能技术研究进展》，载《储能科学与技术》2012 年第 1 期。

④ 参见王鑫明等：《电转气技术的应用及与其它储能方式的比较》，载《上海电气技术》2019 年第 1 期。

⑤ 参见左芳菲等：《熔盐储能在新型电力系统中应用现状与发展趋势》，载《热力发电》2023 年第 2 期。

获得更大范围应用的主要原因之一。而且，超级电容单体能量密度和额定电压低，单体电压无法满足系统电压需求，因此通常需要将超级电容单体进行串并联组成超级电容组使用。超级电容单体性能存在差异，在串联使用过程中会带来超级电容端电压不一致现象。[①] 超导储能具有快响应度、高储能功率以及灵活操控等优势，越来越受到青睐，尤其高温超导材料的发现及应用，使超导储能更容易低成本实现，完全不受地域限制，但由于其制冷系统的存在，不可避免地增加了能耗。[②]

近年来，电化学储能又称电池储能，是进步最快、发展潜力最大的新型储能。电池储能主要包括：锂离子电池、铅酸电池、钠硫电池、液流电池等储能技术。锂电池储能具有密度高、充放电效率高、响应速度快、产业链完整等优点，是最近几年发展最快，也是最具发展前景的大容量储能电池。铅酸电池技术成熟且成本较低，一直占据电力系统电池储能技术应用的主导地位，但是存在放电功率较低、寿命较短等问题。目前铅酸电池和锂离子电池等多类电池已实现了大规模产业化，然而，从面向电力系统的大规模储能的角度来看，储能价格和电池寿命是电化学储能技术的关键参数。一般认为，储能投资成本低于250美元/千瓦·时、储能寿命达15年（循环4000周期以上）、储能效率高于80%的电化学储能体系才能满足大规模储能市场的要求。[③] 钠硫电池在近年发展迅猛，具有能量密度高、循环寿命长等优点；液流电池具有容量大、功率大、效率高、寿命长、安全性高等优点[④]，但能量密度较低，单位造价昂贵，制约了其大规模发展。整体上来说，电化学储能技术具有能量密度高、综合效率高、建设周期短、容量和功率规模适用范围广等优点[⑤]，但这些储能技术的经济性和可靠性还有待进一步验证。[⑥]

---

① 参见韩亚伟等：《超级电容器国内外应用现状研究》，载《上海节能》2021年第1期。

② 参见曹雨军等：《超导储能在新能源电力系统中的应用与展望》，载《电工电气》2021年第10期。

③ See YANG Zhenguo, et al., *Electrochemical Energy Storage for Green Grid*, Chemical Reviews, 2011 (5), p. 3577－3613.

④ 参见蒋凯等：《几类面向电网的储能电池介绍》，载《电力系统自动化》2013年第1期。

⑤ 参见陈建斌等：《储能技术在南方电网的应用前景分析》，载《南方电网技术》2010年第6期。

⑥ 参见叶季蕾等：《储能技术在电力系统中的应用现状与前景》，载《中国电力》2014年第3期。

相较于抽水蓄能和压缩空气储能等大规模储能技术，氢储能在放电时间（小时至季度）、容量规模（百吉瓦级别）、规模储能经济性、储运方式灵活性、受地理条件限制以及生态环境友好上，都具有明显的优势。但是，当前氢储能也存在储能效率相对较低、系统成本相对较高等明显短板。①

由上可知，储能技术虽然在一定程度上实现了能量的时移，但是，储能技术并非完美。储能介质类型很多，各种储能技术路线和原理不同，在技术成熟度、存储能量、循环寿命、储能效率、制造成本、安全性、可靠性、环境友好性、应用领域等方面存在较大差别，形成多种技术路线共存的格局。就当前各类新型储能技术的发展水平而言，总体上面临两方面的难题：成本高和技术不够成熟。除了抽水蓄能，其他电力储能技术尚未实现大规模应用。从技术角度来看，关键材料、制造工艺、能量转化效率是各种储能技术面临的共同挑战，在规模化应用中还需进一步解决稳定、可靠、耐久性问题。一些影响储能技术规模化应用的重大技术"瓶颈"还有待解决。电力系统中储能的应用主要包括能量和功率的支撑，功率支撑要求短时间内高功率输出（秒到分钟级）；能量支撑要求长时间内以小于或接近额定功率输出（分钟到几小时）。就现有储能技术而言，能量型储能装置的单位功率成本相对较高，而功率型储能装置的单位能量成本相对较高。② 安全高效、低成本、长寿命、环境友好、不受地理条件限制的储能技术尚未面世。目前而言，兼具"技术具可行性、经济可市场化、前景可规模化"的只有抽水蓄能、化学储能、氢储能三种人工储能形式。③ 储能设施或设备所能储存的能量规模仍然相对较小，各种储能技术虽有一定的优势，但也都存在某种大大小小的局限性，这些局限性是阻碍储能参与电力市场的物理性基础。

（二）电力系统中对储能调节需求多样复杂

当前，我国仍以煤电为主，而煤电多数靠近煤炭资源比较丰富的西北地区；水电大多集中在西南部地区；核电集中在东部及南部沿海地区；风光在

① 参见许传博、刘建国：《氢储能在我国新型电力系统中的应用价值、挑战及展望》，载《中国工程科学》2022 年第 3 期。

② 参见陈海生等：《分布式储能的发展现状与趋势》，载《中国科学院院刊》2016 年第 2 期。

③ 参见蔡绍宽：《新型电力系统下的储能解决方案探讨》，载《南方能源建设》2022 年第 S1 期。

西北、东北等较为丰富，资源分布基本上呈“北富南贫、西多东少”的局面。我国东部、南部沿海省份经济相对发达而能源相对匮乏，而中西部、北部资源丰富而经济相对落后，能源基地和负荷中心呈逆向分布使长距离输电成为必要。为此，国家加大了资源跨区配置力度，修建了众多跨区、跨省超高压、特高压输电线路，形成“西电东送、南北互供、全国联网”的格局。我国电力系统呈现出以大电网联接为纽带，其中嵌套了众多区域、省、市、县等不同层级电网的复杂局面。这种电力系统对储能系统调节需求多样且复杂：

1. 大电网的安全性和可靠性需要储能系统调节。我国电网覆盖面积大，结构薄弱，各种一次能源的分布与负荷的密度极不均匀，且电源远离负荷中心，装机容量与输电跨度比小，系统的稳定性和安全性面临较大挑战。迫切需要建立起以多点储能装置支撑的系统，有效地支持电网的系统电压和频率，消除由于电网互联和负荷突变而形成的区域振荡，实现输/配电系统的动态管理和电能质量管理，提高电网暂态稳定性。

2. 区域电网峰谷负荷平衡需要储能系统调节。电力负荷存在昼夜、季节性峰谷的周期性变化，负荷峰谷差可能会达到发电出力的三至四成。近年来这种负荷峰谷差呈迅速递增的趋势，给发电和电力调度造成困难。因缺乏调峰电源，许多省、区不得不实施分时电价，开展需求侧响应，甚至有的地方高峰时段不得不拉闸限电。建立既经济又反应快速的调峰电站和大规模储能系统，以便将低谷电能转化为高峰电能，是实现发电和用电间解耦及负荷调节的有效途径，也是推动电力市场化发展的前提。

3. 提高输变电能力需要储能系统调节。当前，全国已形成联网格局，但电力供需地域性矛盾仍然突出，京津冀、长三角、珠三角、成渝等负荷中心地区现有电力难以满足实时需要。各地在增加发电容量的同时，充分利用储能系统，最大限度地提高现有设备输变电能力，经济高效地利用电能是解决这种供需矛盾的重要路径。

4. 改善供电质量需要储能系统调节。电力系统有时会发生突发事故或电网崩溃，此时，用户电力供应会发生中断。为避免损失加重，供电侧或用户侧配备储能系统就可充当 UPS 提供动力，为电网恢复争取时间。同时，储能系统与电力电子变流技术相结合，实现高效的有功功率调节和无功控制，快速平衡系统中由于各种原因产生的不平衡功率，减小扰动对电网的冲击，改善用户电能质量。

5. 发展新能源需要储能系统调节。我国已经决定构建以新能源为主体的新型电力系统，未来以风光为主体的可再生能源将成为电力系统的主力电源。风光等可再生能源发电具有间歇性和不稳定的特点，当风光发电容量所占比例超过10%后，对局部电网将冲击明显，严重时会引发大规模恶性事故。因此，高比例可再生能源并网需要配置高效储能装置及其配套设备，与风光发电机组容量相匹配，支持充放电状态的迅速切换，能够确保并网系统的安全稳定。①

由此可见，当前电力系统在负荷峰谷调节、频率控制、紧急事故备用、输配电稳定、电能质量控制等诸多环节需要储能系统提供灵活调节资源，用以保障电网系统自身的安全性和可靠性，调节峰谷负荷平衡，提升输变能力和改善供电质量，满足新能源发展等需求。这些需求中有的要求是长时间、大规模储能，有的需求是灵活和快速响应的储能，有的需求强环境适应性的储能，有的需求大功率的储能等，多样而又复杂。但是，无论如何，储能满足电力系统对灵活性调节资源的需求都是以其安全性、经济性以及环境友好性为基础条件的。电力系统对于储能技术应用需求多样复杂与储能技术自身发展不足形成一种供需紧张关系，这是阻碍储能参与市场的重要原因。需指出的是，电力系统需要巨大的灵活性调节资源，并非一定都依靠储能来实现。储能技术本身并不完美，从技术经济性和现实国情出发，当前对火电进行灵活性改造是提升电力系统灵活调节能力仍为最优先选择，因对火电灵活改造的成本远低于新建储能等灵活调节电源的成本。② 但是，储能技术，特别是新型储能技术是满足未来新型电力系统巨大且多样调节资源需求的重要支撑。

（三）储能参与电力系统调节应用受限

储能参与电力系统调节应用是储能参与电力市场的前提条件，也是实现其价值的物理基础。换言之，在电力系统中提供调节服务是储能参与电力市

---

① 参见张文亮等：《储能技术在电力系统中的应用》，载《电网技术》2008 年第 7 期。

② 参见元博等：《电力系统中储能发展前景及应用关键问题研究》，载《中国电力》2019 年第 3 期。

场的交易对象。如果储能不能参与电力系统调节应用也就不存在储能参与电力市场的问题。事实上，储能参与电力市场受到阻碍，可能更多地源自储能参与电力系统调节应用受限。以下分别就储能分别安装在电源侧、电网侧、用户侧以及新型储能自身存在的安全风险，考察储能参与电力系统调节应用受限问题。

1. 电源侧储能调节应用受限。电源侧配置储能主要应用于：辅助火电机组提高调峰调频性能；平抑新能源场站出力的随机波动，提升新能源电站的可调度性和促进新能源消纳；参与一次调频、参与系统调峰、提高机组高低电压穿越能力，提升新能源电站的主动支撑电网能力。① 电源侧配置储能时，通过与火电或新能源发电等机组出力互补，使这些电源呈现更加稳定可控，有助于提高电力系统的安全稳定性。从电源侧配置储能的市场空间来看，联合火电调频市场空间有限，电源侧配置储能市场空间主要集中在促进新能源消纳环节。从风光发电出力特性来看，“光电 + 储能”更具备发展潜力，因光电呈明显昼夜特性，配置日循环储能即可，而风电因连日大风或无风以及季节性问题致其经济性不足，风电场配置储能应用受到限制。②

2. 电网侧储能调节应用受限。电网侧配置储能主要应用于：参与电网的调峰调频、延缓输配电设备扩容升级、参与电网紧急控制、布置于电网关键枢纽处为系统提供所需的功率电压支撑、优化电网潮流分布等。低成本、长寿命和高安全可靠性是电网侧储能技术的重点发展方向。当前，电网侧储能仍以传统的抽水蓄能为主。相比其他电池储能技术，锂离子电池因兼具能量型应用和功率型应用的特点，且在成本上具有一定优势，现已成为国内电网侧储能中应用最广泛的电储能技术，但对于提升能量密度、提高安全性、延长循环寿命等方面的研究仍要持续进行。除了锂离子电池，其他电化学储能方式受技术成熟度、技术成本和环境等因素的影响，目前尚未在电网侧得到大规模应用。③ 同时，储能系统接入电网较为困难，存在法律、技术、监管、

① 参见张金平等：《储能在高比例新能源电力系统中的应用及展望》，载《内燃机与配件》2023年第8期。

② 参见元博等：《电力系统中储能发展前景及应用关键问题研究》，载《中国电力》2019年第3期。

③ 参见容士兵等：《电网侧储能经济性研究》，载《能源与节能》2021年第3期。

认可度等方面的障碍。[①]

3. 用户侧储能调节应用受限。用户侧配置储能主要应用是提高供电可靠性和通过峰谷套利盈利模式削峰填谷，缓解供需紧张矛盾。用户侧储能具有规模小、数量大、接入灵活、布局分散等特点，其峰谷价差套利和节省容量费等盈利模式较为清晰。然而，用户侧储能商业模式单一、外加储能安全事故频发，制约其规模化推广应用。[②] 随着各地峰谷价差呈缩小趋势，若储能系统成本下降速度及幅度不能与峰谷价差缩小程度匹配，则用户侧储能将面临难以盈利的问题。

4. 新型储能应用存在安全风险。无论配置在电源侧、电网侧还是用户侧，储能安全是其能够应用的前提条件，而当前新型储能尤其是电化学储能电站的安全隐患不可小觑[③]。电化学储能电站安全风险因素主要包括火灾、爆炸、中毒、触电、灼烫等。其中，火灾事故是电化学储能电站的一类极端且有代表性的安全事故，具有破坏性强、经济损失大、社会关注度高等特点。[④] 据报道，因电击保护系统不良、电池系统缺陷、环境影响、储能管理系统有缺陷、生产安全管理不到位等一种或多种因素的作用下，2021 年、2022 年全球共发生 18 起储能项目事故。[⑤] 这些安全事故的发生，不仅给供需双方造成很大的损失，而且对人们应用这些储能技术的信心产生消极影响。

（四）储能在电力市场中实现其调节价值的途径受限

储能的调节服务既有供方，也有买方，接下来通过何种途径对储能调节服务进行价值实现则是储能参与市场面临的一个关键问题。不同类型的储能在响应速度、能量密度、效率、寿命、经济成本、潜在应用上有所差异。储能因其物理特性，在电力系统中具备诸多潜在价值，需要通过参与具体的电

---

① 参见安琪：《中国储能市场机制与监管现状、问题与建议》，载《中国能源》2017 年第 12 期。

② 参见孙文文等：《含高渗透率分布式光伏的配电网电压越限解决方法研究综述》，载《现代电力》2023 年第 5 期。

③ 电化学储能电站电池在电、热、机械等内外部诱因影响下遭遇极端滥用，超出其安全承受能力，内部温度急剧升高，电池将发生热失控，从而引发电站的燃烧或爆炸。

④ 参见徐国栋等：《电池储能电站安全问题分析与对策》，载《电力安全技术》2020 年第 9 期。

⑤ 参见马海伟：《电化学储能电站安全管理问题研究》，载《中国电力企业管理》2022 年第 11 期。

力市场发现并进行交易从而获取收益。现行电力市场在实现其调节价值时存在诸多途径不畅，既有储能自身物理特性的原因，又有调度规则上的原因；既有电力市场机制自身问题，也有利益复杂交织的问题，还有产品技术标准不完善的问题。以下分别从市场价格机制、调度规则、市场化程度、技术支撑等方面来考察储能在电力市场中价值实现的途径受限问题。

1. 储能在各类电力市场中缺少准确公平的定价机制。（1）在能量市场中实现价值受限。在能量市场中，由于绝大多数类型的储能能量有限，市场出清中受储能的荷电状态约束，为保证结果可行性，只能允许储能申报可变的最大充放电速率，允许储能就时段末的荷电状态提交报价曲线，反映存储能量的价值。但是，储能运行具有较强的时段耦合性，在参与实时市场优化时，可能出现整体收益无法满足申报价差的情况。[①]（2）在容量市场实现价值受限。与发电机组不同，作为容量有限型资源，储能可提供的容量支撑并不仅取决于其最大放电速率和强迫停机率，还和最大能量容量等多种因素有关，而现有容量市场难以很好地考虑这一特性。除此之外，储能实际的容量价值还和净负荷曲线形状、储能渗透率、系统电源结构有关。储能能量有限性是阻碍储能在容量市场上实现其价值的主要因素。（3）在辅助服务市场中实现价值受限。辅助服务产品众多，包含调频、旋转备用、非旋转备用等。有的地方辅助服务市场，储能被排除提供某些辅助服务，有的地方市场规则未能充分考虑快速响应型储能的灵活性。目前大部分省份的调频市场依旧独立运行，无法很好地考虑调频、能量、备用等标的间的耦合关系。调峰市场未形成有效的价格机制，激励不充足、不稳定、不够准确。调峰补偿是现货市场未建立、分时价格未形成时的过渡机制。部分省份设定固定补偿价格，难以为电化学储能参与调峰提供充足利润。同时，现有的调峰补偿价格有被政策干预的可能，面临下降甚至取消的风险，无法向储能投资者传递稳定的收益预期。另外，固定价格机制未能通过能量市场准确地反映不同系统、不同日期调峰的价值差异，可能造成价格信号的扭曲。

2. 市场优先调度规则阻碍储能价值实现。市场调度依据最小边际成本优

---

① 参见肖云鹏等：《包含独立储能的现货电能量与调频辅助服务市场出清协调机制》，载《中国电机工程学报》2020 年第 S1 期。

先出清调度而非性能优先原则。电力调度机构根据负荷的需求首先让成本最小的发电厂发电，如果成本最小电厂满足不了需求，会让成本次小的电厂发电，以此类推直到发电量与需求平衡为止。这种方式促进发电企业为获取更大利益而寻求技术创新以降低成本提高供电质量，也降低了客户的用电成本。但是，国内大多数区域电网调度则对发电厂性能优劣问题考虑不足，其调度发电时间顺序未按照性能优先原则，造成发电厂配置的储能成本无法得到实现。

3. 电力市场化不充分阻碍储能价值实现。我国电力体制改革虽已完成“主辅分离”“厂网分离”，电力市场也在实施“管住中间，放开两头”，但目前电力行业仍处于垄断状态，电力市场促进行业正常公平竞争的作用还没有完全发挥出来。以辅助服务市场为例，电网自身控制的辅助资源并未进入辅助服务市场，现行辅助市场某种程度是电网征集自身辅助服务资源能力之外的缺口。电网的调峰服务不参与市场化竞争，电网的储蓄等资源仍会按计划定价，并将成本纳入电网运行成本。如果电储能的发展选择由电网出资建设或电网之外的其他方出资建设，会造成电储能的服务定价模式和盈利能力出现根本区别，辅助服务会出现“电网体制内”和“电网体制外”的竞争。价格管制必然造成市场的扭曲，体制内的经济性明显优于体制外电力辅助服务市场。①

4. 受益方多元阻碍储能价值实现。储能参与电力系统调节，可能给发电、输电、配电、用电各环节都带来正外部性，目前应针对哪一方出台激励机制尚没有明确结论。由于储能不同的应用场景对各方带来收益差异也较大，储能价值难以进行标准化核算。另外，风光电力配套储能受益方不明确也是一项障碍。储能配套风光电力的盈利模式值得探讨，单纯提升风光发电并网率不应是储能的主要作用，储能还有助于解决光伏鸭子曲线等问题，而这些价值谁是受益者，谁应付费尚不明确。当前，除有些地方电化学储能参与火电联合调频可获得较好预期收益外，其他商业模式和利益共享机制还相对缺乏。在风光等新能源发电侧配置储能，虽然可以促进其消纳，却没有市场机制向

① 参见郭蕾、徐肇成：《我国电力辅助服务市场建设实践经验研究》，载《自动化应用》2023年第6期。

受益方回收成本，导致新能源电站配备储能应用受限。

5. 储能技术标准滞后阻碍其价值实现。目前市场上的电池储能产品多种多样，由于缺乏电池储能产品质量的评判标准，不少产销企业以次充好，给业主和设计单位造成了很大的困扰。企业基于自身投资回报风险在储能相关支撑技术上也并未投入太多，如电池大数据分析管理、储能电站运维平台、微电网能量管理系统、储能系统控制器、虚拟发电机技术等，这些相关技术滞后又进一步降低了储能系统的应用。①

显然，储能参与电力市场受制于多种环节，如图6－1所示。

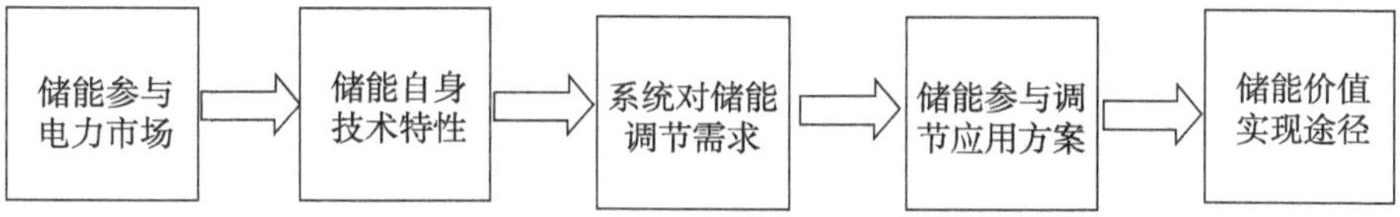

图6－1　储能参与电力市场主要受制环节

由图6－1可知，当前储能参与电力市场受限源自多种因素，既有储能技术自身发展不完美的问题，也有电力系统对储能调节需求多样复杂的因素，还有储能参与电力系统调节应用受限的问题，更有储能在电力市场中缺少实现其调节价值的途径问题。当然，这些不是原因的全部，还有其他具体的原因，如储能缺少参与电力系统的成熟商业模式、协调控制策略等，不一而足。现行的电力系统要升级为新型电力系统，需要进行改造。如同一个非常大而复杂且有多种独立构件组成的建筑群需要改造翻新，而在改造翻新的过程中，又不能影响这个建筑群的正常使用。储能参与电力市场可以简单类比成外来施工队要参与这个建筑群的部分或全部改造翻新施工工作。首先，施工队自身技术是否过硬，是否有资质，是其能否参与施工的一个前提条件。其次，建筑群的改造翻新具体任务有哪些，各有什么特殊要求，施工队能否部分或全部满足这么复杂建筑群的改造翻新任务，是其能否被接纳的另一个条件。再次，该建筑群各部分构件改造翻新的具体施工方案能否被各部分构件主管人员所认可，其施工合作是否和谐也是影响其能否实际开展施工的重要因素。最后，因为无相应的价格参考，施工队完成施工后，如何结算工钱则又是一

① 参见安琪：《中国储能市场机制与监管现状、问题与建议》，载《中国能源》2017年第12期。

个关键因素。储能参与市场与施工队参与建筑群翻新施工所不同的是，储能作为一个整体，最终要成为电力系统内部组成的一部分，而施工队参与建筑翻新施工后，施工队即需退场。因此，储能参与市场的课题从广义上来说就是要储能成为电力系统的正式组成部分，在电力系统中开展日常的调节工作并通过电力市场获得正常的待遇，而不是狭义上的仅仅是储能如何在电力市场上获得价值实现的问题。需要指出的是，储能作为灵活调节电源，并非越多越好，光风合理弃能有助于实现系统整体成本最低。若弃能率过高，将导致风光资源浪费；若弃能率要求过低，则会导致为消纳占比极小的尖峰电量而新建大量储能等调节资源，边际成本将非常昂贵。

三、储能参与市场的配套政策供给现况及不足

关于储能参与市场的配套政策可以分为两类：一类是传统抽水蓄能参与市场的配套政策；另一类是新型储能参与市场的配套政策。此处储能参与市场的配套政策主要是指激励以及保障储能为电力系统提供调节服务并获得价值实现的相关政策，并不包括促进储能技术自身发展的相关政策。虽然我国很多政策出台都源自地方先行先试或由地方发现问题再呈由中央决断出台相关的政策，但是关于电力发展以及市场方面的政策都是由中央出台确定性或指导性、指向性政策规定，然后由地方执行或根据本地实际情况再出台实施性的细化规定。因此，此处关于储能参与市场的配套政策供给现况及不足重点考察中央层面的政策，毕竟地方性政策要么与中央政策保持一致，要么因实施于地方难以有代表性或普适性，只在有必要时考察地方性政策。

（一）抽水蓄能参与市场的配套政策供给现状及其不足

最新出台的有关抽水蓄能参与市场的政策文件是国家发展改革委于2021年5月发布的《关于进一步完善抽水蓄能价格形成机制的意见》，该意见明确：以两部制电价政策为主体，完善抽水蓄能价格形成机制，以竞争性方式形成电量电价，将容量电价纳入输配电价回收，强化与电力市场建设发展的衔接，推动抽水蓄能电站进入市场。该意见明确抽水蓄能参与市场的配套政策情况见表6－1。

表 6-1　抽水蓄能参与市场主要配套政策供给表

序号	政策主题	政策内容
1	调节服务范围	作为调节电源参与调峰、调频、调压、系统备用和黑启动等
2	两部制定价机制	以竞争方式形成电量电价+政府核定容量电价
3	成本回收与分摊机制	确定抽水蓄能电量电价执行方式以及抽水电量产生损耗的疏导方式；明确将抽水蓄能容量电费纳入输配电价回收，并充分考虑在多个省级电网分摊以及在特定电源与电力系统间分摊等应用场景
4	衔接电力市场建设发展	（1）建立适应电力市场发展的调整机制：支持抽水蓄能电站积极参与电力市场，提出了适时降低容量电价覆盖设计容量比例的调整机制，以鼓励剩余容量进入市场，形成抽蓄容量从政府定价到市场竞价的有效通道；（2）建立收益分享机制：为调动抽水蓄能提供辅助服务调频、调压等服务积极性，将 20% 收益留存给抽蓄电站分享；（3）加快确立独立市场主体地位：要求推动抽蓄电站平等参与中长期、现货、辅助服务等市场交易，未来主要以市场方式解决抽水蓄能有关问题
5	容量电价核定激励性措施	（1）激励节约融资成本：与省级电网定价办法类似，对于抽蓄电站投建中实际贷款利率低于同期市场利率部分，按 50% 比例在用户和抽蓄电站之间分享，对电站投建阶段节约融资成本形成激励；（2）激励节省运维费用的：运行维护费按照从低到高前 50% 的平均水平核定
6	规划—运行—监管要求	严格抽水蓄能电站规划、建设要求—明确抽蓄运行管理责任—加强抽蓄电价执行的监管
7	社会资本参与建设	（1）严格落实电价政策保障投资主体利益：通过签订中长期合同、实施“三公”调度、严格执行两部制电价政策、及时结算电费等方式，调动社会资本参与抽蓄投资建设的积极性；（2）确定了较稳定的收益率水平：容量电价核定办法明确经营期内资本金内部收益率按 6.5% 核定

2023 年 5 月，国家发展改革委发布《关于抽水蓄能电站容量电价及有关事项的通知》，要求电网企业与抽水蓄能电站签订年度调度运行协议并对外公示，公平公开公正实施调度；严格执行该通知核定的抽水蓄能电站容量电价，按月及时结算电费。该通知保证了相关抽水蓄能电站参与电力系统调节调度运行及其容量费用的结算，实际上是对上述意见的落实。

我国大部分抽水蓄能电站是由电网企业投资建设用于电网侧调峰和提供辅助服务的，属于“电网系”储能公司，在电力市场上对一些固定的关联客户存在生存依赖。该意见将抽水蓄能参与提供电量与灵活调节并重，同时为其调节服务在电力市场中实现价值提供明确途径。但该意见并未明确抽水蓄能电站具有独立市场主体地位，只是加快确立其独立市场主体地位。个中缘由为“我国电力现货市场还处于试运行状态，加上全国抽水蓄能运维监察及核价工作没有结束，全面对接市场化的时机还不成熟。未来要进入电力现货市场，还需要进一步腾挪政策空间”①。不过，青海省已经出台政策推动抽水蓄能作为独立主体地位参与电力市场交易②。该意见对于保障抽水蓄能电站具备生存能力意义重大，但是如何保证抽水蓄能电站项目建设的有效性以及明确更有利于抽水蓄能项目投资回收的运行机制，并保证投资收益能够在各利益主体之间得以合理分配等方面仍需进一步探索完善。另外，抽水蓄能虽能促进新能源消纳、减少火电机组出力，但如何科学评价抽水蓄能的碳减排效益，并做好与碳市场的衔接也有待进一步明确。受到生态红线、国土空间等多规约束，资源开发受限，因此亟须加强多规合一协调，进一步规划以及落实抽水蓄能站点资源保护。③

（二）新型储能参与市场的配套政策供给现状及其不足

2016年6月，国家能源局发布《关于促进电储能参与“三北”地区电力辅助服务补偿（市场）机制试点工作的通知》，当时并未将抽水蓄能之外的电储能称为新型储能。该通知实际上就是建立新型储能参与我国华北、东北、西北等省区电力系统调峰调频及商业化应用试点，探索建立促进新能源消纳的长效机制。该通知首先鼓励集中式和分布式新型储能设施建设。该通知主要提出了促进发电侧、用户侧新型储能设施参与调峰调频辅助服务的具体方案。发电侧新型储能设施可与机组联合参与调峰调频，或作为独立主体参与

---

① 卢奇秀：《抽水蓄能行业或迎发展拐点》，载《中国能源报》2022年12月12日，第14版。

② 参见2023年1月青海省发展改革委发布的《青海省抽水蓄能项目管理办法（暂行）》第17条规定：“……积极推动抽水蓄能电站作为独立主体参与电力市场交易，通过市场化方式形成电量电价。”

③ 参见张志超：《“双碳”目标下的抽水蓄能作用及意义》，载《低碳世界》2022年第10期。

辅助服务市场交易，明确独立参与调峰的电储能设施的规格标准（充电功率应在 10 兆瓦及以上、持续充电时间应在 4 小时及以上），放电电量按照发电厂相关合同电价结算；用户侧的新型储能设施充电电量可选择执行目录电价或自行购买低谷电量，放电电量可自用或作为分布式电源就近向电力用户出售，同时用户侧新型储能设施可作为独立市场主体或与发电企业联合参与调频、深度调峰和启停调峰等辅助服务。该通知要求能源区域监管机构根据“按效果补偿原则”尽快调整调峰调频辅助服务计量公式，提高辅助服务补偿力度，保持辅助服务补偿政策的连续性、稳定性。

继 2020 年中央提出“双碳”战略目标后，2021 年中央又提出建设新型电力系统的任务。2021 年是我国促进新型储能发展的大年，中央和地方相继出台政策为新型储能参与电力系统调节并在电力市场中实现其价值提供保障。2021 年 7 月，国家发展改革委、国家能源局印发《关于加快推动新型储能发展的指导意见》，提出以“政策驱动、市场主导”等原则推动新型储能高质量发展，并于 2030 年实现新型储能全面市场化发展的目标。涉及储能参与市场的主要政策措施包括以下几方面：一是统筹开展储能专项规划，各地区要明确储能规模及项目布局；二是大力建设电源侧储能项目，涵盖“新能源 + 储能”促消纳、大型清洁能源基地配大规模储能促新能源外送、利用退役火电厂或输变电站建储能设施；三是积极布局电网侧储能，涵盖关键节点配储能提升系统稳定调节能力、电网末端及偏远地区建储能提高供电能力、服务重要负荷建移动式或固定式储能提升应急保供能力或延缓输变电升级改造；四是支持多元化发展用户侧储能，涵盖多类型终端用户侧储能融合发展、聚合利用用户侧分散式储能设施、探索智慧能源等多种商业模式；五是确立新型储能独立市场主体地位，建立储能参与各类电力市场的准入条件、交易机制和技术标准，允许储能进入并同时参与各类电力市场，完善“按效果付费”的电力辅助服务补偿机制，鼓励储能作为独立市场主体参与辅助服务市场，鼓励建设共享储能；六是健全新型储能价格机制，建立电网侧独立储能电站容量电价机制，推动储能电站逐步参与电力市场，探索将电网替代性储能设施成本收益纳入输配电价回收，完善峰谷电价政策，促进用户侧储能发展；七是健全“新能源 + 储能”项目激励机制，可在竞争性配置、项目核准（备案）、并网时序、系统调度运行安排、保障利用小时数、电力辅助服务补偿考核等方面给予适当倾斜；八是完善储能建设运行要求，各地方要建立健全新建电力装机配套储能政策，电网企业要积极优化调度运行机制；九是明确储能备案并网流程，地方要协调优化储能备案办理流程、出台管理细则，电网企业要简化手续、提高效率明确并网流程、出具并网接入意见、建设接网工程、提供并网调试及验收等服务；十是健全储能技术标准及管理体系，涵盖制修订不同应用场景储能标准、建立健全储能全产业链技术标准体系、加强相关标准与储能应用衔接、完善新型储能检测和认证体系、建立储能设备生产使用各环节的安全标准及管理体系。同时，该意见鼓励地方先行先试，研究建立合理的储能成本分摊和疏导机制。

2021 年 7 月，国家发展改革委、国家能源局又发布《关于鼓励可再生能源发电企业自建或购买调峰能力增加并网规模的通知》，要求充分认识提高新能源并网规模的重要性和紧迫性，对发电企业通过自建或购买调峰储能能力的方式增加新能源发电装机并网规模提出政策指引。该通知首先平衡电网企业和发电企业承担的新能源并网消纳责任，发电企业的并网消纳由此逐渐增加；鼓励新能源发电企业自愿自建储能或调峰资源增加并网规模，也允许发电企业购买储能或调峰能力，同时对自建合建、购买调峰和储能能力的确认、管理、数量标准与动态调整，以及调峰和储能交易机制的运行与监管进行明确。该通知实施以来，我国电源侧储能已建或在建项目有了大幅度增加。

2021 年 12 月，国家能源局发布修改后的《电力并网运行管理规定》《电力辅助服务管理办法》，将电化学储能、压缩空气储能、飞轮等新型储能纳入并网主体管理，为新型储能参与市场提供法律依据。

2022 年 5 月，国家发展改革委办公厅、国家能源局综合司又联合发布《关于进一步推动新型储能参与电力市场和调度运用的通知》，该通知是根据上述指导意见的要求进一步明确新型储能市场定位，对相关市场机制、价格机制和运行机制提出配套政策，具体情况见表 6 – 2。

表 6－2　新型储能参与市场主要配套政策供给表

序号	政策主题	政策内容
1	调节服务范围	参与顶峰、调峰、调频、爬坡、黑启动等
2	可作为独立储能参与市场的条件	明确法人型新型储能项目转为独立储能的条件；鼓励配建式新型储能项目通过技术改造选择转为独立储能项目；涉及风光水火储多能互补一体化项目的储能，暂不转为独立储能
3	配建式储能与所属电源联合参与市场	鼓励配建式新型储能项目完成系统改造后与所配建电源联合并视为一个整体，按照现有相关规则参与电力市场；鼓励探索同一储能主体可以按照部分容量独立、部分容量联合两种方式同时参与的市场模式
4	独立储能参与电网调峰	推动独立储能参与中长期市场和现货市场，鼓励独立储能签订顶峰时段和低谷时段市场合约，发挥移峰填谷和顶峰发电；独立储能电站向电网送电的相应充电电量不承担输配电价和政府性基金及附加
5	独立储能提供辅助服务	鼓励独立储能按照辅助服务市场规则或辅助服务管理细则，提供有功平衡服务、无功平衡服务和事故应急及恢复服务等辅助服务，以及在电网事故时提供快速有功响应服务；辅助服务费用按照“谁提供，谁获利；谁受益，谁承担”的原则，由相关发电侧并网主体、电力用户合理分摊
6	储能调度运行机制	以市场化方式为主优化储能调度运行，电力调度机构应建立新能源配建式储能科学调度机制，项目业主负责储能设施系统运行维护；火电等其他类型电源的配建储能，参照上述要求执行
7	用户侧储能发展	鼓励各地进一步拉大电力中长期市场、现货市场上下限价格，引导用户侧主动配置新型储能；鼓励用户采用储能技术减少自身高峰用电需求，减少接入电力系统的增容投资
8	电网侧储能价格机制	各地要鼓励电网侧根据电力系统运行需要，在关键节点建设储能设施；建立电网侧独立储能电站容量电价机制，逐步推动储能电站参与电力市场；探索将电网替代型储能设施成本收益纳入输配电价回收
9	相关政策规则之修订完善	各地要抓紧修订完善本地区适应储能参与的相关市场规则，抓紧修订完善本地区适应储能参与的并网运行、辅助服务管理实施细则；各地要建立完善储能项目平等参与市场的交易机制，明确储能作为独立市场主体的准入标准和注册、交易、结算规则

续表

序号	政策主题	政策内容
10	技术支持	新型储能项目建设应符合相关标准规范要求，主要设备应通过检测认证，涉网设备应符合电网安全运行相关技术要求；储能项目要完善站内技术支持系统，向电网企业上传实时充放电功率、荷电状态等运行信息，参与电力市场和调度运行的项目还需具备接受调度指令的能力；电力交易机构要完善适应储能参与交易的电力市场交易系统；电力企业要建立技术支持平台，实现独立储能电站荷电状态全面监控和充放电精准调控，并指导项目业主做好储能并网所需一、二次设备建设改造，满足储能参与市场、并网运行和接受调度指令的相关技术要求

以上中央部门发布的指导意见和通知等为新型储能参与电力系统调节并在电力市场中实现价值获得利益和长远发展提供了明确的政策指引，有力地促进了储能产业快速发展。但是，目前新型储能相关政策仍以原则性文件为主，缺乏具体可操作的实施细则或规则，导致新型储能在实际运行过程中存在诸多问题。首先，随着新型储能电站规模越来越大，并网的电网等级也逐渐攀高，储能电站有可能成为电网的薄弱环节，变为攻击电网的入口，给电网带来安全隐患问题。其次，新型储能作为并网主体运行后，由于技术特点与其他发电机组差异较大，储能电站既可以作为发电机组，也可以作为用电负荷，其角色是不固定的。因此，如何给予储能电站合适的身份地位，充分发挥其快速响应的特点，公平对待所有投资方的发电机组和储能电站，需要进一步明确。最后，目前新型储能项目参与辅助服务市场短期内可以获得较好收益，但随着并网项目越来越多，辅助服务市场或出现暂时性饱和，所有并网项目的收益都会降低。辅助服务市场的健康发展有赖于辅助服务费用的顺利疏导，而有效合理的疏导方式尚需探索。另外，当前的并网运行机制尚未对不同机组进行区分，合理分配辅助服务内容。随着越来越多的新型储能电站并网，原有的辅助服务市场格局将会被打破。不同技术特色的发电机组、储能机组如何公平竞争上岗，未来仍需补全、完善。

不过，上述中央部门发布的文件也要求各地结合实际探索完善地方配套性政策，这些政策规定：根据市场放开电源实际情况，鼓励新能源场站和配建储式能联合参与市场；根据实际情况，鼓励进一步拉大电力中长期市场、现货市场上下限价格，引导用户侧主动配置新型储能；科学规划和有效监管电网侧储能，鼓励电网侧根据电力系统运行需要，在关键节点建设储能设施；各地抓紧修订完善本地区适应储能参与的相关市场规则，抓紧修订完善本地区适应储能参与的并网运行、辅助服务管理实施细则；要建立完善储能项目平等参与市场的交易机制，明确储能作为独立市场主体的准入标准和注册、交易、结算规则等。因此，各地应尽快出台新型储能参与电力市场的身份认定、注册流程、结算出清、结算支付等运行规则，并在执行品种、时序、补偿额度等方面进行优化调整。①

四、完善储能参与市场的配套政策建议

（一）完善抽水蓄能参与市场的配套政策建议

1. 坚持抽水蓄能的公共基础设施的属性定位，做好整体规划。不同于新型储能，抽水蓄能是依托于地形地质要素和电网布局要素的大中型水电工程，因此，应明确抽水蓄能电站和其他国家电力设施一样属于公共基础设施，具有社会福利性，国家应保障其处于一种正常的盈利水平，这种盈利水平既不能过高也不能过低。由于一次性投资大、工期较长，抽水蓄能电站建设必须站在全局高度，进行全国、区域和省域的总体规划，根据区域经济结构发展和电力供需形势，基于新型电力系统需求和清洁能源基地布局进行开发规划，并做好与国土空间规划、生态环境保护规划等的协调。不同于一般的抽水蓄能电站，随着技术的突破，未来梯级抽水蓄能和海水抽水蓄能电站的建设与运行成本将会更低，它们参与电力系统调节可继续沿用现行抽水蓄能电站参与市场的政策使它们取得额外的补偿，以激励抽水蓄能电站整体效率的提高。

2. 明确抽水蓄能电站属于清洁电力设施。抽水蓄能电站具有多重效益，不能简单地以抽水电量来衡量其碳排放量。一方面，抽水蓄能电站本身并不是严格意义上的电力生产者，它只是对电量进行时移，自身实际上没有产生碳排放。虽然抽水蓄能电站抽水时消耗的火电在生产时具有碳排放，但抽水电量的碳排放应计在源头火电厂上，而不应计在抽水蓄能电站上。火电厂排

---

① 参见杨晓冉：《储能并网：收益扩大 问题待解》，载《中国能源报》2023 年 5 月 29 日，第 2 版。

放的碳价通过上网电价进行传导，有利于火电厂采取措施削减碳排放，提升其上网电价的竞争力。当然，如果将碳排放计算在抽水电站上，由于碳价不应反复计算，那其抽水电量的价格应减去火电厂上网电价中的碳价部分。另一方面，抽水蓄能电站为电力系统稳定调节发挥作用，提高了电力系统的整体效益，如减少投资和资源浪费、促进新能源消纳等方面也具有碳减排的效果。因此，抽水蓄能电站在整体上属于清洁电力设施。

3. 完善抽水蓄能标准体系。我国在规划设计、工程建设和运行管理方面虽已逐步形成抽水蓄能技术标准体系，但随着抽水蓄能电站发展进入新阶段，这种技术标准可能难以满足实际需要。因此，在实现“双碳”目标与建设新型电力系统的背景下，应进一步完善抽水蓄能电站规划调整技术规范、调度运行规程等方面标准体系建设，使抽水蓄能电站规划、设计、建设、运行更加规范化，并做好各层标准之间的衔接配套工作。①

4. 合理确定抽水电价。抽水电价可以电网内燃煤电站平均（或低谷）燃料成本为基础进行确定，并将之作为制定两部制上网电价、辅助服务价格的基础，同时对标杆抽水电价建立与电煤价格的联动调整机制；采用市场招标（或参与市场）方式确定抽水电量来源，并以招标电价（或竞争电价）为基础确定的抽水电价作为抽水蓄能电站与电网实际结算价格。②

5. 明确抽水蓄能效益补偿分摊机制。将抽水蓄能的服务效益划分为容量效益和电量效益，通过分析抽水蓄能电站的运行对电网公司以及发电企业产生的运营效益，以电网公司和发电企业的运营收益为依据对支付费用进行分摊补偿。基于“补偿成本，公平负担”原则，应结合抽水蓄能电站服务对象（电力系统和新能源基地）对其进行服务补偿，运营上可以采取电网公司与若干大型机组发电企业联合租赁经营的模式。采用这种经营模式可使抽水蓄能电站的运营对电网公司和发电企业产生的效益实现“算得出、看得见、拿得着”，对在电力系统中充分发挥抽水蓄能电站的功能作用具有积极推动作用，同时对抽水蓄能电站的生存发展具有重要的现实意义。因此，应抓紧制定抽水蓄能电站效益补偿分摊方法和抽水蓄能电站效益补偿和成本分摊实施细则，

① 参见郝军：《“双碳”目标下抽水蓄能发展思考》，载《西北水电》2022 年第 6 期。

② 参见王妍月：《利益相关者视角的抽水蓄能电站定价机制》，载《水利经济》2023 年第 2 期。

规范抽水蓄能电站效益补偿分摊计算方法及其合理性分析技术，为抽水蓄能电站的效益补偿分摊提供规范化、标准性的技术要求或技术方案，由水利、电力等相关部门批准试行，使抽水蓄能电站效益补偿分摊做到“有法可依、有法必依”，为抽水蓄能电站的建设投入和运行提供必要的切实保障。[①]

（二）完善新型储能参与市场的配套政策建议

目前，新型储能的主体是电化学储能，因具有建设周期短、调节快速灵活、运行效率高、技术路线多元等优点，成为建设以新能源为主体新型电力系统的重要技术支撑。对于新型储能参与市场而言，中央层面的总体政策框架已经成型，重在各地结合实际情况，将这些政策指引转化成政策细则为新型储能参与市场提供具体的规则依据。以下就新型储能参与市场的具体政策提出几点建议：

1. 以系统整体观来优化配置储能。随着高渗透率新能源接入，储能配置需要兼顾单个或多个应用场景下的技术指标和经济指标，储能设施或设备的经济性、技术可靠性以及应用场景的多元性是储能配置需要考虑的重要因素。[②] 储能配置方案，一方面，需考虑局部约束与系统整体灵活性，从综合效益和经济性最优的角度进行规划，在全网层面满足调峰、调频需要，在特殊场景局部结合电网安全可靠和新能源消纳需求进行灵活布点，发挥系统调节效益；另一方面，需考虑不同类型储能的可靠性和经济性及控制策略，结合不同应用场景的时间尺度特性和需求，开展混合储能优化配置，以最低成本实现最大限度提高灵活性的目标。[③] 同时，未来储能将与电力系统深度融合，在规模和布局上将与系统各类电源和电力流呈现协调发展态势。因此，应从能源电力发展全局出发，研究开展多点布局储能系统协调控制，实现广域布局分布式储能系统的通信与数据共享、协调控制以挖掘储能调节特性，提升

---

① 参见王妍月：《利益相关者视角的抽水蓄能电站定价机制》，载《水利经济》2023 年第 2 期。

② 参见李相俊等：《新能源侧储能配置技术研究综述》，载《中国电力》2022 年第 1 期。

③ 参见黄碧斌等：《中国电网侧储能在典型场景下的应用价值评估》，载《中国电力》2021 年第 7 期。

系统灵活调节性。[①]

2. 将新型储能区分为市场化储能和非市场化储能，分设成本回收渠道。现阶段，根据投资主体的不同，将新型储能区分为市场化储能和非市场化储能，而且以市场化储能占主导。前者由除电网外各类市场主体投资，通过市场化渠道回收成本；后者由电网公司投资，通过输配电价回收成本。对于市场化储能也应以共享、独立储能为主，明确其市场主体地位，降低储能的放电功率至0.5MW为宜，仍高于美国的0.1MW[②]，因当前中国电力市场化尚不够充分，可适当提高准入门槛，之后再逐渐下调。制定其接入系统相关标准，简化审批流程，允许其平等参与电力市场各环节竞争，包括电能量市场、各类辅助服务市场；价格机制方面，明确储能投资回收机制、成本分摊机制等，继续完善现有电力现货市场和辅助服务市场机制，最终平滑过渡至适应新型电力系统的电力市场体系；调度运行方面，根据系统实际需求，考虑全社会成本效益优化，制定合理、公平的调用规则，可考虑逐步从地市、省级、区域级和全国电网推进调节性资源统一调度，伴随着全国统一电力市场的逐步形成，构建出科学合理公平的市场和价格机制。对于非市场化储能：一方面，将经过论证需要配置的储能计入电网公司准许成本；另一方面，应采取“一事一议”且公开透明的机制审核储能投资项目。[③] 随着电力市场的发展成熟，应适时将非市场化储能分批次转化为市场化储能。

3. 充分利用现有政策为储能参与市场提供途径。中央政策指引新能源电站要配建适当比例的储能设施，并给予倾斜并网的政策优待，这一方面引导电源侧储能向新能源富集地区布局；另一方面也有利于电源侧储能通过市场化手段回收投资。“新能源+储能”将储能作为新能源电源一部分这一模式，一方面可以减轻电网侧系统调节与成本压力，另一方面将储能成本与效益折入上网电价，实现储能成本在电源端消化。因此，有必要对于新能源电站上网电价有所区分，按发电质量来确定上网电价。为保持上网电价具备市场竞

---

① 参见李建林等：《规模化分布式储能的关键应用技术研究综述》，载《电网技术》2017年第10期。

② 参见陈启鑫等：《储能参与电力市场机制：现状与展望》，载《电力系统自动化》2021年第16期。

③ 参见文婷等：《广东新型储能配套政策建议》，载《南方能源建设》2022年第4期。

争力，新能源电站必须提高运行效率。[①] 如此，可激励新能源与储能技术的协同进步。在上网电价中，新型储能可参考传统抽水储能电站执行两部电价，容量电价可保证了投资者每年的基础收益，电量电价可保证新型储能电站能够盈利。[②] 同理，在电网侧建设的独立储能设施也可将成本与收益关联输配电价[③]，对电网输配电质量进行考核，按输配电效果来确定过网费。对于用户侧储能，应及时出台用户侧储能的系统接入审批、验收规范等，降低或取消中大型储能项目的基本容量电费。[④] 通过完善分时电价机制来提升需求侧响应能力与效果，通过价格信号引导用户侧储能高效参与系统调节。目前峰谷价差调整频次和幅度较低，可能与电力系统实际发展需求脱节，应根据电网实际负荷特性和调节需求，对峰谷价差幅度、时段和需求侧响应价格进行动态调整，释放正确的价格信号，引导用户侧储能高效参与系统调节。[⑤] 在现行分时电价机制的基础之上，改进峰谷时段以及峰谷之间的价格设定，将调节响应能力与效果作为重要因素来确定储能调节服务价格，以激发用户侧储能响应调节的潜力与活力。

4. 鼓励企业对储能商业模式进行可控探索。此处商业模式是指企业做生意的方法，是一种能够为企业带来收益的模式，即盈利途径。储能企业以什么路径参与并满足电力系统调节需求，又以什么方式计算其调节服务价值并获得价值补偿，就体现在储能商业模式上。储能商业模式关乎储能企业能否成功融入电力系统，能否得到正当合理的收益。成熟稳定的储能企业的商业模式本身表明其参与电力市场已经得到电力系统现有主体以及各监管主体的认可。不同于抽水蓄能已形成较为清晰的商业模式，当前我国新型储能尚未形成相对成熟稳定的商业模式。现在已知的新型储能商业模式包括：电网租

---

① 参见元博等：《电力系统中储能发展前景及应用关键问题研究》，载《中国电力》2019 年第 3 期。

② 参见陈婉：《构建新能源体系着力点在哪里?》，载《环境经济》2023 年第 5 期。

③ 参见苏文婧等：《以新能源为主体的新型电力系统建设面临的问题》，载《云南电力技术》2022 年第 1 期。

④ 参见陆如意：《加快规划建设新型能源体系 相关企业这样说》，载《第一财经日报》2023 年 3 月 7 日，A4 版。

⑤ 参见元博等：《电力系统中储能发展前景及应用关键问题研究》，载《中国电力》2019 年第 3 期。

赁、用户自建储能、云储能、共享储能、独立储能、表前储能、表后储能[①]、新能源+储能、火储联合调频、峰谷价差套利、现货价差套利+容量租赁+容量电价补偿、现货价差套利+一次调频、价差套利+调峰容量市场[②]、储能聚合商[③]、"储能+"综合能源服务、虚拟电厂[④]、储能+充电桩[⑤]等，不一而足。鉴于发展储能的重要性，在实现"双碳"目标与构建新型电力系统的背景下，应鼓励新型储能企业与电力系统中的现有企业就储能商业模式开展可控示范探索以丰富储能参与市场路径。进行储能参与电力系统的可控商业示范探索，可以通过个案总结经验教训，研究解决储能参与电力系统的个性与共性问题，商业模式成熟一个推广一个，有利于以更高的效率完成储能参与市场的具体规则发现与创制。

5. 完善储能技术标准为储能参与市场扫清障碍。随着储能技术发展不断成熟，储能应用领域也越来越广泛，储能技术标准也应该同步完善起来。这既是储能进一步发展的需要，也是实现储能调用与协调控制，促进储能参与电力市场的需要。储能在整体上应有一个基础性的技术标准，同时面向不同应用场景的储能也应有相对应的标准。因此，制定完善的储能技术标准就是为储能产品标准化、市场化服务的。当然，储能技术标准的制定需要经受实验室与实践运用的检验，短期内尚难以全面完成，可以先从企业标准、行业标准抓起，通过行业领先者对技术标准的带动，逐步提高和完善整个储能技术标准。

五、结论与展望

储能能够时移电能量，在构建新型电力系统的任务中将发挥非常关键的

---

① 参见李建林等:《电网侧储能发展态势及技术走向》，载《电器与能效管理技术》2020年第5期。

② 参见余璇:《新型储能扶上马还需送一程》，载《中国电力报》2023年4月21日，第3版。

③ 参见乔琦等:《资源盘活　打造源网荷储一体化高地》，载《中国电力企业管理》2023年第11期。

④ 参见陈思培等:《浙江电网峰谷差调控精益化管理探析》，载《中国电力企业管理创新实践(2021年)》。

⑤ 参见宋丽斐等:《电动汽车与绿电融合示范实践——园区光储充微电网技术应用示范实践》，载《上海节能》2023年第3期。

作用。鉴于当前储能技术及产业发展尚不成熟，在电力系统中亦未全面进入大规模应用，加之我国电力市场化程度本身有限，储能参与电力市场受到多重限制。但是，储能融入电力系统并在市场中获得价值补偿是构建新型电力系统所必须面对的问题。为此，中央部门在为储能提供参与市场提供政策支持和指引之同时，也鼓励地方先行先试，毕竟储能参与市场不仅是一个理论问题，更是一个实践问题。各地在中央发展储能政策的框架下，可以就储能参与市场的具体问题进行可控示范探索，及时总结经验教训并完善相关配套规则以利推广应用。

就储能参与市场的配套政策供给而言，仍应坚持中央宏观调控与地方积极探索相结合的原则。中央全面掌握地方实践探索需求，为地方实践中需要中央拍板支持的大政方针提供方向指引。地方应坚持在可控原则下进行积极探索，探索储能参与电力系统的适宜应用场景与商业模式，并探索每种商业模式下所需要的配套政策和实施规则。因实践具有可控性，如果商业模式被证实存有不足可及时修正，即便选择废弃也不会波及范围过大。如此，在丰富的探索实践中一定能找到储能参与市场的多种适宜的商业模式，伴随电力市场的发展完善，储能参与市场的政策与规则问题将会得到逐步解决。从立法的角度来看，当前对于储能参与市场尚难以通过法律进行全面调整，但在下一次修改《电力法》时，应明确储能在电力系统中的角色定位，承认储能在电力市场中的主体地位，并补充加入电价中关于储能成本与收益的分摊问题。接着，国务院应及时完成对《电力供应与使用条例》《电力设施保护条例》《电网调度管理条例》《电力监管条例》等行政法规中涉及储能内容的补充修改工作。条件成熟的，有地方立法权的地方人大常委会也可以根据上位法的指引，结合本区域的实际情况，将储能相关内容纳入相关地方电力法规之中。更进一步来说，未来出台的《能源法》也应明确储能在新型能源系统中的角色定位，为储能参与能源互联网提供法律依据。

第七章　促进可再生能源消纳之市场化政策法律保障研究

一、可再生能源消纳概述

（一）可再生能源发电

可再生能源，即不需要人力参与便会自动再生，是相对于会穷尽的非再生能源的一类清洁能源，对环境无害或危害极小，而且分布广泛，适宜就地开发利用，主要包括太阳能、水能、风能、海洋能、生物质能、地热能等。[①] 我国《可再生能源法》第 2 条第 1 款将可再生能源界定为："……指风能、太阳能、水能、生物质能、地热能、海洋能等非化石能源。"水电在我国已经属于常规能源，当前重点开发利用的可再生能源主要是指风能、太阳能、生物质能等非水可再生能源。由于篇幅所限，本章研究消纳的可再生能源主要是指风电和太阳能光伏发电。

风力发电是风能利用的主要形式，包括陆地风能资源和海洋风能资源两大类，具有空间和时间上的多变性。现阶段对风电的开发利用主要是陆上风电。陆上风电资源丰富地区主要集中在西北、华北等北部地区，约 70% 的风电装机集中在"三北"地区。

太阳能发电主要包括太阳能光伏发电和太阳能光热发电。目前太阳能光伏发电应用量大，而太阳能光热发电应用还处于示范推广阶段，短期内适用量小。从装机分布来看，光伏发电在我国呈现东中西部共同发展格局，约 60% 的光伏装机集中在"三北"地区；从光伏利用产业化水平来看，中东部

---

① 参见《中国大百科全书》（第 3 版网络版），载 https：//www. zgbk. com/。

发达地区较高，尤其是分布式光伏发电。

（二）可再生能源电力的优缺点

可再生能源电力既有优点，也有不少缺点。如风能优点包括：免费且可再生；清洁环保；建设周期短，组装机模式灵活，技术较为成熟，投资成本较低，可预见性高；运行维护简单；发电运行方式多样化等。风能缺点包括：风力发电在时间上具有随机性、间歇性和波动性；风能资源分布空间上具有非均衡性；风能密度低；对环境有负面影响；受土地、海域条件限制较大等。

光伏发电的优点主要包括：免费，可再生；建设周期短，组装机模式灵活，技术较为成熟，投资成本较低，可预见性高；运维相对简单；具有广泛适应性；环境友好。光伏发电本身不使用燃料，不排放包括温室气体和其他废气在内的任何废弃物质，对环境友好。光伏发电的缺点主要包括：发电具有间歇性、波动性和随机性；太阳能资源分布地区差异性较大；能量密度低；转换效率低；光电机组无机械转动，涉网性能差；光电受环境因素影响较大，同时对环境也有污染等。

另外，可再生能源的发电并网也能对火电等传统发电企业、电网企业、电力用户等相关利益主体产生负外部性。[①] 对火电企业，可再生能源发电并网不仅通过替代效应减少了火电的发电量和发电收入，还造成火电机组的改造成本、机组检修成本等的增加；对电网企业，需要装设更多调节装置、储能和入网设施，建设输电通道，增加了电网企业的额外支出；对电力用户，可再生能源发电并网的不稳定性影响了电力用户的安全稳定用电，同时，部分可再生能源电价高于当地的煤电价格，用户用电成本提高。另外，可再生能源开发也会造成外部社会成本的增加，如因风电的开发致使风电场景观价值的减损、噪声污染、对文化和环境的破坏，以及邻近土地利用者因可再生能源开发土地价值受损的成本。[②]

---

① 参见赵会茹等：《可再生能源发电并网外部性及电价研究》，中国电力出版社 2016 年版，第 13 页。

② 参见崔金星：《可再生能源市场化消纳的环境法思考》，载《新时代环境法的新发展——流域（区域）环境法治的理论与实践：中国法学会环境资源法学研究会 2018 年年会暨 2018 年全国环境资源法学研讨会会议论文集》，中国湖南长沙，2018 年 10 月 20 日。

（三）可再生能源消纳

由于电能量不能存储，电能量生产与使用需要保持实时平衡。当电能供不应求时，可能会出现拉闸限电问题；当电能明显供过于求时，可能会出现电力消纳问题。从电能本身的特性来看，如果电能资源过多而无法被及时消耗，且电网内部缺乏有效的储存空间，会导致剩余的电能被浪费。[①] 通俗来讲，电力消纳即电力的消化、吸纳，通过各种手段将发电企业发出的富余电量进行上网，并调度到有电能需求用户侧。可再生能源电力消纳便是将超出的可再生能源电量进行上网，完成可再生能源电力的使用和消费。常见的对可再生能源电力消纳情况的量化指标是“弃电”情况，较为突出的是弃风弃光，即“弃风率”和“弃光率”[②]。

二、可再生能源消纳问题

风光电力等可再生能源属于清洁能源，按理说比火电更容易被社会所接受，当前在我国整个电能量产出结构中也占比较小，应该是畅销品才对，为何还出现消纳问题呢？当前，以风光为主的可再生能源发电“靠天吃饭”的特点使可再生能源发电与负荷存在时间上的不稳定性和空间上的不均衡性。尤其是构建新型电力系统背景下各地风光电大量并网，加重了发电与用电在时间和空间上的错配，使一些地方存在弃风弃光现象，令人扼腕。从当前实践情况来看，可再生能源电力并网消纳困境的持续存在已成为制约我国可再生能源发展的重要“瓶颈”。

（一）产消时间空间存在不匹配现象

1. 可再生能源产消时间上存在错位现象。在时间层面，风光资源受环境和天气的影响极大，不同天气条件对可再生能源电力消纳的影响程度不同。尤其是在年、季、月、周、日、时等不同时间尺度上，发电量的变化很大，

---

① 参见王武林：《强风地区平单轴光伏电站稳定性分析与优化研究》，载《光源与照明》2021 年第 10 期。

② 参见宋枫：《新能源消纳问题研究》，科学出版社 2019 年版，第 3 页。

风光出力往往与用电负荷高峰时段不匹配。按季度来看，风电和光伏发电量最多的时间集中在春、秋、冬三个季节，而从全国用电量来看，用电高峰集中在夏季。由此可见，可再生能源发电量多的季度，全国用电量较少，此时可再生能源发电将面临较大的消纳压力，而可再生能源发电量少的季度，全国用电量较多，此时消纳压力有所缓解。2022 年，风光发电量和全国不同季节用电量，统计如图 7 - 1 所示。

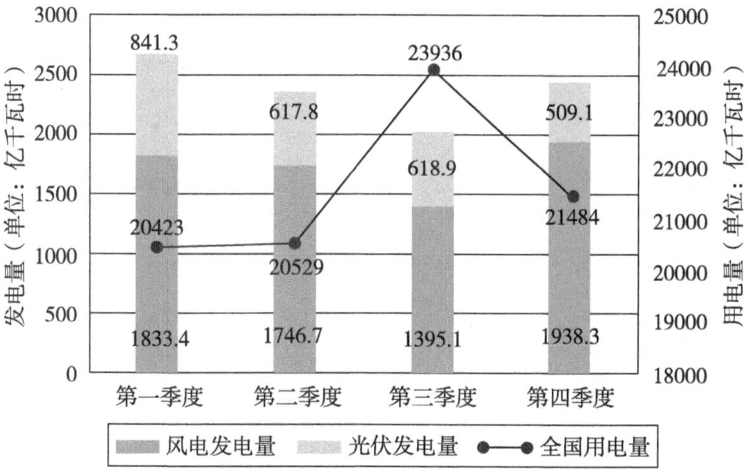

图 7 - 1　2022 年风光发电量和全国不同季度用电量统计

从图 7 - 1 可以看出，风光发电高峰季度依次是一、四、二、三季度，而全国用电的高峰季度依次是三、四、二、一季度，存在季度性产消错位现象。对于有些地区，可能就存在供过于求的消纳问题。除了季节性消纳的不平衡，昼夜之间也可能存在消纳差距。对于光电来说，发电时间与用电高峰总体呈正相关，但也存在夜幕降临无电可发，而用电仍然未止的困境。风电不稳定性更强，在不考虑电力调度和调节的前提下，风电虽然能归纳出季节特性，但风力忽大忽小、时有时无，起伏更为剧烈。一般来说，风力发电晚上大、白天小；早晚大、中午小，而从现实情况来看，我国用电高峰时段集中在 08: 30—11: 30、18: 00—23: 00，用电平时段为 07: 00—08: 30、11: 30—18: 00，只有 23: 00—7: 00 为用电低谷时段，与风电发电量呈负相关。因此风机运行率低的时段弃风现象随之产生，消纳压力增大，要求较强的电网电力平衡控制力度。

2. 可再生能源产消空间上存在错位现象。在空间层面，可再生能源电力消纳受到资源分布的影响。陆上风电主要分布在西北、东北、华北等北部地区；海上风电主要分布在东南沿海、台湾海峡附近；光伏电站主要分布在西北地区。总体来看，风光发电主要集中在三北地区，装机集中度高、发电量大。我国电力消费与可再生能源发电呈逆向分布，主要集中在中东部地区和西南沿海地区，所需负荷量较低、消纳空间不足，存在可再生能源电力消纳空间上的错位现象，局部地区弃风弃光现象比较严峻。以 2021 年数据为例，我国部分地区风光发电量与用电量统计如图 7－2 所示。

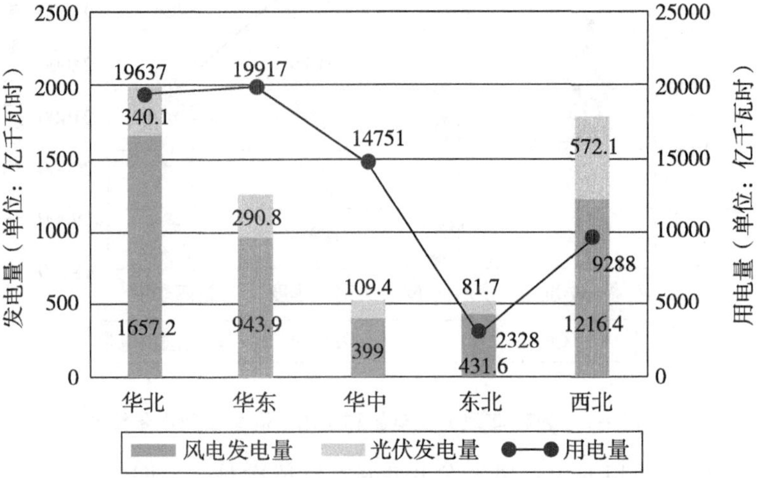

图 7－2　2021 年我国部分地区风光发电量与用电量统计

从图 7－2 可以看出，2021 年我国地区用电量从高到低依次为：华东、华北、华中、西北和东北，而风光发电量从高到低依次为华北、西北、华东、东北和华中。相比较而言，华东、华中风光发电少而用电量多，西北、东北发电量多而用电量少，存在发用电地区间的错位现象。总体上呈中东部用电量多风光发电量少，西北部用电少风光发电量多。各地区消纳情况的差异除与地区内的资源多少和消费状况有关，还与跨区的电力输送条件有关。西北、西南和华中是主要外送电区域，合计送出电量占全国跨区送电量的一半以上，有助于缓解西北区域部分省（市、区）弃风、弃光局面，但当前跨区电力输送还存在区间壁垒与制度阻碍，影响地区间可再生能源电力消纳的平衡发展。

（二）风光电源边建边弃现象严峻

随着构建新型电力系统以及能源清洁替代进程的推进，各地逐步减少对煤炭等化石能源的依赖，吉瓦级可再生能源基地兴起，风光等可再生能源发电装机容量呈爆发式增长，逐渐成为装机的主体。根据国家能源局的统计数据，近五年我国风光发电装机容量情况见表 7－1。

表 7－1　近五年风光发电装机容量统计表

单位：吉瓦

年份 装机容量	2018 年	2019 年	2020 年	2021 年	2022 年
风电装机容量	184	210	282	329	365
光电装机容量	175	205	253	307	393

从表 7－1 可以看出，我国风电装机量五年内几乎翻番，而光电装机量则翻番有余。2018 年我国风光发电量只有 0.54 万亿度，而 2022 年这一数字达到 1.19 万亿度，五年内实现了倍增，迅速增长的发电量也给风光电力的消纳带来压力。

在风光装机量和发电量大增的同时，电网侧和需求侧面临着较重的消纳压力。从地方来看，由于风光电源规模与用电规模不匹配、电网送出工程建设与电源建设不匹配等因素，内蒙古、青海、新疆、宁夏等部分省区仍然存在较为严峻的可再生能源发电项目弃置情况，消纳问题突出。一边是风光电源的大规模建设，另一边是发出的电能量难以消纳造成电厂的弃置，风光电力发展出现了边建边弃的现象。更有甚者，内蒙古乌兰察布市的北方龙源辉腾锡勒风场，单场装机规模名列世界第一，却不得不拆除风机，除了要保护当地自然生态环境，更是与风电消纳困难有关。2017 年 2 月，国家能源局在其发布的《2017 年全国风电投资监测预警结果》中，明令内蒙古、黑龙江、甘肃等六省份不得新建风电项目，要求采取措施做好风电并网和消纳工作。“不得新建风电项目”虽然在一定程度上能缓解风电消纳压力，但与当前构建新型电力系统的目标相违背。

当前，可再生能源的发展已进入跃升阶段，守住这个成绩并不容易。在

“双碳”目标、构建新型电力系统、“十四五”规划等背景下，可再生能源电力将迎来更大规模、更高速度的发展。据预测，2060 年我国电源总装机将达到 80 亿千瓦，其中，以风光为主的可再生能源成为电量供应主体，消纳难度将大幅增加。因此，迫切需要完善相关政策和法律制度保障，以助力可再生能源电力的大规模发展和稳定消纳。

三、可再生能源消纳问题的成因

导致风光电力消纳问题的最直接原因，在于风光电源的不稳定性、分布不均衡等自然属性影响了电网的稳定与安全，造成电力供需差。目前电源侧、电网侧、需求侧、储能侧的“硬基础”保障存在不足，技术性措施也存在欠缺，进一步加剧了风光电源自然特性造成的消纳问题。

1. 电源与电网规划建设脱节。我国实行厂网分开改革之后，源网建设也各自分开。国家层面对电力系统规划的顶层设计，缺少电源与电网的统一规划，更无能源、生态、安全一体化统筹的综合性规划。当前，可再生能源电源建设速度远超电网建设速度，导致电源与电网建设脱节。可再生能源大开发的同时，电网建设未能跟进，又加上外送通道堵塞，导致出现东部省份负荷高速增长，“缺电频发”，而西部、北部由于风光电力无法送出消纳的“窝电”现象，能源配置机制失控。①

2. 灵活性调节电源作用发挥不足。调节性电源可以对风光发电进行调峰调谷，在风光发电高峰时段减少或停止出力，在低峰时段能补充出力，以提供充足的消纳空间。这要求火电等传统能源发电企业承担更多灵活性调节功能，由主要的供电主体向保障性、调节性角色转变。② 但目前调节电源设备的改造程度和调节能力无法充分保障风光发电高峰期的剩余电量得到调节和利用，已成为风光电力消纳时间不均衡从而造成弃置率高的主要因素。此外，虽然风光装机规划已经非常注意消纳问题，但由于资源禀赋的影响，装机布

---

① 参见崔金星：《可再生能源市场化消纳的环境法思考》，载《新时代环境法的新发展——流域（区域）环境法治的理论与实践：中国法学会环境资源法学研究会 2018 年年会暨 2018 年全国环境资源法学研讨会会议论文集》，中国湖南长沙，2018 年 10 月 20 日。

② 参见韩肖清等：《双碳目标下的新型电力系统规划新问题及关键技术》，载《高电压技术》2021 年第 9 期。

局仍主要集中在风光资源丰富区域，使消纳空间不均问题仍较为严峻，也反映出风光发电企业的监管和准入制度尚需完善。电源侧调节能力不足还在于：风光等可再生能源发电占比不断提升，压缩了火电等传统能源发电企业的生存空间，加大调节压力；改造技术不完善，改造的补偿和成本分摊法律制度存在缺陷使火电等传统能源灵活性改造较为滞后，火电机组的调节范围小、速度慢；我国面临着缺油少气、水电资源剩余可开发容量不大等问题，抽水蓄能、燃气等灵活性调节电源占比较小、数量有限，不能满足可再生能源装机和发电量的大规模发展需求。另外，大量存在的企业自备电厂不承担系统的调峰任务，增加系统调峰压力，挤占清洁能源消纳空间。①

3. 电力需求放缓且有随机性。用电需求侧更是影响风光等可再生能源电力消纳的重要因素。当用电负荷量大时，可以有效保障风光电力的利用率；用电负荷量小时，风光电力的利用率相对较低，弃风弃光率加大。新型电力系统中，需求侧对风光等可再生能源电力消纳问题的影响主要体现在两个方面：一是电力需求放缓，供需失衡，造成风光发电项目弃置以及消纳空间不均衡；二是大量用户成为电力的“产消者”，使电网的安全稳定运行进一步复杂化②，加大了风光电力利用的波动性，消纳难度增加。当前，我国向中高收入国家过渡，经济发展速度和社会用电负荷增长趋缓。在“双碳”战略和构建新型电力系统的背景下，风光等可再生能源装机保持较快增长，用电市场难以支撑新增风光等可再生能源发电，造成一些风光发电项目的弃置。此外，电力用户“产消者”角色可能会影响电网稳定。电力用户除了对电网中的电力进行消费，还通过分布式储能、分布式电源等向电网输出电力，使局部配电网向主网倒送功率，电网的安全稳定性受到威胁。电力市场中的用电需求难以被准确、及时地反映出来，影响风光等可再生能源电力的并网消纳，加大消纳的不稳地性和消纳难度。此时需要开展需求侧响应，促进电力需求随发电量变化而变化，使风光等可再生能源电力供应和需求相适配。

---

① 参见崔金星：《可再生能源市场化消纳的环境法思考》，载《新时代环境法的新发展——流域（区域）环境法治的理论与实践：中国法学会环境资源法学研究会2018年年会暨2018年全国环境资源法学研讨会会议论文集》，中国湖南长沙，2018年10月20日。

② 参见陈国平等：《基于能源转型的中国特色电力市场建设的分析与思考》，载《中国电机工程学报》2020年第2期。

4. 储能建设受到制约。储能对风光等可再生能源电力的消纳不可或缺。风光发电高峰期，储能将剩余的、不能及时使用的电量储存起来，并在需要时通过能量转化释放出电力，是解决弃风弃光问题的关键技术。在传统电源侧，储能设施主要建在火电厂，负责提供二次调频服务；在风光电源侧，储能可以平抑风光发电，弥补风光发电的不稳定等缺陷，避免弃风弃光现象；在电网侧，储能主要帮助实现削峰填谷、调频调压，缓解电网阻塞，保障用电负荷等；在需求侧，储能不仅可以作为分布式电源自发自用，提高局部供电可靠性，也可以利用峰谷电价差套利，降低用电成本。储能对风光电力进行“存储式”调节，贯穿整个电力系统，可以极大提高电力系统利用率，保障电力系统的稳定性，对解决风光电力消纳时间上不匹配的问题发挥着重要作用。但一直以来，储能技术未完全成熟、建设成本高、准入门槛高、总体规模小等因素使储能建设利用受到限制。当前，电力系统的调节主要依赖于传统电源的灵活性调节而不是储能。储能调节的经济性不足，若仅依靠储能进行调节，将会出现风光电力消纳成本远超风光电源自身投资成本的情况。① 为解决消纳问题，相关部门要求在电源侧、电网侧和需求侧配建储能，但由于成本疏导、补贴等制度不完善，配建储能无疑会加重电力企业的负担。各地配建储能的积极性不足，储能在风光电力消纳中的价值未真正发挥出来。这也从侧面反映出相关补贴和费用分摊制度亟须完善。

5. 电力市场主体间利益协调困难。在构建新型电力系统背景下，风光电力份额的不断增加必然导致火电等传统电力的减少，我国建立在传统能源基础上的电力管理制度与当前风光电力发展与消纳的要求存在不协调。在现行电力体制下，由地方政府制订本地火电机组的刚性发电计划，而火电等传统能源发电企业与地方政府为了完成火电的年度计划，往往不愿出让火电的电量空间，甚至限制风光等可再生能源发电并网。② 虽然《可再生能源法》《可再生能源发电全额保障性收购管理办法》等规定了对可再生能源电力的优先调度和全额保障性收购可再生能源发电，但可再生能源发电量计划仍由省级

① 参见谷峰：《新型电力系统到底“新”在哪里?》，载《中国电力企业管理》2022 年第 10 期。

② 参见曹炜：《可再生能源配额制建构中的地方政府的消纳义务》，载《地方立法研究》2019 年第 2 期。

经济运行主管部门制定，仍具有电力计划体制的本质特征。地方政府保护火电企业必然会对省内可再生能源电力消纳责任的合理分配和全额保障性收购制度的执行产生影响。电网企业和发电企业之间具有平等主体地位，按理说二者能顺利协商确定两者之间的并网协议和购售电合同。实际上，电网企业尚具有一定的公共管理职能，与风光发电企业在法律地位上难有真正的平衡性和对等性。电网企业在电力系统中具有垄断地位，拥有电网的所有权、经营权、输电权以及买卖电力的独家经营特权，负责组织和协调电力系统运行，对电力市场具有极强的控制力。例如，作为公共服务的提供者，电网企业可通过竞价上网选择发电企业，而发电企业却不能选择电网企业。由于风光电力存在间歇性、波动性会给电网安全稳定运行带来挑战，电网企业往往凭借其垄断的优势地位，剥夺或限制风光发电企业公平入网的机会。而且，当前各个地区的输配电网一般是由当地电网企业独家投资建设并承担相应的成本。出于自身利益的考量，电网企业对为相对偏远的风光电源投资建设电网及配套设施的意愿不强，造成部分地区电网输送能力不足，从而影响风光电力的优先并网和消纳。

由上可以看出，我国当前出现的风光电力消纳问题是由多方原因造成的。除了源网建设规划不合理、电网接纳能力受限、用户电力消费能力不强、风光电力外送能力不足等因素外，公平合理调节各主体间利益关系的有关促进风光消纳的政策法律制度不健全也是其中重要的原因。以上原因大致可以归为两类：一类为物理技术原因；另一类是社会原因。此处的物理技术原因，就是指风光发电及当前电力系统的物理特性。由于风光电源的间歇性和不稳定性，一定比例的风光电力并网会给现行的电网造成非常大的冲击，比例越高、冲击越大。这就要求：一方面，现行电网需要进行改造，以便承载风光等这种不稳定电源并网输送；另一方面，风光电源亦需改进，如配备储能来平滑风光出力曲线，改善涉网性能。当然，大量风光电源远离负荷中心也是造成其消纳难的物理原因之一，毕竟需要建设更多的输送通道。技术上的原因则更为突出，在本书第二章关于新型电力系统构建所面临的挑战中有较为详细地阐述，此处不再赘述。社会原因，则为体制、机制、政策、法律、制度、规则等方面的原因。一方面，我国电力市场化程度不高，电力系统诸环节存在一些固化的既得利益者，而且相关主体的实力与地位并不完全平等；

另一方面，发展风光电力除了具有减少温室气体排放、保护环境等正面作用外，风光电力发展也有一定的负外部影响，会触动一些人的利益，其间错综复杂的利益关系在短期限内不易理顺。正如业内普遍认为的，造成当前风光等可再生能源电力消纳困难的根源“七分是体制，三分是技术”①。

四、促进可再生能源消纳之市场化政策法律供给情况及不足

所谓可再生能源消纳之市场化政策，是指为促进风光等可再生能源的直接消纳，政府出台的有关主体、市场、流通、交易、价格等利用市场机制方面的政策措施。广义的可再生能源消纳市场化政策还包括间接促进可再生能源消纳的有关市场政策措施。鉴于当前我国电力市场化程度不高，有些促进风光电力消纳的市场化政策还带有一定的行政性色彩，表明我国当前建设中国特色社会主义法治的背景下，风光电力消纳的市场化政策是在国家宏观调控之下的市场化政策，不存在完全放任自由的市场化政策。接下来，考察一下我国当前促进可再生能源消纳市场化政策供给情况，然后分析这些政策存在的不足。

（一）促进可再生能源消纳之市场化政策供给情况

1. 全额保障性收购制度。2005 年 2 月通过的《可再生能源法》第 14 条规定：“电网企业应当与依法取得行政许可或者报送备案的可再生能源发电企业签订并网协议，全额收购其电网覆盖范围内可再生能源并网发电项目的上网电量，并为可再生能源发电提供上网服务。”2007 年 7 月，国家电监委发布《电网企业全额收购可再生能源电量监管办法》，对于全额收购的监管工作作出了较为细致的规定。2015 年 3 月，中共中央、国务院发布的《关于进一步深化电力体制改革的若干意见》提出“依照规划认真落实可再生能源发电保障性收购制度”。2009 年修正后《可再生能源法》第 14 条第 1 款则直接宣布：“国家实行可再生能源发电全额保障性收购制度。”同时，对于全额保障性收购制度中监管主体、实施主体、义务主体等作出明确。2015 年 3 月，国

① 参见马子明等：《以配额制激励可再生能源的需求与供给国家可再生能源市场机制设计》，载《电力系统自动化》2017 年第 24 期。

家发展改革委发布的《关于改善电力运行调节促进清洁能源多发满发的指导意见》提出政府主管部门“应采取措施落实可再生能源发电全额保障性收购制度，在保障电网安全稳定的前提下，全额安排可再生能源发电。”2016 年 3 月，国家发展改革委印发《可再生能源发电全额保障性收购管理办法》，明确实行可再生能源发电全额保障性收购，要求电网企业（含电力调度机构）根据国家确定的上网标杆电价和保障性收购利用小时数，结合市场竞争机制，通过落实优先发电制度，在确保供电安全的前提下，全额收购规划范围内的可再生能源发电项目的上网电量。该办法将可再生能源并网发电项目年发电量分为保障性收购电量部分和市场交易电量部分。其中，保障性收购电量部分通过优先安排年度发电计划、与电网公司签订优先发电合同（实物合同或差价合同）保障全额按标杆上网电价收购；市场交易电量部分由可再生能源发电企业通过参与市场竞争方式获得发电合同，电网企业按照优先调度原则执行发电合同。风光等可再生能源发电能否上网及其上网的比例，决定着其被消纳的情况，全额保障性收购实际上就是针对风光电力买家“保量保价，照单全收”。同年 5 月，国家发展改革委、国家能源局发布了《关于做好风电、光伏发电全额保障性收购管理工作的通知》，又特别强调了风光电力的全额保障性收购中一些具体要求。结合市场竞争机制，全额保障性收购计划内的风光电力在相当程度上保障了风光电力的消纳，属于一种受法律保障的未完全市场化的消纳政策与制度。保障性收购并非强制性交易，这一制度旨在对买家设置保障性收购义务，并未对卖家设置必须出卖或出卖多少的义务，毕竟收购属于市场交易行为，被保障收购的可再生能源电力的质、量、价格交易也要遵循市场规则。

2. 电能量市场交易。2016 年 3 月发布的《可再生能源发电全额保障性收购管理办法》还鼓励超出保障性收购电量范围的风光等可再生能源发电量参与各种形式的电力市场交易，通过市场竞争的方式实现优先发电，促进可再生能源电力多发满发。对已建立电力现货市场交易机制的地区，鼓励可再生能源发电参与现货市场和中长期电力合约交易，优先发电合同逐步按现货交易及相关市场规则以市场化方式实现；参与市场交易的可再生能源发电量按照项目所在地的补贴标准享受可再生能源电价补贴。同年 12 月，国家发展改革委、国家能源局发布《电力中长期交易基本规则（暂行）》[①]，规定首先安排规划内的风电、太阳能等可再生能源保障性收购小时以及可再生能源调峰机组优先发电，即优先进入市场交易。可再生能源电力参与的是传统电力市场的电能量交易，尚未建立起绿电市场，此时绿电虽进入市场交易，但并未带有绿证。所谓绿电，即可再生能源所发电力。所谓绿电交易，是指电力用户直接（或通过售电公司或电网企业间接）从风光等新能源发电企业购买绿色电能并获得相应的绿色电力消费认证。2018 年 11 月，国家能源局华北监管局出台了我国首个绿电交易规则《京津冀绿色电力市场化交易规则（试行）》。2021 年 4 月，《浙江绿电交易方案》亦出台。2021 年 8 月，国家发展改革委、国家能源局复函同意国家电网公司、南方电网公司开展绿色电力交易试点。《绿色电力交易试点工作方案》为各地绿色电力交易提供了涵盖绿电交易的参与主体、交易方式、交易价格、交易周期、优先保障、绿证等内容的基础性框架。2022 年 5 月，国务院办公厅转发国家发展改革委、国家能源局《关于促进新时代新能源高质量发展的实施方案》，再次申明开展绿色电力交易试点，推动绿色电力在交易组织、电网调度、价格形成机制等方面体现优先地位，为市场主体提供功能健全、友好易用的绿色电力交易服务。由此可见，与一般传统电力交易相比较，绿电交易最大的不同在于其交易标的为附带绿证的风电、光伏等可再生能源发电企业的上网电量。企业签订购电协议后，由国家可再生能源信息管理中心、电力交易中心核发可再生能源绿色电力证书。绿电交易实际上就是以可再生能源电能量为标的物的电能量市场交易。因此，可再生能源参与电能量市场包括带补贴的可再生能源参与传统电能量市场和不带补贴的可再生能源参与绿色电能量市场。从电力用户购买电能是从售电商还是从电力生产商来看，电能量市场交易可以分为直接交易和间接交易。通过售电商购买电能量的交易属于间接交易，而通过直接向电力生产商购电的交易为直接交易。国家发展改革委在 2015 年 3 月发布的《关于改善电力运行调节促进清洁能源多发满发的指导意见》中，要求在能源资源丰富地区、清洁能源装机比重较大地区在统筹平衡年度电力电量时，新增

---

① 2020 年 6 月 10 日，国家发展改革委、国家能源局印发《电力中长期交易基本规则》，修订并取代了原来的《电力中长期交易基本规则（暂行）》。

用电需求如无法满足清洁能源多发满发，应采取市场化方式，鼓励清洁能源优先与用户直接交易，充分挖掘本地区用电潜力，最大限度消纳清洁能源。据此，在新疆、内蒙古、宁夏等风光电力消纳压力较大的省份，该政策允许风光等可再生能源发电企业与用电量大的工业企业双方协商确定风光电量的交易价格、交易量。通过双方协商，风光电价一般比传统能源电价要低，高耗能行业由此受益明显。2019 年 1 月，国家发展改革委、国家能源局联合发布《关于积极推进风电、光伏发电无补贴平价上网有关工作的通知》，提出鼓励社会资本投资建设无须国家补贴的风电、光伏发电项目，并以试点方式开展就近直接交易。2020 年 6 月，国家发展改革委、国家能源局印发《电力中长期交易基本规则》，规定超出最低保障收购年利用小时数的部分应当通过市场交易方式消纳和结算。

3. 辅助服务市场交易。电力辅助服务需求多样，包括调频、调峰、备用、转动惯量、爬坡、调压、调相等。利用辅助服务市场促进可再生能源消纳的政策具有多元性，而利用调峰市场促进可再生能源消纳是其重头戏。从为谁调峰的角度出发，利用调峰市场促进可再生能源消纳的政策总体上可以分为两种类型：一种是为可不再生能源发电调峰；另一种是可再生能源参与调峰市场为其他主体调峰。首先，实行可再生能源调峰机组优先发电。为提高电力系统调峰能力，促进可再生能源消纳，2016 年 7 月，国家发展改革委、国家能源局发布《可再生能源调峰机组优先发电试行办法》，规定在全国范围内通过企业自愿、电网和发电企业双方约定的方式确定部分机组为可再生能源调峰。在履行正常调峰义务基础上，可再生能源调峰机组优先调度，按照“谁调峰，谁受益”原则，建立调峰机组激励机制。对于可再生能源调峰机组，按照高于上年本地火电平均利用小时一定水平安排发电计划。可再生能源调峰机组因调峰无法完成的优先发电计划，可通过替代发电交易给其他机组，即允许优先发电计划指标有条件市场化转让。其次，探索调峰替代交易。国家发展改革委在《关于改善电力运行调节促进清洁能源多发满发的指导意见》中提出：通过替代发电（发电权交易）等市场机制，实现不同类型电源的利益调节，促进清洁能源多发满发。具备条件的地区，可跨省区实施。各地应建立完善调峰补偿机制，加大调峰补偿力度，鼓励通过市场化方式确定调峰承担方。此处调峰替代交易，即风光等可再生能源发电企业与燃煤自备电厂调峰替代发电交易，是指在保证电网运行安全、可再生能源全额保障性收购、满足各地区域内用电市场和外送电的基础上，充分挖掘燃煤自备电厂调峰空间，通过加大燃煤自备电厂机组调峰力度，将可再生能源发电企业全额保障性收购电量以外的多发电量置换给自备电厂所属企业的用电负荷，以实质性提高可再生能源发电企业的发电量。根据该政策，自备电厂根据系统调度指令，在新能源发电出力较大时段，降出力运行。根据计量关口统计的下网电量，由风光等可再生能源企业给予自备电厂一定经济补偿。[①] 当前，调峰替代交易政策主要在新疆、宁夏、青海、内蒙古等西北地区实施。最后，实施需求侧响应。国家发展改革委在《关于改善电力运行调节促进清洁能源多发满发的指导意见》中提出："加强电力需求侧管理，通过移峰填谷为清洁能源多发满发创造有利条件。"该指导意见要求政府主管部门加强电力需求侧管理，鼓励电力用户优化用电负荷特性、参与调峰调频，加大峰谷电价差，用价格手段引导移峰填谷，对在高峰时段主动削减负荷的用户给予经济补偿，或通过与清洁能源开展直接交易给予补偿，缓解发电侧调峰压力，促进多消纳清洁能源。《可再生能源发电全额保障性收购管理办法》进一步要求建立供需互动的需求侧响应机制，形成用户参与辅助服务分担共享机制。鼓励通过价格手段引导电力用户优化用电负荷特性，实现负荷移峰填谷。鼓励用户参与调峰调频等辅助服务，提高系统的灵活性和可再生能源消纳能力。

可再生能源机组参与辅助服务市场，为系统提供调峰服务。2020 年 9 月，东北电监局发布《东北区域并网发电厂辅助服务管理实施细则》，构建起包括火电、水电、核电、风电及光伏等各类电源提供的除正常电能生产外的一次调频、自动发电控制（AGC）、无功调节、调峰、旋转备用、黑启动等电力辅助服务市场。该细则规定对基本辅助服务不进行补偿，只对有偿辅助服务进行补偿，当并网发电厂因自身原因不能被调用或者达不到预定调用标准时需接受考核，按并网发电厂所被调用并提供辅助服务的类型，按市场规则执行考核和补偿。辅助服务补偿所需费用由各发电机组按照当月上网电量比例分摊。2021 年 12 月，国家能源局印发《电力辅助服务管理办法》，明确界定了

① 参见王俊：《市场化机制影响新能源消纳几何》，载《中国电力报》2017 年 1 月 7 日，第 2 版。

电力辅助服务市场的交易品种并为可再生能源参与辅助服务市场提供了法律依据。

4. 新能源（绿色）微电网。微电网可以帮助实现分布式能源的多能互补、能源生产和使用一体化，使分布式能源更好参与到大电网。① 2015 年 7 月，国家能源局发布《关于推进新能源微电网示范项目建设的指导意见》，指出新能源微电网是推进能源发展及经营管理方式变革的重要载体，是“互联网 +”在能源领域的创新性应用，是电网配售侧向社会主体放开的一种具体方式，符合电力体制改革的方向，可为新能源创造巨大发展空间。为促进并规范微电网健康发展，引导分布式电源和风光等可再生能源的就地消纳，国家发展改革委、国家能源局于 2017 年 7 月发布《推进并网型微电网建设试行办法》，规定微电网可再生能源装机容量占比不低于 50%。微电网实行源—网—荷一体化运营，在规划建设中实行开放、公平的市场竞争机制。微电网运营主体（或委托专业运营维护机构）负责微电网内调度运行、运维检修管理，源—网—荷电力电量平衡及优化协调运行，以及与外部电网的电力交换。微电网与外部电网进行电力电量交换时，按照市场规则参与电力市场交易，承担与外部电网交易电量的输配电费用。鼓励电源、用户积极参与负荷管理、需求侧响应；鼓励微电网内建立购售双方自行协商的价格体系，构建冷、热、电多种能源市场交易机制。显然，微电网有利于通过市场化方式就近消纳分布式风光电力。

5. 消纳责任权重（配额）制度。与全额保障性收购制度一样，消纳责任权重制度也是具有行政色彩的市场化消纳政策。2018 年 7 月，国家发展改革委、国家能源局发布《关于积极推进电力市场化交易进一步完善交易机制的通知》，提出抓紧建立清洁能源配额制，地方政府承担配额制落实主体责任，电网企业承担配额制实施的组织责任，参与市场的电力用户与其他电力用户均应按要求承担配额的消纳责任，履行清洁能源消纳义务。2019 年 5 月，国家发展改革委、国家能源局又发布《关于建立健全可再生能源电力消纳保障机制的通知》，决定对各省级行政区域设定可再生能源电力消纳责任权重，建

① 参见姚金楠：《光伏平价上网有望 2025 年实现》，载《中国能源报》2016 年 3 月 28 日，第 4 版。

立健全可再生能源电力消纳保障机制。可再生能源电力消纳责任权重制度实际上就是上述清洁能源配额制的另一种称谓和细化。根据文件规定，由电网企业组织实施，售电企业和电力用户协同承担消纳责任并接受能源主管部门的考核。电力交易机构负责组织开展可再生能源电力相关交易，指导参与电力交易的承担消纳责任的市场主体优先完成可再生能源电力消纳相应的电力交易。承担消纳责任的市场主体以实际消纳可再生能源电量为主要方式完成消纳量，同时也可通过两种补充（替代）方式完成消纳量：一种是消纳量转让交易。承担消纳责任的市场主体可通过消纳量转让交易来完成消纳责任，超额消纳量和缺额消纳量均可通过双边协商的方式进行转让交易。按照交易区域划分，消纳量转让交易可分为省内市场和跨省区市场，省内消纳量交易优先于跨省区消纳量交易，市场主体可自愿选择参与省内或跨省区消纳量转让交易。当省内消纳量转让交易无法满足时，交易机构通知满足条件的市场主体参与跨省消纳量转让交易。跨省消纳量转让市场可组织多个省份参与集中交易，既可以促进省间资源互动协调、优化多余的消纳量，又可以通过转让消纳量的方式进一步提高这些地区的可再生能源消纳量，缓解弃风弃光现象。[①] 另一种是绿证交易。自愿认购绿证，并将绿证对应的可再生能源电量等量记为消纳量。

6. 电能替代。2016 年 5 月，国家发展改革委等八部门联合下发《关于推进电能替代的指导意见》，要求在可再生能源装机比重较大的电网，推广应用储能装置，提高系统调峰调频能力，更多消纳可再生能源；支持电能替代用户参与电力市场竞争，与风电等各类发电企业开展电力直接交易，增加用户选择权，降低用电成本。严格来说，电能替代并非专门针对可再生能源消纳的政策，但是，电能替代在很大程度上有利于可再生能源消纳，也可归属于市场化的可再生能源消纳政策。

7. 绿证交易。绿证是国家对发电企业每兆瓦时非水可再生能源上网电量颁发的具有独特标识代码的电子证书，是非水可再生能源发电量的确认和属性证明以及消费绿色电力的唯一凭证。为引导绿色消费，促进可再生能源消纳利用，2017 年 1 月，国家发展改革委、财政部和国家能源局联合发布《关

---

① 参见黄龙等：《促进可再生能源消纳的电力市场体系》，载《广东电力》2020 年第 2 期。

于试行可再生能源绿色电力证书核发及自愿认购交易制度的通知》，在全国范围内为陆上风电、光伏发电企业（不含分布式光伏发电）所生产的可再生能源发电量发放绿证，试行可再生能源绿证核发和自愿认购。我国自 2017 年 7 月 1 日起正式开展认购绿证工作，认购价格按照不高于证书对应电量的可再生能源电价附加资金补贴金额由买卖双方自行协商或者通过竞价确定认购价格。此外，我国自 2018 年起启动可再生能源电力配额考核和绿色电力证书强制约束交易。风电、光伏发电企业出售绿证后，相应的电量不再享受国家可再生能源电价附加资金的补贴。在可再生能源消纳权重制度的配合下，绿证交易能为可再生能源获得进一步发展的资金保障。

8. 其他政策。促进可再生能源消纳的市场化政策还有一些，但仍处于探索之中。例如，虚拟电厂政策。2021 年 2 月，国家发展改革委、国家能源局发布《关于推进电力源网荷储一体化和多能互补发展的指导意见》，提出："充分发挥负荷侧的调节能力。依托'云大物移智链'等技术，进一步加强源网荷储多向互动，通过虚拟电厂等一体化聚合模式，参与电力中长期、辅助服务、现货等市场交易，为系统提供调节支撑能力。"据此，虚拟电厂可作为需求侧响应的一种表现形式。其他的还有发电合同电量置换交易、打捆外送交易、大用户替代交易①、深度调峰交易、新增用电优先消纳风光电力等，在此不再叙述。

由上文可以看出，促进可再生能源消纳的市场化政策中有的已经通过立法加以法定化，成为法律制度。例如，全额保障性收购制度、需求侧响应制度、绿证交易制度等。而更多的这些政策是通过中央部委发布文件提供的政策供给，涵盖可再生能源电力的生产、流通、交易、消费等诸环节。就电力系统主体而言，以上这些促进可再生能源电力消纳的市场化政策的分布情况如表 7－2 所示。

① 参见何娟华：《青海电网季节特性的电力交易机制研究报告》，载《科技创新导报》2019 年第 33 期。

表 7－2 促进可再生能源消纳市场化政策分布情况

电网侧	负荷侧
全额保障性收购制度	消纳责任权重制度
电能量市场（绿电交易、电力直接交易）	电能替代
辅助服务市场（可再生能源调峰机组优先发电、调峰替代交易、需求侧响应制度、直接参与辅助服务）	绿证交易
新能源微电网	

从表 7－2 可以看出，促进可再生能源消纳市场化政策在电力系统中集中分布在电网侧与负荷侧，这也符合消纳之本意，即消化、吸纳。作为电力输送和交易的媒介，电网侧必须采取措施促进可再生能源电力上网和交易，即吸纳可再生能源电力，否则，负荷侧就可能无可再生能源电力使用。因此，电网侧承担全额保障性收购可再生能源规划电量，利用电能量市场、辅助服务市场以及构建新能源微电网等手段来促进可再生能源电力上网、输送。电力用户有义务使用可再生能源电力，负荷侧必须接受并消化可再生能源电力，所以就有了消纳责任权重、电能替代、绿证认购与交易等政策。

（二）现行市场化消纳政策供给存在的不足

从新型电力系统中源、网、荷、储四大环节来看，随着新型电力系统的逐渐成形以及电力市场的逐渐成熟，未来可能还应发展出电源侧、储能侧促进可再生能源消纳的市场化政策来。以下就上述促进可再生能源消纳市场化政策供给中存在的不足进行分析：

1. 全额收购制度。2016 年发布的《可再生能源发电全额保障性收购管理办法》虽对全额保障性收购的概念进行界定，但其中涉及的“供电安全”“规划范围”等并未明确说明，究竟达到何种程度会危及供电安全缺乏细化的标准。此种情况下，电网企业便可自主依据不符合供电安全和规划范围而拒绝收购可再生能源电力，给制度的实际执行带来困难。此外，该办法将可再生能源并网发电项目年发电量分为保障性收购电量部分和市场交易电量部分，一定程度上为企业以完成了保障性收购电量的部分为由，便拒绝收购额外的可再生能源发电提供了看似合理的依据。《可再生能源法》规定“全额收购其电网覆盖范围内符合并网技术标准的可再生能源并网发电项目的上网电量”，其原意应为：在符合并网技术标准条件下，各地电网企业应当对可再生能源电量“应收尽收”。由此可见，全额保障性收购制度在立法上规定不明晰会影响该制度的实施。

在制度落实上，全额保障性收购制度由国家确定上网标杆电价和保障性收购利用小时数，电网企业全额收购规划范围内的可再生能源发电项目的上网电量。这种“政府主导，企业负担”的模式，以政府力量为主导，行政性较强，市场发挥的作用较小[①]。甚至，有人认为全额保障性制度与当前可再生能源电力市场化发展存在冲突，应予以取消。[②] 电网企业等主体对全额保障性制度落实的积极性不高。一方面，在没有明确规定可再生能源并网技术和电网安全的具体标准情况下，电网企业可以找到“正当理由”限制可再生能源并网可；另一方面，补贴和费用分摊等制度的不完善使电网建设成本费用高，影响电网企业投资建设的积极性，造成电网输送和调节能力不足，从而使可再生能源电力消纳存在空间上的失衡。

2. 电能量市场。2016 年发布的《电力中长期交易基本规则（暂行）》之时，可再生能源（特别是非水可再生能源）参与电力交易较少，该规则主要考虑可调节电源参与电力中长期交易。对于长时间未建设电力现货市场的地区，仅按照现行中长期交易规则交易，很容易出现可再生能源签订合同却无法兑现的情况。同时，该规则对市场间电力交易考虑也不足。[③] 风光等可再生能源参与电能量市场交易面临的最为困难的问题就是出力预测不准，风光电力卖家若与用户签订中长期带曲线合同，将承担较大的经营风险。可再生能源卖家参与市场也缺少积极性，毕竟全额保障性收购可以使自己成为“甩手卖家”，现在参与市场交易后不仅不保价，还要起早贪黑预测电量。[④] 当前，我国绿电交易仍处于初期试点阶段，总量有限，交易量占比较小。绿电交易在实践中存在以下几个问题：首先，供需不平衡。总体上，与绿证交易一样，

① 参见曾加、董飞：《对完善中国〈可再生能源法〉的几点思考》，载《西北大学学报（哲学社会科学版）》2011 年第 2 期。

② 参见曹炜、张舒：《电网企业可再生能源电力消纳义务探析》，载《能源法治》2021 年辑刊。

③ 参见谷峰：《完善我国电力市场规则体系顶层设计的思考》，载《中国电业》2019 年第 6 期。

④ 参见赵紫原：《新能源“出征”电力市场》，载《中国能源报》2021 年 12 月 13 日，第 8 版。

绿电供应量不足。早期存量风光电站仍处在享受财政补贴期间，由于补贴金额较高且相对稳定，因此企业参与绿电交易动力不足。现行参与绿电交易的多为补贴退坡之后风光电站的增量部分，绿电市场供应量还比较有限。同时，绿电供需还存在空间不匹配问题。我国东部地区经济发达，对绿电需求较大，但本地供应少，而西北和东北地区资源丰富则存在需求不足。为了满足需求，浙江省将部分分布式风光电力纳入了绿电市场，但因分布式风光电力尚未纳入我国绿证核发范畴，与其交易的用户无法取得绿证。① 其次，省间交易壁垒尚未完全打通。省间交易不足是我国电力市场长期存在的问题，绿电跨省交易更待突破。再次，与碳市场等其他减排机制缺少衔接融合。绿电市场与碳市场分别由不同的机构管理，运行相对独立，绿电交易企业虽然支付了环境溢价，但在碳市场中进行碳排放核算时，绿电仍被看作普通电力算入间接排放。同时，绿证与超额消纳量、CCER 之间的关系也有待进一步理顺。最后，绿电现货交易尚未启动。风光电力等边际成本近零，参与现货交易虽具价格优势，但目前绿电交易仍以中长期为主，现货交易尚待开启。②

3. 辅助服务市场。真正的辅助服务市场化需要以现货市场建设为前置条件③，当前我国电力辅助服务市场总体上仍不够成熟。与国外成熟的电力市场相比较，国内辅助服务产品种类较少，快速响应类产品缺乏，未建立日内短时序的跨省、跨区辅助服务市场，可再生电源参与双调辅助市场容量小、灵活性低；深度调峰的煤电机制面临频繁启停的成本问题，进一步制约了辅助服务市场的活跃度。④ 调峰替代交易虽属于一种市场化消纳政策，但是目前局限于西北电网，仍需进一步扩大适用。以新疆为例，“替代交易”通过疆内调度实现，现货交易涉及省间市场博弈，需要更高级别和更大范围统筹和调度安排，实现难度较大。⑤ 至于需求侧响应制度，目前主要通过销售侧分时电价机制实现，销售侧分时电价机制在实践中存在的一些问题也影响了该制度对

① 参见翁爽：《三问绿电交易》，载《中国电力企业管理》2022 年第 4 期。

② 参见李明明：《绿电交易激励中小电企减排　应尽快理清与碳市场关系》，载《21 世纪经济报道》2022 年 11 月 9 日，第 6 版。

③ 参见谷峰：《完善我国电力市场规则体系顶层设计的思考》，载《中国电业》2019 年第 6 期。

④ 参见成润婷等：《面向高比例可再生能源消纳的电力市场建设及研究进展》，载《中国工程科学》2023 年第 2 期。

⑤ 参见樊国旗等：《促进新疆地区新能源消纳研究》，载《青海电力》2019 年第 4 期。

可再生能源电力的消纳效果。这方面的具体问题及其完善对策在本书第四章已有较为详细地阐述，在此不再赘述。

4. 新能源微电网。当前，我国微电网仍处于研发、示范阶段。微电网示范项目中可再生能源部分的设计主要以风能、太阳能光伏等为主，其他多种可再生资源的优化整合还未进入示范阶段。[①] 因此，新能源微电网作为一种电网技术，其运用虽有利于分布式光电的市场消纳，但该技术的成功研发与推广运用尚需要较长时间的实践探索。而且，新能源微电网的发展也面临着法律限制问题。现行《电力法》第 25 条第 2 款规定："……一个供电营业区内只设立一个供电营业机构。"新能源微电网若在大电网覆盖区域内发展，必将会出现一个供电营业区内出现多个独立电力运营商的现象，这就与上述法律规定相冲突。

5. 消纳责任权重制度。合理的权重分配、目标实现路径、主体责任分配以及奖惩措施等对于消纳责任权重制度的落实尤为重要，但目前主要存在以下方面的问题：首先，权重分配过高或过低。在消纳责任权重的省级分配方面，保障合理的权重分配是这一制度有效落实的重要基础。各地区可再生能源电力发展状况和电力需求情况不同，权重设置也应综合考虑地方发展特点。但目前实际落实过程中，部分省份分配的消纳责任权重过高或过低，如青海、北京和海南等地计划的权重较高；辽宁、内蒙古和新疆等地计划的权重较低。若总体消纳责任权重水平设置过高，则会挤占电量空间，影响火电等常规能源正常发电；若消纳责任权重水平设置过低，将不能达到可再生能源发电的有效消纳量。其次，目标实现路径具有不确定性。在实现消纳责任权重的路径方面，尽管目前的消纳目标已经被细化到了省级，但因为各个省份的经济状况、用能状况等不同，各省份为了达到预期目标所采取的路径也不尽相同，这就导致了在实现消纳目标的过程中存在较大的不确定性。然而，当前消纳责任权重的有关规定中缺少对省域目标完成路径的规范，多数省级政府也没有根据本地区的实际情况，结合国家下达的消纳目标，对其进行细化和再分配。再次，主体消纳责任分配和奖惩措施有待完善。电网企业一方面要协调

① 参见刘畅等：《利用储能系统实现可再生能源微电网灵活安全运行的研究综述》，载《中国电机工程学报》2020 年第 1 期。

本地市场主体的消纳，如为可再生能源消纳责任权重提供技术支持、报送本经营区和各承担消纳责任的市场主体可再生能源电力消纳量完成情况的监测统计信息等；另一方面又要完成自己售电范围内相对应的消纳量。既是管理员，又是运动员。这种相对于其他市场主体的优势地位是电力计划体制下各方利益不平衡。此外，消纳责任权重完成情况的监测评价和考核分三个层次[①]，监测考核层级相对较为完善，但惩罚措施较弱，主要由省政府按年度公布可再生能源消纳权重监测评估报告，对未按期完成权重的市场主体，仅列入不良信息记录。这种“重激励，轻惩罚”的方式虽然在制度落实初期减小了实施阻力，但一定程度上影响了制度效果。最后，虽然电力用户负有消纳责任，但用户消费可再生能源电力的渠道单一，可再生能源消纳责任权重一般通过电网公司保障消纳完成，以省为主体进行指标考核，并没有把责任权重真正分解到终端的用户和售电公司，不利于激发用户自主消费可再生能源电力的积极性。2022 年 1 月，虽然国家发展改革委等七部门联合出台《促进绿色消费实施方案》，提出“建立绿色电力交易与可再生能源消纳责任权重挂钩机制，市场化用户通过购买绿色电力或绿证完成可再生能源消纳责任权重。”但该政策实施仍需具体细则方可落地。[②]

6. 电能替代。电能替代在电价、补贴税收和市场机制方面还存在不足，影响了需求侧可再生能源电力利用规模。首先，在电价政策上，我国部分地区对可再生能源电能替代的价格进行优惠性规定，以降低电能替代的运行成本，但优惠额度和支撑效果有限，主要是由于电价定价权和地方财政承受能力等因素制约。其次，在补贴税收上，目前对节能环保设备选用、用电设施节能改造等电能替代项目，在财政补贴、税收减免、扶持投入等方面还不够完善，缺少有效的激励。[③] 最后，在市场机制上，电能替代准入门槛不合理，大多省份对参与直接交易的负荷电压等级、用电规模等方面设有较高准入门槛，许多电能替代项目难以满足其要求，使消纳可再生能源电力受到限制。

---

① 参见岳昊等：《关于〈建立健全可再生能源电力消纳保障机制的通知〉的思考》，载《华北电业》2019 年第 7 期。

② 参见翁爽：《三问绿电交易》，载《中国电力企业管理》2022 年第 4 期。

③ 参见薛松等：《我国近期促进新能源消纳的需求侧资源应用模式》，载《技术经济与管理研究》2018 年第 4 期。

7. 绿证交易制度。绿证交易制度在交易方式、涵盖范围以及价格机制等方面的不足是造成绿证交易不高的重要因素，影响了需求侧可再生能源电力消纳的积极性，通过绿证交易促进可再生能源电力消纳的市场动力不足。首先，交易积极性不高、交易规模不大。在绿证交易方式方面，以自愿交易为主，即主要通过道德约束和环保意识鼓励电力用户通过认购绿色证书来消费可再生能源电力，这种仅仅依靠用户的自觉性和社会责任感购买绿证的交易方式，并不能充分调动消纳的积极性。目前参与绿证自愿认购的企业主要是少数非电力密集型企业，或者是绿色环保意识较强的大公司和没有完成配额指标的其他市场主体[①]，但这些主体所带来的绿证需求量与市场交易需求还并不能满足市场上庞大的绿证体量，导致绿证交易市场整体活跃度不高，需求侧对可再生能源电力消纳的贡献力度有限。其次，有权申请绿色证书的主体范围窄。在有权申请绿色证书的主体方面，2017 年发布的《绿色电力证书核发及自愿认购规则（试行）》中规定了有权申请绿证的主体为国家可再生能源电价附加资金补助目录内的风电和光伏项目，即现行的绿证核发范围仅包括陆上风电和集中式光伏电站，不包括海上风电、分布式光伏发电等其他可再生能源电力，不仅有违可再生能源公平消纳原则，也不符合构建新型电力系统和“十四五”规划中发展多类型可再生能源发电的方向。最后，绿证价格过高且不得二次转让。在绿证价格方面，我国一直维持着较高的绿证价格，加大了买方的经济成本，促使市场主体以交易价格远低于绿证的超额消纳量交易作为首选方式，抑制了绿证的市场需求。在绿证制度下，可再生能源发电企业一旦出售了绿证，就不再获得电量相应的补贴，虽然一定程度上减轻了国家的补贴压力，但也遏制了电网出售绿电的积极性。[②]

五、完善促进可再生能源消纳市场化政策法律之对策

此处关于完善促进可再生能源消纳市场化政策法律之对策分为两部分：一是针对实践中的不足与问题，如何对相关的政策与制度进行针对性完善；

---

① 参见陶冶、车阳：《绿色电力证书参与碳市场机制的思考与建议》，载《中国能源》2022 年第 2 期。

② 参见和军梁等：《电力现货背景下的可再生能源配额制、绿色电力证书及碳交易等机制改进设计》，载《中外能源》2020 年第 10 期。

二是以保障新型电力系统构建为目标，如何将促进可再生能源消纳的上述制度加以进一步完善或政策法定化提出立法建议。

（一）完善相关政策与制度的具体对策

1. 全额保障性收购制度。有人认为“保障性收购电量”具有计划经济色彩，应取消电网企业的全额保障性收购义务，还原电能的商品属性，推动传统能源电量、跨区输送电量、新能源电量等全部进入电力批发市场，参与全国性和区域性的电力日前市场、实时市场、辅助市场交易①。本书认为，全额保障性收购制度确非完全自由市场化的可再生能源消纳制度，但是，当前是否取消该制度需要慎重思量。一方面，我国电力完全市场化并非一蹴而就的事情，需适时稳步推进。取消该制度，意味着可再生能源电力将与传统电力同场竞技，目前来说可再生能源电力是否具有市场竞争优势需要客观数据支持，否则会导致可再生能源电力羽翼尚未丰满就可能被折断的后果。国家规定电网企业对于可再生能源电力保量保价收购，有利于可再生能源电力进一步做大做强，以时间换取空间。当然，也可能会适得其反，产生过度保护。另一方面，全额保障性收购制度也并非完全的行政干预，只是体现了国家对可再生能源电力的早期发展进行托底保障，以实现一定的公共目的。全额保障性收购制度对电网企业收购可再生能源电力设定保障性收购义务，如同对出租车设定不能拒载乘客并按规定收费的义务一样，如此只为保障一种正常的交易秩序。在买卖双方市场地位不完全平等的情况下，难以完全实行市场化自由交易。乘客和出租车之间出行服务仍通过市场公平交易完成，政府并非直接干预或强买强卖。即便要取消该制度，现实国情下可再生能源电力的上网仍需要保障。因此，当前应以存量项目基数进行保障性收购，以增强政策上稳定性和可预期性，在电价上行周期鼓励新能源自愿选择参与市场交易，自行承担市场收益和风险。对于新增产能，则不再进行全额保障收购，通过竞争的配置方式确定上网电价，探索经过政府授权的合约方式，与市场进行

---

① 参见北京大学能源研究院：《新能源为主体的新型电力系统的内涵与展望》，2022 年版，第 44 页。

有效衔接，同时自主选择是否参与电力市场。[①]

在规范层面，需进一步明确该制度实施中的一些具体问题。针对“供电安全”，出台规定详细列举消纳可再生能源电力达到何种程度属于危及“供电安全”。例如，以一定的收购量作为上限、造成一定程度的电网波动、对特定量的用户产生影响等。从法条规定来看，对“电网覆盖范围”之外的可再生能源电力，电网企业并不承担全额保障性收购义务，但是，电网企业对这类电力进行保障性收购或自由市场化收购是否违反法律规定呢？本书认为，无论电网企业进行保障性收购拟或自由市场化收购，都不违反法律规定。电网企业对“电网覆盖范围”之内的可再生能源电力履行全额保障性收购之后，对于对“电网覆盖范围”之外的可再生能源电力无论采取何种方式收购，都属于市场化调节的范畴。当然，本书认为，电网企业对“电网覆盖范围”之内的可再生能源电力具有全额保障性收购的优先义务，不得以对“电网覆盖范围”之外的可再生能源电力进行保障性或市场化收购来替代对“电网覆盖范围”之内的可再生能源电力的保障性收购。同时，还应对司法实践中遇到的法律供给问题进行明确。例如，在自然之友诉国网甘肃电网公司案中，法院对电网企业未履行可再生能源电力消纳义务是否需要承担生态环境损害赔偿责任进行了明确。此外，为解决电网企业等主体对全额保障性制度落实的积极性不高的问题，还需要通过财税制度补偿电网企业支出的接网费用，提高电网企业投资建设、收购可再生能源电力的积极性。

2. 电能量市场。2022 年 1 月，国家发展改革委、国家能源局发布《关于加快建设全国统一电力市场体系的指导意见》，可以预计全国统一电力市场体系建设有助于通过市场价格信号引导可再生能源的科学布局、高效利用，有助于调动市场各方积极性促进可再生能源发展和电力系统供需平衡，助力“双碳”目标实现。[②] 在构建新型电力系统背景下，我国电力市场目标由提效率向“保安全、促转型、提效率”的多元目标转变；电力商品的价值将以电能量价值为主，逐步向电能量价值、可靠性价值、灵活性价值及绿色价值等多维价值体系转变；新能源基地集中开发和负荷中心分布式建设齐头并进的

① 参见金洋：《新时期新能源参与电力市场路径》，载《绿色矿冶》2023 年第 2 期。
② 参见顾阳：《电力市场建设需完善顶层设计》，载《经济日报》2022 年 2 月 11 日，第 4 版。

发展趋势，促使电力市场空间将呈现整体分层化、范围扩大化、局部分散化；随着分布式电源、多元负荷、储能等新兴市场主体不断涌现，电力系统由原先“源随荷动”向“源网荷储”协同互动转变；市场运行模式需要主动适应新能源的发电特性，市场的组织方式向精细化转型。新型电力系统的构建需要建立与之相适应的新型电力市场。此时，设计电力市场架构需要考虑三大关键问题：一是空间维度上市场形态、层级和衔接关系，统筹考虑我国省为实体的格局和资源大范围优化配置需求，合理设计不同阶段下的电力市场形态、市场层级和衔接关系；二是时间与价值维度上要在电能量交易的基础上，不断创新交易品种、丰富市场功能，反映经济、安全、绿色等不同的价值属性；三是政策维度上做好计划与市场的衔接，基于计划与市场并存特点，合理设计计划逐步放开、向市场过渡的方式和路径。新型电力市场建设需要重点关注深化中长期连续运营、持续完善现货市场建设、建设符合国情的发电容量保障机制、推动新能源市场化消纳和推动需求侧资源参与系统调节等五个方面①。一般认为，可再生能源参与电力市场需具备三个基本条件：一是从辅助服务市场获取灵活性资源，针对可再生能源发电的间歇性特点配备发电机组，为电力系统提供安全运行保障；二是电价机制，可再生能源的投资成本较高，除了政府层面给予补贴，还需要在电价方面给予有效激励，以提高其市场竞争力；三是保障机制，可再生能源进入市场交易应以长期合同为主，同时应为电网企业回收绿电购买的资金并建立与相关市场行为配套的差价分摊机制。②

在电力现货市场建设初期，新能源采用报量不报价方式参与市场是一种较好的过渡方式，在保证新能源全电量优先出清的同时，部分地区通过设置合理的保障消纳利用小时数和合理利用小时数，一定程度上在保障新能源收益的同时，降低了财政补贴压力。③

此外，可再生能源参与的现货等多种市场机制也应注意协调衔接。可再生能源大规模接入带来了随机性和波动性，要求现货市场应以更小的颗粒度

① 参见史连军：《能源转型下的电力市场发展思考》，载《中国电力企业管理》2023 年第 4 期。

② 参见金洋：《新时期新能源参与电力市场路径》，载《绿色矿冶》2023 年第 2 期。

③ 参见周子青等：《新能源参与浙江电力现货市场的交易机制与效益分析》，载《浙江电力》2022 年第 8 期。

出清。完善不同尺度的定价、交易机制，合理衔接中长期与日前、日内、实时交易，扩大可再生能源交易的地域范围和多级市场的跨度，为两级运作过渡至省间统一报价乃至全国量价耦合以统一出清的机制作铺垫，提高可再生能源电力的价格竞争力。衔接容量市场、辅助服务市场，兼顾电力稳定供应、综合电力成本降低，从而协调可再生能源电力与传统火电更替，逐步扩大可再生能源电力占比。协调多级电力市场发展，引导可再生能源在电力系统中以市场化方式扩大消纳比例。①

就完善绿电交易机制而言，当前应注意以下六点：一是降低绿电成本、提供更多的政府补贴降低绿电价格，提升企业参与绿电交易积极性；二是增加绿证供给，绿证核发范围应扩大覆盖常规水电、海上风电、分布式电源等全部可再生能源项目；三是完善促进绿电交易与可再生能源消纳保障机制、碳市场等政策，建立促进绿色电力消费的激励和约束机制；② 四是出台正式政策打通省间交易壁垒，促进绿电跨省交易；五是出台政策促进电力市场、绿证市场、碳市场等市场体系间的衔接融合；六是适时启动绿电现货交易。

3. 辅助服务市场。为了促进可再生能源消纳，针对我国辅助服务市场中存在的活跃度不高以及参与不足的问题，有人提出如下完善对策：一是健全辅助服务市场的价格体系与服务品种。在服务价格方面，根据发电侧以及用电侧不同主体的调节容量、速率、可靠性、可再生能源利用率等指标，降低参与辅助服务市场竞争的准入条件和分摊成本，着力推动扩大市场竞争；按照“谁提供，谁获利；谁受益，谁承担”的原则，逐步建立电力用户参与分担服务成本的共享机制，以差异化的价格机制体现多维价值，以市场化手段释放灵活调节潜力、激发辅助服务的活跃度，为扩大消纳创造空间。在交易品种方面，重在结合负荷灵活特性及电网需求，充分挖掘需求响应潜力；待电力市场运行成熟、价格信号趋于完善后，由实时市场逐步取代以辅助现货交易为主要目的的调峰产品；丰富备用、调频等辅助服务产品，新增快速频率响应、快速爬坡等辅助服务产品，以应对系统低惯性及无功支撑能力下降带

---

① 参见成润婷等：《面向高比例可再生能源消纳的电力市场建设及研究进展》，载《中国工程科学》2023年第2期。

② 参见林水静：《绿电交易下一步该怎么走?》，载《中国能源报》2023年2月27日，第9版。

来的不稳定性。二是推动需求响应深度参与。在市场机制方面，推动需求侧响应参与市场竞争，再逐步拓宽参与辅助服务、现货市场、中长期市场的程度；细分需求侧资源类型、为不同市场类型提供的差异化服务，如工业负荷、空调负荷等可中断负荷参与中长期市场交易，电力快速响应负荷可作为辅助服务市场的灵活资源参与现货交易市场；进一步发展综合需求响应，增加响应维度。在建设进程方面，初期可完善分时电价、有序充电、上网补贴等激励政策，推动提高需求侧资源的利用水平。随着电力市场完善程度的提高，逐步将需求侧用户或聚合商作为市场主体，同步规范各市场主体的准入标准和技术认证；为响应服务主体提供优惠政策，采用市场化方式调动需求侧资源深度参与电力市场甚至能源互联网中的多级耦合市场，为电力系统提供充分的灵活性资源。①

针对调峰替代交易受限于局部地区的问题，关键要充分挖掘省间通道富裕容量，提高跨省电力交易中可再生能源电力占比。积极开展送端可再生能源与常规电源打捆外送交易，开展送端可再生能源的电力与受端传统能源发电权交易、新能源发电企业与燃煤自备电厂调峰替代交易等多种交易方式，扩大新能源跨区跨省交易规模。②

4. 新能源微电网。鉴于发展新能源微电网的战略意义，应将新能源微电网定性为一种绿色基础设施来进行顶层设计，将绿色微电网建设纳入电力专项规划。国家应研究出台促进新能源微电网发展的专门政策：明确新能源微电网作为独立的电力市场主体和独立的电网主体的权责，并按照规定取得配电网经营权；允许其在具备售电公司准入条件、履行准入程序后，开展售电业务；鼓励微电网作为市场主体参与电力辅助服务市场，提供调频、调峰及可中断负荷等服务，并根据服务质量和能力获取收益；完善电网企业的现代化经营制度，提升基层电网企业的投资和经营的决策自主权，为创新经营模

---

① 参见成润婷等：《面向高比例可再生能源消纳的电力市场建设及研究进展》，载《中国工程科学》2023 年第 2 期。

② 参见贾彦鹏：《完善市场交易机制 保障可再生能源电力跨越式发展》，载《中国经贸导刊》2022 年第 6 期。

式提供空间；加强对微电网投资和运营企业准入监管，完善相应的退出机制。[①] 在立法上，应适时启动对《电力法》的修订工作，确立微电网的主体地位，处理好微电网与大电网的关系，为微电网的发展提供法律保障。

5. 消纳责任权重制度。可再生能源消纳责任权重分配涉及政府、发电企业、电网公司、用户等多方利益。消纳责任的确定是该制度实施的关键，要合理确定可再生能源消纳责任权重[②]，完善对超额消纳量的规定。针对消纳责任权重制度存在的三方面问题，要优化权重分配方案，细化消纳权重指标，明确消纳实施路径。虽然可再生能源电力消纳目标现已细分至省级，但由于各地的可再生能源资源禀赋、经济发展水平、产业结构、用能情况等存在差异，在达成预期消纳目标的路径选择上也有所不同。因此，在对消纳责任权重指标进行分配时，应充分考虑各地实际发展情况，差异化地、科学合理地分配消纳责任权重。对于因考虑经济性不高而通过报价资源产生的弃风弃光，不纳入考核。[③] 各省级政府充分发挥地方主观能动性，在国家分配的省级消纳目标的基础上结合本地情况进一步细分，制定比中央更加严格的可再生能源消纳责任权重，并逐年进行完善与提升。同时，加强对消纳权重责任主体的考核，定期公布售电公司、电网公司等市场主体的履约情况和相关惩罚措施。此外，在具体权重指标的制定过程中，承担权重义务的电网企业和电力用户的意见值得关注。因此，为了避免企业过分影响甚至主导指标制定，需要充分尊重来自环境保护组织等不同的声音。超额消纳量对落实可再生能源电力消纳责任权重制度具有重要意义，有必要进一步明确对超额消纳量的规定。目前，我国已确定了绿证制度，但超额消纳量交易市场并未建立，相关机制也有待确定。因此，应在制定可再生能源超额消纳量交易价格机制和相关规则时对超额消纳量市场交易规则进行完善，强化可再生能源电力消纳责任，将超额消纳量交易上升为法定义务。在平台建设上，借鉴绿色证书制度，建立全国统一的超额消纳量交易平台及其规则，打破不同省份间的交易障碍；

---

① 参见韩雪等：《发展绿色微电网，提升工业用能的低碳水平与安全保障能力》，载《中国能源》2022 年第 11 期。

② 参见陈启鑫等：《储能参与电力市场机制：现状与展望》，载《电力系统自动化》2021 年第 16 期。

③ 参见金洋：《新时期新能源参与电力市场路径》，载《绿色矿冶》2023 年第 2 期。

在价格确定上，在实际交易超额消纳量时，由于不同地区不同类型的可再生能源发电成本存在差异，应综合考虑本区域可再生能源发电成本，对每种可再生能源根据成本制定区别化的超额消纳量交易价格。

6. 电能替代。针对电能替代政策推行中存在的问题，一方面，应完善价格补贴支持政策。对电动汽车、电采暖、电炊具等给予价格优惠和补贴，使替代电能比传统一次能源的价格更具优势，提高电力用户自愿进行电能替代的积极性，从需求侧增加对可再生能源电力的需求，提高可再生能源发电利用小时数。在财政补贴方面，对电能替代产业及产品进行财政支持，建立常态化的补贴公开机制，补贴领域包括工业、建筑、交通等，补贴对象以企业和居民为主。同时，逐步减少并取消对传统化石能源的补贴，加大对新能源产品的补贴力度，增加中央专项资金投入，提高补贴的精度。而且，要进一步调整“以奖代补”[①] 等补贴方式，制定和完善电能替代产品的补贴标准，延长补贴的期限。另一方面，注意电能替代与环境监管政策的协同与衔接，研究将电能替代作为用户减少碳排放量、保护环境的重要手段和评价指标。最终实现电力用户积极落实电能替代，降低用能成本，并减少环境污染和碳排放。[②]

7. 绿证交易制度。对于绿证交易制度存在的交易积极性不高且交易规模不大、有权申请绿证的主体范围窄、绿证价格过高且不得二次转让的问题，要进行针对性地解决，促进电力用户积极消纳可再生能源电力。首先，促进绿证自愿交易。将绿证认购与企业绿色产品认证、税收优惠等逐步进行关联，并降低相关责任主体的履约成本，推动绿色电力环境属性向商品端传导，以提高绿证交易的积极性以及全社会对绿色电力消费的认知水平。[③] 其次，逐步扩大绿证涵盖的可再生能源范围。为了让绿证价格具有竞争力，我国目前只面向成本较低的陆上风电和集中式光伏发电项目。随着新型电力系统的构建、

---

① 参见李荣杰等：《政府—市场协同创新与能源结构双重替代》，载《科技进步与对策》2022 年第 23 期。

② 参见薛松等：《我国近期促进新能源消纳的需求侧资源应用模式》，载《技术经济与管理研究》2018 年第 4 期。

③ 参见陶冶、车阳：《绿色电力证书参与碳市场机制的思考与建议》，载《中国能源》2022 年第 2 期。

无补贴平价上网政策的实施，以及海上风电和分布式光伏发电的开发利用，其他可再生能源电力也可逐步纳入绿证范围之中。绿证的认证范围也应从当前的陆上风电、集中式光伏逐步拓宽到海上风电、分布式可再生能源等。绿证核发时应考虑各种可再生能源技术的特点和碳排放情况进行差异化处理，以保障每种可再生能源参与绿证交易的公平性。最后，完善绿证的价格体系。目前绿证制度中的补贴证书价格与补贴强度挂钩，并未真正考虑到可再生能源发电的环境价值和绿证市场的供需关系。因此，应将绿色电力证书价格与补贴强度脱钩，统一证书价格体系，由市场供需关系决定其价格。

（二）对相关制度完善与政策法定化的立法建议

1. 将全额保障性收购制度修改为优先调度制度。2009 年修正后的《可再生能源法》第 14 条所规定的全额保障性收购制度对于早期保障可再生能源电力的并网、输送、消纳起到了压舱石的作用。但是，随着我国电力市场化建设的推进，该制度是否仍应保留受到了质疑。毕竟，该制度带有明显的行政色彩，与我国电力市场化改革的总体方向不符。随着风光等可再生能源电力的平价上网，原先执行的保障性收购中的保量保价已经不合时宜。因此，应该考虑将全额保障性收购制度修改为优先调度制度，赋予绿电供给优先权。[①]在风光等可再生能源电力具有价格优势后，通过市场竞争可以优先上网出清。但是，囿于有些地区电力市场化程度不高，如果不规定在公平竞争条件下可再生能源电力优先调度上网，则可能会出现对可再生能源电力上网不利的局面。因此，建议对现行《可再生能源法》第 14 条的规定做适当修改："国家对可再生能源发电实行优先调度制度。国务院能源主管部门会同国家电力监管机构按照全国可再生能源开发利用规划，确定在规划期内应当达到的可再生能源发电量占全部发电量的比重，制定在市场平等竞争的条件下电网企业优先调度可再生能源发电的具体办法，并由国务院能源主管部门会同国家电力监管机构督促落实。电网企业应当与按照可再生能源开发利用规划建设，依法取得行政许可或者报送备案的可再生能源发电企业签订并网协议，优先调度其电网覆盖范围内符合并网技术标准的可再生能源并网发电项目的上网

---

① 参见赵靓、张传卫：《出台"绿证"强化新能源供给优先权》，载《风能》2016 年第 3 期。

电量。发电企业有义务配合电网企业保障电网安全。电网企业应当加强电网建设，扩大可再生能源电力配置范围，发展和应用智能电网、储能等技术，完善电网运行管理，提高吸纳可再生能源电力的能力，为可再生能源发电提供上网服务。”

2. 将消纳责任权重制度改为消纳量考核制度。可再生能源电力的消纳问题从电能流在系统中的不同阶段来看，早期表现为调度上网问题，后期表现为购买消费问题。可再生能源电力属于绿电，此处消纳责任权重问题即为绿电消纳责任问题。我国在电网区域分隔以及市场化程度不高的情况下，绿电因其占比少、昂贵且存有缺陷，不太容易上网交易。当前可再生能源电力占比不高的情况下，其不易消纳已为事实，而未来在高比例可再生能源电力的情况下，消纳问题将更为严峻。因此，政府必须建立法律制度确保绿电消纳。本书认为，消纳责任权重制度对于各地方政府消纳可再生能源目标进行考核，属于计划经济的思维。应采用市场经济思维，将消纳责任主体落实在企业头上，政府监管部门负责对企业进行消纳目标考核。首先，政府监管部门要掌握绿电生产量和并网量，电网企业对于符合并网条件的绿电要承担上网消纳目标的考核任务。其次，电力用户对于使用消费绿电承担消纳比例的考核任务。监管部门可以按绿电占全部销售电量的比例来对电力用户设置消纳绿电量考核配额，电力用户可以通过绿证市场购买绿证来满足其考核需求。如此一来，既能解决绿电的消纳问题，又能让绿证市场活跃起来。当前，绿电消纳责任权重制度或消纳量考核制度并未在法律上体现出来。从电力主体利益关系调整的角度来看，绿电消纳量考核制度应在《电力法》中规定较为合适。因此，应在修改《电力法》时，增加专条确立绿电消纳量考核制度。绿电消纳量考核制度可以创制一个绿电消纳量市场，并与绿证市场形成协同之势。

3. 新能源微电网。当前大电网是从传统集中式电力生产逐渐演化而来的，其存在具有客观必然性。未来随着分布式可再生能源场站的大量出现，新能源微电网的产生也将是一种客观必然。因此，未来大电网与微电网的并存将不可避免。我国当前《电力法》关于源、网、荷等电力主体关系调整都是以大电网为基础的，因此，未来修订《电力法》时应补充有关新能源微电网的内容。当然，当前新能源微电网技术仍有进一步发展完善的空间，其相关配套规则也需要进一步实践探索。因此，在修订《电力法》时可以界定新能源微电网的属性，对其规划建设、并网管理、运行维护、市场交易等只作原则性的规定，并授权国务院制定新能源微电网建设与管理的行政法规。

4. 电能替代制度。电能属于清洁的二次能源，电能替代的出发点在于减少排放，电能替代制度可以归为一种清洁生产法律制度。实施绿色电能替代制度有利于促进可再生能源电力的消纳，而在构建新型电力系统的背景下，电能替代实际上就是绿色电能替代。当前，电能替代制度可以从《清洁生产促进法》第 19 条第 2 项中找到间接性的依据，即“采用资源利用率高、污染物产生量少的工艺和设备，替代资源利用率低、污染物产生量多的工艺和设备”。但是，电能属于能源，而不是工艺和设备。因此，对《清洁生产促进法》进行修改时，可以在第 19 条第 2 项中加入“能源”，即“采用资源利用率高、污染物产生量少的能源、工艺和设备，替代资源利用率低、污染物产生量多的能源、工艺和设备”。在修改《电力法》时，可以在现行第 5 条第 2 款中补充加入有关电能替代的内容，即“国家鼓励和支持利用可再生能源和清洁能源发电，稳步推进终端用能电能替代”。同时，并在第四章“电力供应与使用”中增加一条，明确电能替代主体、主要措施及其与《清洁生产促进法》的衔接。

5. 绿证交易制度。从前述内容可以看出，当前我国绿证核发、认购及其交易制度实际上是由中央部门出台政策提供规则供给的，具有早期探索的性质。从我国优先发展可再生能源以及构建新型电力系统的战略角度来看，绿证交易制度符合我国电力市场化改革的方向，应成为我国能源电力领域里的一项基本法律制度。当前绿证交易制度缺少明确的法律规定，应在《可再生能源法》《电力法》中规定绿证制度相关的框架性规范，为绿证交易提供更高层级的法律依据。本书认为，应在修改《可再生能源法》时界定绿证的法律属性以及绿证生成、登记、交易、履约、回收等基础性规则，同时授权国务院进一步制定绿证交易管理的行政法规。同时，在修改《电力法》时界定绿电，并确立绿电消纳量考核制度。

6. 电力市场交易。此处讨论立法建议时，将电能量市场交易与辅助服务市场交易合并在一起，并称为电力市场建设。本书将之放在最后讨论，因其更具有根本性。从电网的角度来看，我国将形成分别以大电网与微电网为基础的两大类型电力市场，而当前有关电力市场建设的讨论基本上都是以大电网为基础的。基于微电网的电力市场虽然具有独特性，但是也具有基于大电网的电力市场的一些基本框架，“麻雀虽小，五脏俱全”。2015年3月发布的中共中央、国务院《关于进一步深化电力体制改革的若干意见》提出了本轮电力市场化改革的三大任务：构建“管住中间、放开两头”的电力体制新架构；电网体制改革；建设符合市场一般规律和电力技术规律的电力市场。电网体制改革坚持打破垄断，输配分开，科学定位。电力市场建设，首先需要破除电力统购统销的垄断体制、将垄断性业务与竞争性业务分离、培育独立多元市场主体、建立确保电力调度公平公正的体制、取消“双轨制”等障碍。然后再根据电网规划建设的实际情况，确定市场范围、设计交易模式、制定交易规则、形成电价机制等。[①] 电力市场化改革关乎我国社会经济的发展稳定，涉及深刻的利益关系调整，需要在党和政府的领导下，循序渐进，久久为功。2014年2月，习近平总书记在中央全面深化改革领导小组第二次会议上指出：“凡属重大改革都要于法有据。”从立法的角度来看，当前推行的电力市场化改革亦需于法有据。因此，中共中央、国务院《关于进一步深化电力体制改革的若干意见》所提出的电力市场化改革的重大思路方案应及时在《电力法》中加以体现出来。遗憾的是，《电力法》分别于2015年、2018年修正时并未对中央上述改革思路方案进行大胆吸收。本书认为，为了给我国电力市场化改革提供法律依据和保障，《电力法》在新一轮修改时，应在总则中明确我国电力市场化改革的总体方向，电力市场化改革坚持的指导方针、基本原则、目标及任务等内容。这些政策宣示看似空洞，好像并未调整什么具体的社会关系，实则为探索电力市场化改革和建设提供了法律上的依据。电力市场化改革显然是一个复杂而艰难的过程，需要立足国情，大胆探索，勇于实践，既要探索大电网下的电力市场化改革方案又要探索微电网下的电力市场化改革方案。有关部门应依法及时出台政策加以应对和引导，而法律又为这些政策的出台、执行提供依据和保障。至于《电力法》如何修订以保障新型电力系统构建的实现，需要额外调研与论证，在此难以深究。

---

① 参见吴安平：《电力市场化改革与电力市场建设再认识——关于谋划电力体制继续深化改革的思考》，载《风能》2023年第4期。

六、结论与展望

可再生能源因其时空与发电的物理特性，导致其利用受到诸多限制，利用成本相对较高，在当前以火电为主体的常规电力系统中表现得消纳不良。可再生能源电力作为绿色电力，发电成本低，具有永续利用的优势，随着技术的进步，按理说其应受到用户的青睐才对。然而，可再生能源利用需要巨大的资金投入，同时又会动到传统电力的“奶酪”，在当前以行政为主导的电力体制下，其消纳不良也就顺理成章。然而，在中央提出“双碳”战略目标和构建新型电力系统的任务后，可再生能源成为未来电力系统的主力军势不可挡。当前采用的全额保障性收购、消纳责任权重、电能量市场、辅助服务市场、新能源微电网、电能替代、绿证交易等市场化消纳政策或制度，实际上就是一边在促进可再生能源电力消纳，一边在推进电力市场化改革。随着改革进入深水区，最艰难的改革任务已经出现。而一旦这最艰难的改革获得突破，那么，新型电力系统的构建、全国统一电力市场的形成、“碳中和”目标的实现等改革成果就会接踵而至。

主要参考文献

（以文中第一次出现的先后排序）

［1］［美］斯潘塞·R. 沃特：《全球变暖的发现》，宫照丽译，外语教学与研究出版社 2007 年版。

［2］谷峰：《新型电力系统到底“新”在哪里?》，载《中国电力企业管理》2022 年第 4 期。

［3］田德主编：《风能转换原理与技术》，中国水利水电出版社 2018 年版。

［4］范帅等：《面向新型电力系统的需求响应机制探讨》，载《电力系统自动化》2022 年第 7 期。

［5］李明节等：《新能源电力系统电力电量平衡问题研究》，载《电网技术》2019 年第 11 期。

［6］康重庆、姚良忠：《高比例可再生能源电力系统的关键科学问题与理论研究框架》，载《电力系统自动化》2017 年第 9 期。

［7］张智刚、康重庆：《碳中和目标下构建新型电力系统的挑战与展望》，载《中国电机工程学报》2022 年第 8 期。

［8］郭剑波：《新型电力系统面临的挑战以及有关机制思考》，载《中国电力企业管理》2021 年第 9 期。

［9］莫非：《全链条发力推动新型电力系统建设》，载《中国电力报》2022 年 3 月 8 日，第 2 版。

［10］鲁宗相等：《高比例可再生能源并网的电力系统灵活性评价与平衡机理》，载《中国电机工程学报》2017 年第 1 期。

［11］肖定垚等：《电力系统灵活性及其评价综述》，载《电网技术》

2014 年第 6 期。

［12］韩肖清等：《双碳目标下的新型电力系统规划新问题及关键技术》，载《高电压技术》2021 年第 9 期。

［13］王靖然：《构建新型电力系统对省级电网调度的挑战及建议》，载《中国电业》2021 年第 12 期。

［14］黄丽娟、甘涌泉、周恒旺：《广西构建以新能源为主体的新型电力系统的建议》，载《广西电力》2021 年第 4 期。

［15］李元丽：《院士共话：构建新型电力系统的新路径》，载《人民政协报》2021 年 8 月 17 日，第 7 版。

［16］赵剑波、王蕾：《“十四五”构建以新能源为主体的新型电力系统》，载《中国能源》2021 年第 5 期。

［17］张勋奎：《以新能源为主体的新型电力系统发展路线图》，载《分布式能源》2021 年第 6 期。

［18］周建平等：《新型电力系统中“水储能”定位与发展前景》，载《能源》2022 年第 4 期。

［19］秦海岩：《“十四五”风电产业发展之策》，载《风能》2022 年第 2 期。

［20］葛然：《合理规划煤电升级改造助力构建新型电力系统》，载《中国电力企业管理》2022 年第 4 期。

［21］黄文：《碳达峰、碳中和背景下核能高质量发展面临的挑战和对策建议》，载《中国工程咨询》2021 年第 10 期。

［22］连敏：《刘巍：核电是新型电力系统的重要成分》，载《当代电力文化》2022 年第 3 期。

［23］姜红丽等：《碳达峰、碳中和背景下“十四五”时期发电技术趋势分析》，载《发电技术》2022 年第 1 期。

［24］陈宗法：《“双碳”目标下，“十四五”燃气发电如何发展?》，载《能源》2021 年第 6 期。

［25］李宝军等：《川渝地区天然气与水电融合发展战略初探》，载《天然气工业》2021 年第 5 期。

［26］谭忠富、李云峰：《碳中和目标下以新能源为主体的新型电力系统

体系构建》，载《中国电力企业管理》2021 年第 34 期。

［27］王遥等：《绿色金融激活新型电力系统》，载《环境经济》2021 年第 24 期。

［28］陈丽莎：《四轮驱动提升电网调节能力——浙江电力着力纾解建设新型电力系统核心问题》，载《中国电力报》2022 年 4 月 13 日，第 1 版。

［29］杨振纲等：《推动构建以新能源为主体的新型电力系统初探》，载《中国电业》2021 年第 12 期。

［30］赵紫原：《如何科学构建新型电力系统?》，载《中国能源报》2021 年 7 月 26 日，第 11 版。

［31］杨昆：《加快电力市场建设助力构建新型电力系统》，载《中国电力企业管理》2022 年第 13 期。

［32］娄伟、李萌：《中国可再生能源电力的区域协调问题研究》，载《中国能源》2021 年第 2 期。

［33］来有为：《我国电力体制改革面临问题及其监管体系催生》，载《改革》2012 年第 3 期。

［34］张树伟：《如何看电力体制改革现状（上）：反思六年电改》，载《能源》2021 年第 2 期。

［35］白玫：《新一轮电力体制改革的目标、难点和路径选择》，载《价格理论与实践》2014 年第 7 期。

［36］于娟：《深化电力体制改革建立以新能源为主体的新型电力系统》，载《中国物价》2021 年第 11 期。

［37］王成仁等：《构建新型电力系统亟需突破体制机制障碍》，载《中国经贸导刊》2021 年 9 月下。

［38］王志轩：《新型电力系统构建论纲——构建新型电力系统顶层设计思考》，载《中国电业》2021 年第 9 期。

［39］杨晓冉：《构建新型电力系统要破立并举——专访中国能源研究会能源互联网专委会主任曾鸣》，载《中国能源报》2022 年 1 月 24 日，第 12 版。

［40］李丽旻：《西南电力设计院原副总工程师吴安平：重塑配电网需推进电网体制改革》，载《中国能源报》2022 年 7 月 25 日，第 2 版。

［41］周孝信等：《“双碳”目标下我国能源电力系统发展前景和关键技术》，载《中国电力企业管理》2021 年第 31 期。

［42］李立涅：《透明电网赋能新型电力系统建设》，载《中国电力企业管理》2022 年第 1 期。

［43］李元丽：《新型电力系统必须实现“可能三角”》，载《人民政协报》2022 年 1 月 11 日，第 6 版。

［44］舒印彪：《发展新型电力系统助力实现“双碳”目标》，载《中国电力企业管理》2021 年第 7 期。

［45］邢灿：《“双碳”目标下，如何构建新型电力系统》，载《中国城市报》2021 年 11 月 8 日，第 20 版。

［46］苏南：《新型电力系统到底长啥样?》，载《中国能源报》2021 年 12 月 6 日，第 22 版。

［47］黄思维：《舒印彪院士：构建以新能源为主的新型电力系统》，载《高科技与产业化》2022 年第 1 期。

［48］孔力等：《建设新型电力系统　促进实现碳中和》，载《中国科学院院刊》2022 年第 4 期。

［49］黄岩、张国春：《峰荷电价的定价模式分析》，载《系统工程》2001 年第 1 期。

［50］叶泽主编：《电价理论与方法》，中国电力出版社 2014 年版。

［51］高鸿业主编：《西方经济学：微观部分》，中国人民大学出版社 2018 年版。

［52］吴昱、边永民：《WTO 视野下我国风力发电上网电价补贴政策研究》，载《宏观经济研究》2013 年第 10 期。

［53］张宁等：《我国取消电价补贴的经济影响——基于电价管制及完全竞争市场的分析》，载《中国环境科学》2022 年第 5 期。

［54］中电联输配电价调研课题组：《我国输配电价改革若干问题及政策建议》，载《中国电力企业管理》2018 年第 31 期。

［55］叶泽：《当前我国输配电价改革成效、问题及对策》，载《价格理论与实践》2016 年第 2 期。

［56］Severin Borenstein & James Bushnell, *The US Electricity Industry After*

20 Years of Restructuring, 7 Annual Review of Economics 437（2015）.

［57］辛保安等：《“双碳”目标下“能源三要素”再思考》，载《中国电机工程学报》2022 年第 9 期。

［58］陈国平等：《基于能源转型的中国特色电力市场建设的分析与思考》，载《中国电机工程学报》2020 年第 2 期。

［59］孙启星等：《“碳达峰、碳中和”目标下的电力系统成本及价格水平预测》，载《中国电力》2023 年第 1 期。

［60］Desta Fitiwi & Muireann A Lynch, *Climate Policy Costs of Spatially Unbalanced Growth in Electricity Demand*: *The Case of Datacentres*, 657 ESRI Working Paper 1（2020）.

［61］黄汉权等：《抽水蓄能成本补偿机制及成本影响因素研究》，载《价格理论与实践》2022 年第 2 期。

［62］武魏楠等：《电力系统成本提高或推涨电价》，载《能源》2021 年第 6 期。

［63］肖定垚等：《考虑可再生能源电源功率不确定性的电源灵活性评价》，载《电力自动化设备》2015 年第 7 期。

［64］刘峰等：《双碳背景下煤炭安全区间与绿色低碳技术路径》，载《煤炭学报》2022 年第 1 期。

［65］叶春：《能源转型下的电力燃料供需格局》，载《中国电力企业管理》2022 年第 4 期。

［66］陈宗法：《火电之忧》，载《能源》2022 年第 3 期。

［67］杨若朴：《“双碳”目标下构建新型电力系统的挑战与对策》，载《中外能源》2022 年第 7 期。

［68］马双忱等：《“双碳”目标下传统火电面临的挑战与对策》，载《华电技术》2021 年第 12 期。

［69］许传博、刘建国：《氢储能在我国新型电力系统中的应用价值、挑战及展望》，载《中国工程科学》2022 年第 3 期。

［70］张英英、吴可仲：《亿万亿储能的另一面：价格机制、安全问题何解?》，载《中国经营报》2022 年 5 月 9 日，B16 版。

［71］郭力等：《独立微网系统的多目标优化规划设计方法》，载《中国

电机工程学报》2014 年第 4 期。

［72］王渝红等：《基于 DDQN 的风电替代传统电源的输电网结构优化研究》，载《电网技术》2022 年第 6 期。

［73］郭嘉庆等：《考虑频率安全约束的储能——电网联合规划》，载《全球能源互联网》2021 年第 4 期。

［74］樊宇琦等：《考虑路径折算的跨省跨区可再生能源增量现货交易模型》，载《电力系统自动化》2021 年第 18 期。

［75］舒印彪等：《构建以新能源为主体的新型电力系统框架研究》，载《中国工程科学》2021 年第 6 期。

［76］李振坤等：《基于虚拟变电站的配电网薄弱区域集群双层规划研究》，载《电力建设》2022 年第 8 期。

［77］李军徽等：《基于 ADMM 算法的主动配电网分层优化经济调度》，载《电力建设》2022 年第 8 期。

［78］吴克河等：《面向能源互联网的新一代电力系统运行模式研究》，载《中国电机工程学报》2019 年第 4 期。

［79］任海波等：《“双碳”背景下抽水蓄能电站的发展与展望》，载《内蒙古电力技术》2022 年第 3 期。

［80］耿建等：《负荷侧可调节资源市场交易机制分析与探讨》，载《电网技术》2022 年第 7 期。

［81］赵晓东等：《构建新型电力系统亟待全面推行电力需求响应——基于 11 省市电力需求响应实践的调研》，载《宏观经济管理》2022 年第 6 期。

［82］阮前途等：《新型电力系统对实现沿海城市双碳目标贡献的探讨》，载《电力系统自动化》2022 年第 14 期。

［83］孙伟伟等：《区分工作日和非工作日负荷的用户侧储能多目标优化策略》，载《中国电力》2022 年第 6 期。

［84］闫群民等：《分布式储能应用模式及优化配置综述》，载《电力工程技术》2022 年第 2 期。

［85］张继元等：《考虑需量管理的用户侧储能优化配置策略研究》，载《电力需求侧管理》2020 年第 5 期。

［86］姚美娇：《多地推行煤价电价挂钩联动》，载《中国能源报》2021

年 12 月 13 日，第 12 版。

［87］刘硕等：《面向高比例可再生能源电力系统的容量补偿机制研究》，载《电网技术》2022 年第 5 期。

［88］夏清等：《基于分时容量电价的新型电力现货市场设计》，载《电网技术》2022 年第 5 期。

［89］李兴等：《电力市场效率评估与碳市场价格设计——基于电碳市场关联视角下的传导率估计》，载《中国工业经济》2022 年第 1 期。

［90］张林等：《适应新型电力系统发展的输配电价体系初探》，载《中国电力企业管理》2021 年第 31 期。

［91］韩逸飞：《新型电力系统：增量配网的“逆袭”之战》，载《中国能源报》2022 年 2 月 21 日，第 21 版。

［92］赵紫原：《价格机制“卡”住增量配电改革》，载《中国能源报》2020 年 12 月 14 日，第 12 版。

［93］卢奇秀：《新型储能何时实行容量电价受关注》，载《中国能源报》2022 年 4 月 4 日，第 3 版。

［94］卢奇秀：《新型储能探路“入市”》，载《中国能源报》2022 年 7 月 18 日，第 1 版。

［95］刘志成等：《双碳目标下储能参与电力系统辅助服务发展前景》，载《储能科学与技术》2022 年第 2 期。

［96］安麒等：《高比例可再生能源渗透下的电力市场价值分配机制设计》，载《电力系统自动化》2022 年第 7 期。

［97］李艳芳、吴倩：《论我国〈电力法〉的现代化转型》，载《中州学刊》2020 年第 7 期。

［98］马莉、曲昊源：《双轨制下电力市场建设的有关思考》，载《中国电力企业管理》2020 年第 25 期。

［99］张栋：《论“双碳”目标下中国电力产业的竞争规制》，载《南京工业大学学报（社会科学版）》2022 年第 2 期。

［100］肖国兴：《论中国能源革命与法律变革的维度》，载《郑州大学学报（哲学社会科学版）》2011 年第 5 期。

［101］张璐：《“双碳”目标对我国可再生能源立法的影响及其应对》，

载《北方法学》2022 年第 2 期。

［102］何姣、叶泽：《电力行业碳成本传导的基本原理及均衡模型》，载《生态经济》2019 年第 9 期。

［103］赵紫原等：《电价新规加速高耗能产业转型》，载《中国能源报》2022 年 2 月 28 日，第 2 版。

［104］Michael Grubb & David Newbery，*UK Electricity Market Reform and the Energy Transition：Emerging Lessons*，39 The Energy Journal 1（2018）.

［105］Wangensten Ivar，*Power System Economics：the Nordic Electricity market*，Tapir Academic Press，2012.

［106］Hancher，Leigh & De Hauteclocque，*Capacity Mechanisms in the EU Energy Markets：Law，Policy，and Economics*，Oxford University Press，2022.

［107］［美］巴里·穆雷：《电力市场经济学：能源成本、交易和排放》，彭文兵、杨俊保译，上海财经大学出版社 2013 年版。

［108］Robert Idel，*Levelized Full System Costs of Electricity*，259 Energy 1（2022）.

［109］王俊豪等：《我国增量配电定价机制探索——基于不对称管制理论的机制设计》，载《山东大学学报（哲学社会科学版）》2021 年第 5 期。

［110］史丹、冯永晟：《深化能源领域关键环节与市场化改革研究》，载《中国能源》2021 年第 4 期。

［111］于娟：《深化电力体制改革　建立以新能源为主体的新型电力系统》，载《中国物价》2021 年第 11 期。

［112］李丰等：《新型储能经济性及价格机制研究》，载《价格理论与实践》2022 年第 4 期。

［113］J. Lowitzsch & C. E. Hoicka et al，*Renewable Energy Communities under the 2019 European Clean Energy Package – Governance Model for the Energy Clusters of the Future?*，122 Renewable and Sustainable Energy Reviews 1（2020）.

［114］Andrew J. Pimm & Jan Palczewski et al，*Using Electricity Storage to Reduce Greenhouse gas Emissions*，282 Applied Energy 1（2021）.

［115］张金梦、杨晓冉：《储能首次试水电力现货交易》，载《中国能源

报》2022 年 3 月 14 日，第 11 版。

［116］ Juan Arteaga & Hamidreza Zareipour et al. , *Energy storage as a service: optimal sizing for transmission congestion relief*, 298 Applied Energy 1 (2021) .

［117］ 李文华:《分时电价“零成本”挖掘需求侧资源潜力》，载《中国能源报》2021 年 9 月 6 日，第 21 版。

［118］ 朱成章、徐任武编：《需求侧管理（DSM）》，中国电力出版社 1999 年版。

［119］ 刘秋华等:《电力需求侧管理》，中国电力出版社 2015 年版。

［120］ 曾鸣:《电力需求侧响应原理及其在电力市场中的应用》，中国电力出版社 2011 年版。

［121］ 伍也凡等:《湖南省面向大工业负荷需求侧响应研究》，载《湖南电力》2020 年第 4 期。

［122］ 蒋明亮等:《我国电力市场电价管理机制关键问题分析与建议》，载《广西电业》2022 年第 5 期。

［123］ 钟悦等:《分时电价政策分析与完善建议》，载《中国电力企业管理》2022 年第 6 期。

［124］ 胡福年等:《市场环境下峰谷分时电价建模原则研究》，载《南京理工大学学报》2007 年第 5 期。

［125］ 初保驹等:《新电改背景下阶梯分时电价模型优化研究》，载《价格理论与实践》2020 年第 2 期。

［126］ 侯瑞宁：《国家能源局：去年全国市场化交易电量 3. 8 万亿千瓦时》，载《界面新闻》2022 年 7 月 27 日，https: //www. jiemian. com/article/7815440. html。

［127］ 胡永红等：《考虑用户特点的分类峰谷分时电价》，载《企业导报》2010 年第 10 期。

［128］ 冯永晟、周亚敏：《“双碳”目标下的碳市场与电力市场建设》，载《财经智库》2021 年第 4 期。

［129］ 张希良等:《中国特色全国碳市场设计理论与实践》，载《管理世界》2021 年第 8 期。

［130］秦昌才：《碳排放：理论、价格与机制设计》，经济科学出版社2013年版。

［131］孙维：《用能权交易的几点思考》，载《浙江经济》2018年第14期。

［132］王清军：《我国排污权初始分配的问题与对策》，载《法学评论》2012年第1期。

［133］裴庆冰：《我国用能权交易与其他资源环境权益交易制度比较研究》，载《工业经济论坛》2017年第2期。

［134］段茂盛：《全国碳排放权交易体系与节能和可再生能源政策的协调》，载《环境经济研究》2018年第2期。

［135］郑守忠：《用能权交易与碳排放权交易的协同与应用》，载《中国电力企业管理》2020年第16期。

［136］于泽田等：《“电—碳”联合市场的多元效益》，载 https：//view. inews. qq. com/k/20220215A08RAW00？web _ channel = wap&openApp = false.

［137］冯升波等：《碳市场对可再生能源发电行业的影响》，载《宏观经济管理》2019年第11期。

［138］高红：《用能权和碳排放权交易协同机制研究》，载《中国能源》2021年第8期。

［139］陈志峰：《我国用能权交易制度研究》，华东政法大学2020年博士学位论文。

［140］王帮灿等：《基于电碳联动的火电企业补偿机制研究》，载《电测与仪表》2019年第20期。

［141］成润婷等：《面向高比例可再生能源消纳的电力市场建设及研究进展》，载《中国工程科学》2023年第2期。

［142］杨玉强等：《碳市场与电力市场协同运行关键问题研究》，载《浙江电力》2023年第5期。

［143］陈志峰：《论碳中和背景下我国用能权交易市场规则之完善》，载《北方法学》2022年第2期。

［144］薛贵元等：《“双碳”目标下碳市场与电力市场协同发展机制分

析》，载《电力科学与工程》2022 年第 7 期。

［145］何崇悟等：《碳成本传递原理、影响因素及对中国碳市场的启示——以电力部门为例》，载《气候变化研究进展》2015 年第 3 期。

［146］姜海洋等：《面向高比例可再生能源电力系统的季节性储能综述与展望》，载《电力系统自动化》2020 年第 19 期。

［147］谢小荣等：《新型电力系统中储能应用功能的综述与展望》，载《中国电机工程学报》2023 年第 1 期。

［148］陈启鑫等：《储能参与电力市场机制：现状与展望》，载《电力系统自动化》2021 年第 16 期。

［149］丁玉龙等主编：《储能技术及应用》，化学工业出版社 2018 年版。

［150］陈海生等：《2021 年中国储能技术研究进展》，载《储能科学与技术》2022 年第 3 期。

［151］立鼎产业研究中心：《2022 年全球储能产业发展现状、装机规模、装机结构及相关政策分析》，载立鼎产业研究网 2023 年 3 月 30 日，http：//www. leadingir. com/。

［152］蔡绍宽：《新型电力系统下的储能解决方案探讨》，载《南方能源建设》2022 年第 S1 期。

［153］周建平等：《新型电力系统中水电的作用及发展规划研究》，载《水力发电学报》。

［154］张新敬等：《压缩空气储能技术研究进展》，载《储能科学与技术》2012 年第 1 期。

［155］王鑫明等：《电转气技术的应用及与其它储能方式的比较》，载《上海电气技术》2019 年第 1 期。

［156］左芳菲等：《熔盐储能在新型电力系统中应用现状与发展趋势》，载《热力发电》2023 年第 2 期。

［157］韩亚伟等：《超级电容器国内外应用现状研究》，载《上海节能》2021 年第 1 期。

［158］曹雨军等：《超导储能在新能源电力系统中的应用与展望》，载《电工电气》2021 年第 10 期。

［159］YANG Zhenguo，et al. ，*Electrochemical Energy Storage for Green*

Grid, Chemical Reviews, 2011（5）.

［160］蒋凯等:《几类面向电网的储能电池介绍》，载《电力系统自动化》2013 年第 1 期。

［161］陈建斌等:《储能技术在南方电网的应用前景分析》，载《南方电网技术》2010 年第 6 期。

［162］叶季蕾等:《储能技术在电力系统中的应用现状与前景》，载《中国电力》2014 年第 3 期。

［163］陈海生等:《分布式储能的发展现状与趋势》，载《中国科学院院刊》2016 年第 2 期。

［164］张文亮等:《储能技术在电力系统中的应用》，载《电网技术》2008 年第 7 期。

［165］元博等:《电力系统中储能发展前景及应用关键问题研究》，载《中国电力》2019 年第 3 期。

［166］张金平等:《储能在高比例新能源电力系统中的应用及展望》，载《内燃机与配件》2023 年第 8 期。

［167］容士兵等:《电网侧储能经济性研究》，载《能源与节能》2021 年第 3 期。

［168］安琪:《中国储能市场机制与监管现状、问题与建议》，载《中国能源》2017 年第 12 期。

［169］孙文文等:《含高渗透率分布式光伏的配电网电压越限解决方法研究综述》，载《现代电力》2023 年第 5 期。

［170］徐国栋等:《电池储能电站安全问题分析与对策》，载《电力安全技术》2020 年第 9 期。

［171］马海伟:《电化学储能电站安全管理问题研究》，载《中国电力企业管理》2022 年第 11 期。

［172］肖云鹏等:《包含独立储能的现货电能量与调频辅助服务市场出清协调机制》，载《中国电机工程学报》2020 年第 S1 期。

［173］郭蕾、徐肇成:《我国电力辅助服务市场建设实践经验研究》，载《自动化应用》2023 年第 6 期。

［174］卢奇秀:《抽水蓄能行业或迎发展拐点》，载《中国能源报》2022

年 12 月 12 日,第 14 版。

[175] 张志超:《“双碳”目标下的抽水蓄能作用及意义》,载《低碳世界》2022 年第 10 期。

[176] 杨晓冉:《储能并网:收益扩大问题待解》,载《中国能源报》2023 年 5 月 29 日,第 2 版。

[177] 郝军:《“双碳”目标下抽水蓄能发展思考》,载《西北水电》2022 年第 6 期。

[178] 王妍月:《利益相关者视角的抽水蓄能电站定价机制》,载《水利经济》2023 年第 2 期。

[179] 李相俊等:《新能源侧储能配置技术研究综述》,载《中国电力》2022 年第 1 期。

[180] 黄碧斌等:《中国电网侧储能在典型场景下的应用价值评估》,载《中国电力》2021 年第 7 期。

[181] 李建林等:《规模化分布式储能的关键应用技术研究综述》,载《电网技术》2017 年第 10 期。

[182] 文婷等:《广东新型储能配套政策建议》,载《南方能源建设》2022 年第 4 期。

[183] 陈婉:《构建新能源体系着力点在哪里?》,载《环境经济》2023 年第 5 期。

[184] 苏文婧等:《以新能源为主体的新型电力系统建设面临的问题》,载《云南电力技术》2022 年第 1 期。

[185] 陆如意:《加快规划建设新型能源体系　相关企业这样说》,载《第一财经日报》2023 年 3 月 7 日,A4 版。

[186] 李建林等:《电网侧储能发展态势及技术走向》,载《电器与能效管理技术》2020 年第 5 期。

[187] 余璇:《新型储能扶上马还需送一程》,载《中国电力报》2023 年 4 月 21 日,第 3 版。

[188] 乔琦等:《资源盘活　打造源网荷储一体化高地》,载《中国电力企业管理》2023 年第 11 期。

[189] 陈思培等:《浙江电网峰谷差调控精益化管理探析》,中国电力企

业管理创新实践会议论文（2021 年），2023 年 3 月。

［190］宋丽斐等：《电动汽车与绿电融合示范实践——园区光储充微电网技术应用示范实践》，载《上海节能》2023 年第 3 期。

［191］《中国大百科全书》（第 3 版网络版），载 https：//www. zgbk. com/。

［192］赵会茹等：《可再生能源发电并网外部性及电价研究》，中国电力出版社 2016 年版。

［193］崔金星：《可再生能源市场化消纳的环境法思考》，载《新时代环境法的新发展——流域（区域）环境法治的理论与实践：中国法学会环境资源法学研究会 2018 年年会暨 2018 年全国环境资源法学研讨会会议论文集》，2018 年 10 月 20 日于长沙。

［194］王武林：《强风地区平单轴光伏电站稳定性分析与优化研究》，载《光源与照明》2021 年第 10 期。

［195］宋枫：《新能源消纳问题研究》，科学出版社 2019 年版。

［196］曹炜：《可再生能源配额制建构中的地方政府的消纳义务》，载《地方立法研究》2019 年第 2 期。

［197］马子明等：《以配额制激励可再生能源的需求与供给国家可再生能源市场机制设计》，载《电力系统自动化》2017 年第 24 期。

［198］王俊：《市场化机制影响新能源消纳几何》，载《中国电力报》2017 年 1 月 7 日，第 2 版。

［199］姚金楠：《光伏平价上网有望 2025 年实现》，载《中国能源报》2016 年 3 月 28 日，第 4 版。

［200］黄龙等：《促进可再生能源消纳的电力市场体系》，载《广东电力》2020 年第 2 期。

［201］何娟华：《青海电网季节特性的电力交易机制研究报告》，载《科技创新导报》2019 年第 33 期。

［202］曾加、董飞：《对完善中国〈可再生能源法〉的几点思考》，载《西北大学学报（哲学社会科学版）》2011 年第 2 期。

［203］曹炜、张舒：《电网企业可再生能源电力消纳义务探析》，载《能源法治》2021 年辑刊。

［204］谷峰：《完善我国电力市场规则体系顶层设计的思考》，载《中国

电业》2019 年第 6 期。

［205］赵紫原：《新能源“出征”电力市场》，载《中国能源报》2021 年 12 月 13 日，第 8 版。

［206］翁爽：《三问绿电交易》，载《中国电力企业管理》2022 年第 10 期。

［207］李明明：《绿电交易激励中小电企减排　应尽快理清与碳市场关系》，载《21 世纪经济报道》2022 年 11 月 9 日，第 6 版。

［208］樊国旗等：《促进新疆地区新能源消纳研究》，载《青海电力》2019 年第 4 期。

［209］刘畅等：《利用储能系统实现可再生能源微电网灵活安全运行的研究综述》，载《中国电机工程学报》2020 年第 1 期。

［210］岳昊等：《关于〈建立健全可再生能源电力消纳保障机制的通知〉的思考》，载《华北电业》2019 年第 7 期。

［211］薛松等：《我国近期促进新能源消纳的需求侧资源应用模式》，载《技术经济与管理研究》2018 年第 4 期。

［212］陶冶、车阳：《绿色电力证书参与碳市场机制的思考与建议》，载《中国能源》2022 年第 2 期。

［213］和军梁等：《电力现货背景下的可再生能源配额制、绿色电力证书及碳交易等机制改进设计》，载《中外能源》2020 年第 10 期。

［214］北京大学能源研究院：《新能源为主体的新型电力系统的内涵与展望》，2022 年，第 44 页。

［215］金洋：《新时期新能源参与电力市场路径》，载《绿色矿冶》2023 年第 2 期。

［216］顾阳：《电力市场建设需完善顶层设计》，载《经济日报》2022 年 2 月 11 日，第 4 版。

［217］史连军：《能源转型下的电力市场发展思考》，载《中国电力企业管理》2023 年第 10 期。

［218］周子青等：《新能源参与浙江电力现货市场的交易机制与效益分析》，载《浙江电力》2022 年第 8 期。

［219］林水静：《绿电交易下一步该怎么走?》，载《中国能源报》2023

年 2 月 27 日,第 9 版。

［220］贾彦鹏：《完善市场交易机制　保障可再生能源电力跨越式发展》，载《中国经贸导刊》2022 年第 6 期。

［221］韩雪等：《发展绿色微电网，提升工业用能的低碳水平与安全保障能力》，载《中国能源》2022 年第 11 期。

［222］李荣杰等：《政府—市场协同创新与能源结构双重替代》，载《科技进步与对策》2022 年第 23 期。

［223］赵靓、张传卫：《出台“绿证”强化新能源供给优先权》，载《风能》2016 年第 3 期。

［224］吴安平：《电力市场化改革与电力市场建设再认识——关于谋划电力体制继续深化改革的思考》，载《风能》2023 年第 4 期。

附　　录

一、立法性文件

（一）全国人大及其常委会通过的法律

1. 1997 年 12 月通过的《价格法》

2. 2009 年 12 月修正的《可再生能源法》

3. 2012 年 2 月修正的《清洁生产促进法》

4. 2014 年 4 月修订的《环境保护法》

5. 2018 年 10 月修正的《节约能源法》

6. 2018 年 12 月修正的《电力法》

（二）全国人大及其常委会通过的决议

1. 2009 年 8 月通过的《全国人民代表大会常务委员会关于积极应对气候变化的决议》

2. 2022 年 3 月 11 日第十三届全国人民代表大会第五次会议审议通过的《关于 2021 年国民经济和社会发展计划执行情况与 2022 年国民经济和社会发展计划的决议》

3. 2022 年 6 月通过的《全国人民代表大会常务委员会关于批准 2021 年中央决算的决议》

（三）部委规章

1. 2007 年 7 月 25 日国家电监委发布的《电网企业全额收购可再生能源电量监管办法》

2. 2016 年 3 月 24 日国家发展改革委印发的《可再生能源发电全额保障性收购管理办法》

3. 2016 年 7 月 14 日国家发展改革委、国家能源局发布的《可再生能源

调峰机组优先发电试行办法》

4. 2016 年 10 月 8 日国家发展改革委、国家能源局发布的《有序放开配电网业务管理办法》

5. 2016 年 12 月 29 日国家发展改革委、国家能源局发布的《电力中长期交易基本规则（暂行）》

6. 2017 年 1 月 18 日国家发展改革委、财政部、国家能源局印发的《绿色电力证书核发及自愿认购规则（试行）》

7. 2017 年 7 月 17 日国家发展改革委、国家能源局印发的《推进并网型微电网建设试行办法》

8. 2017 年 9 月 20 日国家发展改革委、工业和信息化部、财政部、住房城乡建设部、国务院国资委、国家能源局发布的《电力需求侧管理办法（修订版）》

9. 2019 年 5 月 24 日国家发展改革委、国家能源局发布修订的《输配电定价成本监审办法》

10. 2020 年 1 月 19 日国家发展改革委发布修订的《省级电网输配电价定价办法》

11. 2020 年 3 月 13 日国家发展改革委发布的新版《中央定价目录》

12. 2020 年 6 月 10 日国家发展改革委、国家能源局印发的《电力中长期交易基本规则》

13. 2020 年 12 月 31 日生态环境部发布的《碳排放权交易管理办法（试行）》

14. 2021 年 5 月 17 日生态环境部印发的《碳排放权登记管理规则（试行）》《碳排放权交易管理规则（试行）》《碳排放权结算管理规则（试行）》

15. 2021 年 12 月 21 日国家能源局发布的《电力并网运行管理规定》《电力辅助服务管理办法》

二、全国性政策性文件

（一）中共中央、国务院发布的文件

1. 2015 年 3 月 15 日中共中央、国务院发布的《关于进一步深化电力体制改革的若干意见》

2. 2015 年 9 月 21 日中共中央、国务院印发的《生态文明体制改革总体

方案》

3. 2021年9月22日中共中央、国务院印发的《关于完整准确全面贯彻新发展理念做好碳达峰碳中和工作的意见》

4. 2022年3月25日中共中央、国务院印发的《关于加快建设全国统一大市场的意见》

（二）国务院发布的文件

1. 2010年10月10日国务院印发的《关于加快培育和发展战略性新兴产业的决定》

2. 2011年3月14日国务院公布的《国民经济和社会发展第十二个五年规划纲要》

3. 2021年12月28日国务院印发的《"十四五"节能减排综合工作方案》

4. 2022年5月14日国务院办公厅转发的国家发展改革委、国家能源局《关于促进新时代新能源高质量发展的实施方案》

（三）部委局发布的文件

1. 2015年3月20日国家发展改革委、国家能源局印发的《关于改善电力运行调节促进清洁能源多发满发的指导意见》

2. 2015年7月13日国家能源局发布的《关于推进新能源微电网示范项目建设的指导意见》

3. 2015年11月26日国家发展改革委、国家能源局印发的《关于推进电力市场建设的实施意见》

4. 2016年5月16日国家发展改革委等八部门印发的《关于推进电能替代的指导意见》

5. 2016年5月27日国家发展改革委、国家能源局印发的《关于做好风电、光伏发电全额保障性收购管理工作的通知》

6. 2016年6月7日国家能源局印发的《关于促进电储能参与"三北"地区电力辅助服务补偿（市场）机制试点工作的通知》

7. 2016年7月28日国家发展改革委印发的《用能权有偿使用和交易制度试点方案》

8. 2017年9月22日国家发展改革委、财政部、科学技术部、工业和信息化部和国家能源局印发的《关于促进储能技术与产业发展的指导意见》

9. 2017年12月29日国家发展改革委印发的《关于制定地方电网和增量配电网配电价格的指导意见》

10. 2018年7月16日国家发展改革委、国家能源局印发的《关于积极推进电力市场化交易进一步完善交易机制的通知》

11. 2019年1月7日国家发展改革委、国家能源局印发的《关于积极推进风电、光伏发电无补贴平价上网有关工作的通知》

12. 2019年1月22日国家发展改革委、国家能源局印发的《关于规范优先发电优先购电计划管理的通知》

13. 2019年5月10日国家发展改革委、国家能源局印发的《关于建立健全可再生能源电力消纳保障机制的通知》

14. 2019年5月21日国家发展改革委印发的《关于完善风电上网电价政策的通知》

15. 2019年10月21日国家发展改革委印发的《关于深化燃煤发电上网电价形成机制改革的指导意见》

16. 2020年9月29日财政部、国家发展改革委、国家能源局印发的《关于〈关于促进非水可再生能源发电健康发展的若干意见〉有关事项的补充通知》

17. 2020年12月30日生态环境部发布的《关于印发〈2019－2020年全国碳排放权交易配额总量设定与分配实施方案（发电行业）〉〈纳入2019－2020年全国碳排放权交易配额管理的重点排放单位名单〉并做好发电行业配额预分配工作的通知》

18. 2021年2月25日国家发展改革委、国家能源局印发的《关于推进电力源网荷储一体化和多能互补发展的指导意见》

19. 2021年4月30日国家发展改革委印发的《关于进一步完善抽水蓄能价格形成机制的意见》

20. 2021年6月7日国家发展改革委印发的《关于2021年新能源上网电价政策有关事项的通知》

21. 2021年7月15日国家发展改革委、国家能源局印发的《关于加快推动新型储能发展的指导意见》

22. 2021年7月26日国家发展改革委印发的《关于进一步完善分时电价

机制的通知》

23. 2021年7月29日国家发展改革委、国家能源局印发的《关于鼓励可再生能源发电企业自建或购买调峰能力增加并网规模的通知》

24. 2021年9月11日国家发展改革委印发的《完善能源消费强度和总量双控制度方案》

25. 2021年10月11日国家发展改革委印发的《关于进一步深化燃煤发电上网电价市场化改革的通知》

26. 2021年10月29日国家发展改革委、国家能源局印发的《全国煤电机组改造升级实施方案》

27. 2022年1月18日国家发展改革委、国家能源局印发的《关于加快建设全国统一电力市场体系的指导意见》

28. 2022年1月18日国家发展改革委、工业和信息化部、住房和城乡建设部、商务部、国家市场监督管理总局、国家机关事务管理局、中共中央直属机关事务管理局发布的《促进绿色消费实施方案》

29. 2022年1月29日国家发展改革委、国家能源局发布的《"十四五"现代能源体系规划》《"十四五"新型储能发展实施方案》

30. 2022年1月30日国家发展改革委、国家能源局印发的《关于完善能源绿色低碳转型体制机制和政策措施的意见》

31. 2022年2月24日国家发展改革委印发的《关于进一步完善煤炭市场价格形成机制的通知》

32. 2022年3月5日国家发展改革委、国家能源局、工业和信息化部、财政部、生态环境部、住房城乡建设部、交通运输部、农业农村部、国家机关事务管理局、中国民用航空局联合印发的《关于进一步推进电能替代的指导意见》

33. 2022年3月17日国家能源局印发的《2022年能源工作指导意见》

34. 2022年5月24日国家发展改革委办公厅、国家能源局综合司印发的《关于进一步推动新型储能参与电力市场和调度运用的通知》

35. 2022年8月15日国家发展改革委、国家统计局、国家能源局印发的《关于进一步做好新增可再生能源消费不纳入能源消费总量控制有关工作的通知》

36. 2023年4月6日国家能源局印发的《2023年能源工作指导意见》

37. 2023年5月11日国家发展改革委印发的《关于抽水蓄能电站容量电价及有关事项的通知》

三、全国性规划

1. 2021年9月17国家能源局制发的《抽水蓄能中长期发展规划（2021—2035年）》

2. 2021年10月21日国家发展改革委、国家能源局、财政部、自然资源部、生态环境部、住房和城乡建设部、农业农村部、中国气象局、国家林业和草原局印发的《“十四五”可再生能源发展规划》

四、地方性文件

1. 2020年3月6日江苏省发改委、国家能源局江苏监管办公室印发的《关于积极推进分布式发电市场化交易试点有关工作的通知》

2. 2020年9月22日国家能源局东北电监局发布的《东北区域并网发电厂辅助服务管理实施细则》

3. 2020年12月18日浙江省发展改革委印发的《关于居民阶梯电价“一户多人口”政策执行等有关事项的通知》

4. 2020年12月30日国家能源局华北监管局印发的《京津冀绿色电力市场化交易规则（试行）》

5. 2021年2月1日江苏省发展改革委印发的《关于完善居民阶梯电价有关问题的通知》

6. 2021年4月29日浙江发改委、浙江省能源局、浙江能监办印发的《浙江绿电交易方案》

7. 2022年1月13日国家能源局华东监管局印发的《华东电力调峰辅助服务市场运营规则》

8. 2022年1月25日南方区域各电力交易中心联合发布的《南方区域绿色电力交易规则（试行）》

9. 2022年6月13日国家能源局南方监管局印发的《南方区域电力辅助服务管理实施细则》